HISTOIRE

DES

DOCTRINES ÉCONOMIQUES

IMPRIMERIE E. CAPIOMONT ET Cⁱᵉ

PARIS

6, RUE DES POITEVINS, 6

(Ancien Hôtel de Thou)

HISTOIRE

DES

DOCTRINES ÉCONOMIQUES

PAR

A. ESPINAS

Professeur à la Faculté des lettres de Bordeaux.

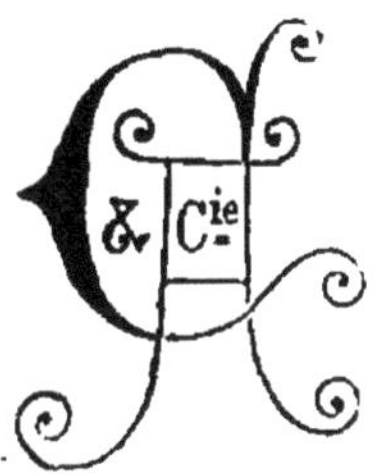

PARIS

ARMAND COLIN ET Cie, ÉDITEURS

5, RUE DE MÉZIÈRES, 5

AVERTISSEMENT

Ce livre est né de circonstances que nous devons rapporter. Invité à composer, en collaboration avec M. Chailley, un recueil d'*Extraits des principaux économistes des dix-huitième et dix-neuvième siècles*, à l'usage des élèves de l'Enseignement spécial, nous avons cru devoir préparer un ensemble de notices sur les principales écoles, ensemble qui devait servir de cadre aux extraits choisis. Le désir de présenter les doctrines économiques dans leur filiation depuis l'origine n'a pas tardé à nous entraîner plus loin que nous n'aurions souhaité, et il nous a fallu de grands efforts pour restreindre une matière si abondante dans les limites d'une introduction. Malgré des sacrifices, nous ne nous flattions guère d'y avoir réussi. Aussi n'avons-nous pas été surpris que nos éditeurs aient cru, d'accord avec M. Chailley, qu'il y avait là la matière d'un volume à part, et nous aient offert gracieusement de reprendre les épreuves déjà tirées pour donner aux parties sacrifiées le développement convenable. C'est ce que nous avons fait, au risque de déranger quelque peu les lignes du plan primitif et de multiplier les notes.

Nous espérons cependant que le tout aura gardé sa physionomie d'ouvrage destiné à l'enseignement. Nous nous sommes efforcé d'y éviter aussi bien les détails d'érudition que les synthèses abstraites; nous avons exposé chaque doctrine par ses aspects les plus apparents, sous sa forme historique la plus concrète, laissant le plus souvent possible la parole aux auteurs. Les étudiants, à qui ne suffirait pas la seule histoire de l'Économie politique que nous ayons (celle de Blanqui, elle date de 1837), peuvent se servir de la nôtre avec confiance. Nous avons lu les ouvrages dont nous parlons, tous ceux du moins de quelque importance. Si ce livre, tel quel, est jugé utile, l'occasion nous sera par là même offerte de le

compléter ; nous n'y manquerons pas: Pour le
moment, nous revenons au travail en vue duquel
nous avons accepté celui-ci à titre d'étude prépa-
ratoire : une histoire générale de la philosophie de
l'action.

Nous recommandons aux jeunes gens qui nous
prendront pour guide de porter d'abord leur
attention sur la table des matières. Nous croyons
celle-ci assez explicite pour suggérer un premier aperçu de la marche des doctrines économiques. Ils voudront bien lire ensuite la pré-
face, qui développe un peu plus amplement,
mais d'une manière très schématique encore,
les mêmes divisions. Après cela, nous espérons
qu'ils suivront sans peine le cours de notre
exposé.

Cet exposé s'abrège quand il touche aux temps
les plus voisins de nous. L'exacte analyse des
doctrines contemporaines n'était pas de notre sujet.
Une étude de l'état actuel de l'Économie politique
appartient plutôt à l'Économie politique envisagée
en elle-même, dogmatiquement, qu'à son histoire.
Nous nous sommes borné à rechercher comment,
par quelles transformations successives, elle en
est venue à la période qu'elle traverse en ce

moment : le lecteur est prié de ne pas demander autre chose à cet essai.

Nous avons mis à profit la belle « *Histoire de l'Économie politique* » de M. Ingram ; mais nous espérons que le présent livre ne fera pas double emploi avec le sien.

PRÉFACE

Si on laisse de côté les civilisations orientales qui produisirent de grandes religions, mais ignorèrent la science, on voit que le monde gréco-romain et celto-germanique présente dans son développement intellectuel deux périodes lumineuses et fécondes, séparées par une longue période d'obscurité et d'impuissance. Du cinquième au deuxième siècle avant Jésus-Christ, les grandes villes grecques, Milet, Syracuse, Athènes, puis Alexandrie voient fleurir presque toutes les sciences. A partir du deuxième siècle avant Jésus-Christ commence, pour l'esprit humain, une crise de transformation qui le ramène à l'état religieux et le rend indifférent à toute connaissance autre que la théologie. Enfin, dès le quinzième siècle, on pressent d'abord, sur les indications recueillies dans les ouvrages des anciens, puis on conçoit de plus en plus nettement ce que c'est qu'une vérité scientifique. Toute l'Europe se met successivement à l'œuvre pour augmenter le nombre de ces vérités et bientôt l'édifice des connaissances humaines se relève peu à peu, beaucoup plus vaste et mieux ordonné qu'il n'était dans la société grecque.

L'*Économie* a suivi la destinée commune aux connaissances de tout ordre. Elle est née à Athènes au cinquième siècle; elle a été le fruit des préoccupations utilitaires d'une société laborieuse et prospère qui croyait qu'il valait la peine de travailler pour s'enrichir, et commençait à entrevoir la possibilité d'étudier les conditions sous lesquelles l'activité productive et l'échange se manifestent dans l'humanité. Mais à peine les anciens se furent-ils engagés dans cette recherche qu'un scrupule les retint. Ils se demandèrent s'il était juste de s'enrichir indéfiniment? Et tous répondirent négativement à cette question. A plus forte raison quand la confiance que l'esprit humain avait en ses propres forces au beau temps des cités grecques céda de toutes parts aux progrès de ce qu'on peut appeler le « scepticisme religieux », quand l'ascétisme prit la place de cette sereine envie de vivre et de bien vivre qui avait inspiré l'Économie naissante, non seulement on regarda comme un péché de s'enrichir beaucoup, mais toute richesse dépassant les besoins de l'individu fut considérée comme suspecte, sinon comme coupable, et l'art de s'enrichir fut remplacé par l'art de rester pauvre ; au désir de bien vivre succéda le souci de bien mourir. L'Économie devint ainsi un chapitre de la théologie morale et elle ne fut guère autre chose quand après la longue éclipse de toute science, du cinquième au dixième siècle, elle revécut dans les leçons des Scolastiques. Cependant, au quatorzième siècle, sous l'influence du droit romain, les docteurs scolastiques reconnurent la légitimité des efforts que font les particuliers pour s'enrichir par l'industrie et le commerce ; ils entrevirent que ces efforts ont leur raison d'être dans les besoins de la société et les exigences du bien public. Il y eut là comme une première bien que timide renaissance de l'Économie politique. Au seizième siècle, même de bons chrétiens, mais qui avaient un coin de paganisme dans l'esprit, essayèrent de restaurer l'Économie des anciens. A mesure que les différentes nations de l'Europe étaient touchées de l'esprit moderne, elles apportaient leur contribution à des études qui intéressaient si fort — on le comprenait de mieux en mieux — le bonheur public et la grandeur des princes. Presque en même temps l'Italie, l'Angleterre et la France entraient en scène. Enfin, en 1615, parut un ouvrage qui osait reconnaître par son titre la légitimité de la poursuite de la richesse et la haute importance des fonctions économiques dans la vie des États ; de *domestique* qu'elle avait été et non sans crainte de dépasser les bornes, l'Économie devint *politique* et se proposa ouvertement pour but l'extension indéfinie de la richesse publique. Ce trait d'audace est d'un Français, Antoine de Montchrétien.

A partir de ce moment, l'Économie politique poursuivit son but en toute indépendance, sans se soucier de la théologie ni même toujours de la morale.

Elle se tourna d'abord vers les princes et leur enseigna les moyens de fabriquer le plus de richesse possible pour lutter contre les monceaux d'or que l'Espagne avait rapportés d'Amérique. Fabriquer de l'or est difficile ; mais on peut fabriquer des produits qui sont achetés à prix d'or par l'étranger, et de plus on peut confectionner des lois et des règlements qui empêchent l'étranger de soutirer à la nation, et par suite au prince, le précieux métal. Ainsi s'installent des théories qui constituent l'Économie réglementaire ou mercantile ; nous en verrons le dernier mot dans le système de Law qui demanda au prince et obtint la permission de fabriquer de la richesse ou de faire de l'or avec du papier.

Jusque-là, dans son désir d'enrichir les souverains, la nouvelle science avait eu un médiocre souci des souffrances du peuple. Au début du dix-huitième siècle, au déclin d'un grand règne où le roi de France avait été prodigue de l'argent de ses sujets et fait mourir beaucoup de misérables par le fer et par la faim, une première protestation s'éleva. Boisguilbert et Vauban osèrent se plaindre du poids énorme des impôts et de la manière dont ils étaient répartis et prélevés. Puis de savants hommes, en Angleterre et en France, persuadés que la richesse est moins un produit artificiel de l'homme qu'un produit du sol et comme un don de la nature, réclamèrent pour l'agriculture la faculté de se développer sans entraves et s'efforcèrent de démontrer que si la richesse, fruit de la terre, était laissée à son cours spontané, si le commerce redevenait libre comme l'agriculture, la prospérité fleurirait partout avec la justice. Mais ni Vauban ni les Économistes, tel est le nom que prirent les réformateurs, ne songeaient à se passer du pouvoir royal; c'est sur le roi qu'ils comptaient pour maintenir le droit et assurer le bonheur de tous, car lui seul pouvait à leurs yeux ramener l'âge d'or, en faisant respecter le libre jeu des lois naturelles. Telle fut la seconde phase de l'Économie politique moderne, transition ménagée entre le système des nationalités fermées, et le système cosmopolite qui devait marquer la fin du dix-huitième siècle.

C'est alors qu'un Anglais, Adam Smith, sans croire au retour possible de l'âge d'or et sans se faire d'illusion sur le pouvoir des rois pour hâter ce retour, convaincu cependant, lui aussi, qu'il y a des lois providentielles qui assurent l'harmonie des intérêts et l'équilibre social partout où le jeu des forces économiques se fait librement, montra que la richesse dérive, non plus des décrets des princes, ni des seules productions de la terre, mais du travail de l'homme appliqué à la matière utilisable, quelle qu'elle soit, et du libre échange des utilités ainsi obtenues. Il supposa donc toute barrière aplanie entre les peuples et laissa entrevoir l'avènement d'une société économique universelle où tous les individus civilisés, tous les hommes dignes de ce nom, travaillant à l'envi et se communiquant sans entraves les produits de leur travail, préluderaient, par la prospérité matérielle, à cet ordre moral que les économistes français, ses prédécesseurs, avaient placé aux origines de l'humanité. L'œuvre d'Adam Smith marquera pour nous la troisième phase de l'Économie politique moderne et signalera la constitution de la science des richesses sur un fondement rationnel, en même temps que la naissance de l'art correspondant.

L'ère de travail pacifique et de prospérité annoncée pour l'Europe par les philosophes du dix-huitième siècle, comme par Adam Smith, fut loin de s'ouvrir à la fin de ce siècle. La Révolution française donna le signal d'une série de guerres européennes. Et, d'autre part, le monde économique, au lieu des harmonies annoncées entre les individus de toutes les classes, offrait le spectacle de troubles profonds. Les travailleurs étaient broyés par le mécanisme des lois industrielles et commerciales où l'optimisme d'Adam Smith voyait autant d'intentions providentielles. Le progrès se faisait au profit d'un petit nombre de privilégiés et au détriment de la classe ouvrière revenue, en Angleterre surtout, à un nouveau servage. L'école de Manchester, issue de Smith, en poussant jusqu'au bout le système de la libre concurrence, n'en fit que mieux ressortir les conséquences douloureuses, et ses efforts pour le perfectionner en hâtèrent la dissolution.

On avait pu croire que, du moins de nation à nation, la doctrine du laissez faire et du laissez passer abolirait les rivalités et les luttes. De ce côté, l'influence d'Adam Smith s'est fait sentir plus tard et a duré plus longtemps. Mais, là encore les animosités se sont réveillées et la lutte entre l'Amérique et l'Europe, en Europe, entre un État et un autre, s'est manifestée avec une telle intensité qu'elle semble n'être qu'un succédané de la guerre proprement dite, et qu'un prince ennemi de là France a pu dire qu'après l'avoir vaincue sur le champ de bataille, il ne restait plus à son adversaire qu'à l'écraser sur le terrain du commerce et de l'industrie. On se croirait revenu au temps de Louis XIV et de François Ier.

Les lois naturelles ne sont donc pas, comme le croyait Smith, une garantie d'accord entre les citoyens d'une même nation et entre les diverses nations. La liberté déchaîne la concurrence et donne le signal de la lutte universelle. L'activité économique, livrée à elle-même, aboutit à la contradiction et au désordre. Il faut qu'elle emprunte à quelque doctrine supérieure la solution de ces conflits. Les efforts tentés en ce siècle pour obtenir cette solution occupent la quatrième période de l'Économie politique moderne.

La doctrine à laquelle on s'est adressé est la science sociale; c'est-à-dire qu'on a de toutes parts senti que la fonction économique n'étant que l'une des fonctions du corps social, c'était dans la nature du corps social et dans les règles qui président à la direction des activités sociales en général que devait se trouver l'explication des contradictions économiques d'une part et la règle des diverses activités économiques de l'autre.

Or la science sociale est elle-même l'objet d'un débat qui n'est pas près de cesser. Les uns voient dans chaque société la simple rencontre des individualités qui la composent; l'individu, la personne morale est le point de départ et le terme de toutes les relations politiques, partant économiques; elle y entre volontairement et les règle à son gré. Les autres croient au contraire que la société est un organisme, un être vivant où les individus jouent le rôle de la cellule dans l'organisme et sont par conséquent, dans la sphère des droits comme dans celle des intérêts, subordonnés et nécessairement sacrifiés au tout.

De même, l'individualisme et le socialisme économiques se sont présentés d'abord sous une forme absolue qui en ont fait plutôt de nouveaux agents de dissolution que des moyens d'organisation et des auxiliaires de la paix. Ils aboutissent sous cette forme aux mêmes conséquences. L'association libre des individus sans distinction de nationalités conduit au groupement des ouvriers et des patrons sur toute la surface de l'Europe et met en ligne pour la bataille des intérêts des forces de plus en plus considérables et de plus en plus ardentes à la lutte. Les socialistes évoquent deux immenses fantômes, le capital et le travail, les entrechoquent dans leurs écrits, et poussent à leur suite les foules en grève et les armées régulières à des conflits insensés. L'individualisme et le socialisme radicaux travaillent de concert à effacer l'idée de patrie et à la remplacer le premier par l'idée d'une république universelle, le second par l'idée d'une fédération universelle des groupes ouvriers : rêves irréalisables et d'ailleurs inféconds au point de vue économique, car l'un et l'autre sont des plans de renversement et ne peuvent passer qu'aux yeux des naïfs pour des projets d'organisation. L'une et l'autre doctrine semblent aggraver plutôt qu'atténuer cet état de confusion, ce pêle-mêle économique où le cosmopolitisme d'Adam Smith et de ses successeurs ont jeté l'Europe.

Reste à se demander si la science sociale envisagée comme le couronnement des sciences biologiques ne nous fournit pas, par ce qu'elle nous apprend des lois de tout groupement naturel, un type de solidarité organique entre les éléments des êtres vivants quels qu'ils soient et l'unité qui les embrasse, comme aussi entre les différents organes ou fonctions ; en d'autres termes, si l'individu et l'État, le travail et l'entreprise, au lieu d'être en rapport inverse ne sont pas en rapport direct l'un avec l'autre ; en d'autres termes encore, si l'indépendance des parties et leur concours, loin de s'opposer, ne se supposent pas réciproquement dans un organisme normal.

On verra que le socialisme est capable de formes organiques, qui préconisent comme règle d'action pour l'individu l'intérêt des nations d'abord, puis graduellement l'intérêt des groupes de nations qui font trêve à la lutte pour l'existence les unes avec les autres et s'associent pour concourir à un but commun. — L'individualisme n'a pas encore porté tous ses fruits, mais il est susceptible aussi de légitimer la politique et l'économie nationales, sans interdire aux esprits généreux l'espoir de les voir s'élargir à leur tour : la nation n'est-elle pas en effet la plus naturelle des associations volontaires et la plus efficace pour l'apaisement des conflits entre concitoyens, et les États ne peuvent-ils former des ensembles plus vastes où les parties trouvent dans leur accession volontaire des conditions d'existence plus favorables ?

Ainsi, de part et d'autre, il y a place pour des doctrines économiques sagement subordonnées à des intérêts supérieurs : l'amour de la patrie et de l'humanité ouvrent au-dessus des haines de classe et de nation un horizon pacifique aux hommes de bonne volonté qui s'inspirent des enseignements de la science sociale. Individualistes et socialistes peuvent accepter simultanément ce principe que l'Europe ne s'organisera que sur la base historique des nationalités qui la composent, c'est-à-dire qu'elle ne formera un tout que par l'accession des États à quelque union, économique d'abord, politique ensuite, dont les premiers linéaments s'aperçoivent à peine. Il est possible que cette organisation, dont à notre sens l'existence de nations distinctes est la condition première, ne doive se faire qu'au prix de déchirements et de froissements douloureux, mais elle est la seule perspective acceptable puisque, à côté d'elle, les doctrines absolues ne nous offrent que la destruction pour aujourd'hui et le chaos pour demain. Tels sont les graves problèmes qui sont au fond des discussions économiques du dix-neuvième siècle et qu'on sera amené à se poser en lisant les dernières pages de cette histoire.

PREMIÈRE PARTIE

I. — Socrate et Xénophon.

Il ne faut pas confondre le développement de la
richesse avec l'histoire de la science qui étudie la
richesse. Les grands empires comme celui des Égyptiens, des Assyriens, des Babyloniens et des Perses,
furent le théâtre de transactions commerciales très
actives ; ils eurent des revenus considérables et durent
pourvoir à leur emploi par des mesures plus ou
moins calculées ; mais c'est en Grèce seulement, vers
le milieu du cinquième siècle avant Jésus-Christ, au
moment où les cités grecques répandues sur les côtes
de la Méditerranée cultivaient avec un égal succès
l'industrie, le commerce et la science, qu'on com-

mença à faire la théorie des arts utiles, comme l'agriculture, la médecine et la guerre, et qu'on ébaucha
en même temps la théorie de l'art d'administrer
les biens.

Socrate est le premier dont les réflexions à ce sujet
soient parvenues jusqu'à nous[1]. Il semble avoir examiné cette série de questions à deux points de vue
assez différents.

D'une part il veut qu'on applique à l'étude de la
richesse sa méthode des définitions exactes et des
raisonnements fondés sur les définitions ; il essaie de
tirer de là des conseils pratiques qui ont pour but
l'augmentation de la richesse. D'autre part il rapproche les valeurs diverses composant la fortune privée ou publique de la valeur suprême qu'ont, à ses
yeux, les biens de l'âme, et il tend à condamner de ce
point de vue les préoccupations économiques avec la
richesse elle-même, comme indifférentes et même
contraires à la vertu morale.

Premier point de vue. — L'art ou science de l'économie est, selon les doctrines attribuées à Socrate par
son disciple Xénophon, celui d'administrer sa maison,
ou la maison d'autrui, ou les acquisitions quelconques,
ou encore (comme tout ce qui, dans les propriétés,
reste inutile, est négligeable) d'administrer les biens

---

1. Nous ne pouvons savoir dans quelle mesure Xénophon modifie
ou développe les idées de son maître. Mais nous croyons que la
part du disciple dans l'œuvre commune est considérable.

utiles[1], les richesses en général. Cet art se tire de
l'examen des pratiques avisées de ceux qui savent
exercer un travail, conduire des entreprises, administrer des revenus d'une manière avantageuse, grâce
à un certain esprit de suite et de réflexion : par
exemple, il y a des hommes qui savent construire à
peu de frais une maison commode, tirer bon parti
d'instruments peu nombreux mais bien rangés, s'assurer la victoire à la guerre sans dépensés excessives,
pourvoir à l'alimentation du peuple et des armées
sans faire venir à grands frais des subsistances du
dehors, tandis que d'autres, avec de plus grands
efforts ou de plus grands déboursés, faute d'ordre et
de prévisions exactes, obtiennent des résultats tout
contraires. Or, si l'on veut acquérir les utilités ou
valeurs (chrêmata) les plus précieuses, il faut laisser
de côté les arts industriels ou mécaniques que les
ouvriers exercent, soit en restant assis dans un atelier,
soit en travaillant près des fourneaux : ces arts affai-
blissent ou déforment le corps, s'opposent à la culture
de l'esprit, et par suite des sentiments généreux,
empêchent le citoyen d'exercer les fonctions publiques,
rendent enfin ceux qui les exercent impropres à la
guerre ; ils doivent être réservés aux esclaves. Les

---

1. Les chrêmata — richesse, valeurs — sont en effet tout ce qui
est *chrésimon* — utile, tout ce qu'on sait utiliser. *Économie* de
Xénophon, chap. I : voir le résumé de ces définitions essentielles,
chap. VI.

deux seuls arts dignes d'un honnête homme sont l'agriculture et l'art militaire, étroitement unis parce que
l'agriculteur est seul bon soldat. « L'agriculture est la
mère et la nourrice des autres arts : dès que l'agriculture va bien, tous les autres arts fleurissent avec elle ;
mais partout où la terre est forcée de demeurer en
friche, presque tous les autres arts s'éteignent sur
mer et sur terre[1]. » Envisagée en elle-même, ses
mérites sont résumés ainsi par Socrate[2]. « Il n'y a pas
pour un homme d'un noble naturel de profession ni
de science au-dessus de l'agriculture, qui procure aux
hommes le nécessaire. Car cette profession est la plus
facile à apprendre et la plus agréable à exercer ; elle
donne au corps la plus grande beauté, la plus grande
vigueur, et aux âmes assez de loisir pour songer aux
amis et à la chose publique. L'agriculture nous a paru
encore exciter les hommes à devenir courageux, vu
que c'est en dehors des remparts (à portée des incur-
sions de l'ennemi) qu'elle fournit le nécessaire à ceux
qui l'exercent. Voilà pourquoi, dans tous les États,
c'est la profession la plus honorée, parce qu'elle donne
à la société les citoyens les meilleurs et les mieux
intentionnés. » On voit que Xénophon mêle déjà ici
les considérations morales aux considérations utilitaires ; il fait de même dans tout le reste du traité, où
il donne des préceptes non seulement comme il le

1. *Économie* de Xénophon, chap. v.
2. *Id.* chap. vi.

promet d'abord sur la manière de s'enrichir par l'agriculture, mais encore sur la manière de vivre, en exerçant cet art, dans la pratique de la vertu et de la piété. Un bien, en effet — il le dit tout d'abord — n'est utile que si on sait s'en servir. La richesse est funeste à qui s'en sert mal et même elle s'évanouit entre les mains de l'homme intempérant ; une femme économe et bonne ménagère est la compagne nécessaire de l'agriculteur qui veut voir son exploitation prospérer. D'ailleurs, les dieux disposent des saisons et des productions de la terre ; celui qui ne sait pas les honorer échouera inévitablement[1]. L'économie aboutit donc à la morale ; nous verrons tout à l'heure comment elle est absorbée par elle.

La science ou l'art économique conçu dans sa généralité, c'est-à-dire comme théorie de l'administration des choses utiles, des biens ou richesses quels qu'ils soient, s'applique aussi bien aux intérêts de l'État qu'aux intérêts privés : « Les affaires des particuliers ne diffèrent que par le nombre des affaires publiques ; tous les autres points se ressemblent ; et l'essentiel, c'est que les unes et les autres ne peuvent se traiter que par des hommes. Or, quand on sait bien employer les hommes, on dirige également bien les affaires publiques et les affaires privées ; quand on ne le sait pas, des deux côtés on ne commet que des bévues[2]. »

1. *Économie,* chap. v.
2. *Mémorables,* III, IV et VI. *Économie,* etc. chap. xx.

Administrer dix mille maisons est au fond la même chose qu'en administrer une seule. Généralisation excessive, et qui confond à tort l'économie politique avec l'économie domestique. Déjà cependant pour la solution des problèmes d'économie politique, comme l'alimentation de la cité et la gestion des mines[1], Socrate semble avoir recommandé des dénombrements exacts, où l'on peut voir le germe de la statistique moderne. Or la statistique est la méthode propre des sciences politiques.

N'oublions pas un détail qui a son importance : malgré sa tendance à ramener toute pratique à la possession de notions vraies concernant l'objet de cette pratique, Socrate paraît avoir admis que l'économie est, en même temps qu'une science, un art, c'est-à-dire un ensemble d'habiletés que nul ne peut acquérir s'il n'a l'expérience de l'administration financière[2]. C'est ce qu'il affirme du moins avec netteté en parlant de l'économie agricole, partie prépondérante, comme on l'a vu, de l'économie en général : selon lui, la théorie sans la pratique n'y saurait réussir[3].

Second point de vue. — Toutes les opérations économiques, nous l'avons dit, se ramènent, en fin de compte, pour Socrate à une vertu morale. Il faut de

1. D'autres problèmes sont posés et des moyens divers d'augmenter la richesse publique proposés dans l'ouvrage de Xénophon sur les *Revenus*. Voir l'analyse et la critique de ce traité dans Bœkh : *Économie politique des Athéniens*, IV, xxi.

2. *Économie*, chap. ii. — 3. *Id.* Chap. xx.

l'énergie, de la persévérance et de la piété pour acquérir ; il faut de la tempérance pour conserver la richesse. On va voir maintenant comment la vertu, non seulement consiste à bien user de la richesse, mais même nous apprend à nous en passer.

La richesse, en effet, est chose relative. Elle dépend du besoin ; celui qui se contente de peu est riche. Or le corps, siège des besoins, est un élément accidentel et périssable de la personne humaine ; « l'âme seule est l'homme, ou l'homme n'est rien. » Il n'est donc rien de plus contraire au bon état de l'âme que le développement du corps ; le but de la vie est de se débarrasser progressivement de cette enveloppe matérielle et des désirs qu'elle alimente. Dieu n'a pas de besoins ; l'âme, chose divine, n'en a pas non plus. Plus nous refoulerons les besoins physiques, plus nous ressemblerons à Dieu. L'idéal est de ne pas en avoir du tout. Les biens matériels pour l'individu, et, pour la cité, le commerce et l'industrie sont donc des obstacles à la perfection morale. De ce point de vue Socrate eût dû condamner l'économie tout entière ; il paraît s'être borné à condamner celle qui ne se concilie pas avec la vertu, et c'est pour cela qu'il n'approuve qu'un métier, l'agriculture, où il pense que la vertu rencontre le moins d'obstacles. Nous retrouverons plus tard ces doctrines ascétiques, qui sont la négation de toute économie.

Au nom des mêmes principes, Socrate blâme vivement les Sophistes, les premiers professeurs qui aient donné des leçons rétribuées, de ce qu'ils acceptaient de leurs élèves de l'argent en échange de la science. L'enseignement, à ses yeux, n'a pour but que de rendre *vertueux* celui qui le reçoit ; il doit se réduire à un commerce affectueux des âmes, à une sorte d'apostolat désintéressé. Socrate méconnaît ainsi ce que les économistes modernes appelleront le capital intellectuel.

II. — **Platon**.

Comme Socrate, Platon, son disciple, voit nettement l'importance des phénomènes économiques dans
la vie sociale. Mais comme lui, il ne croit pas que
l'Économie politique puisse être séparée, même pour
les besoins de l'étude, de la morale. Et comme sa
morale est ascétique, il est, lui aussi, conduit à
condamner la richesse.

Premier point de vue. — Dans son beau livre sur
l'*État* ou *la République*, il montre que la société trouve
son origine dans les besoins de l'homme et la nécessité de l'échange. Laissons-le parler lui-même, ou du
moins écoutons le dialogue qu'il met dans la bouche
de Socrate et d'un de ses propres frères, Adimante.

SOCRATE : « Ce qui donne naissance à la société,
n'est-ce pas l'impuissance où chaque homme se trouve
de se suffire à lui-même, et le besoin qu'il éprouve de
beaucoup de choses ? Est-il une autre cause de son
origine ? » ADIMANTE : « Point d'autre. — Ainsi le
besoin d'une chose ayant engagé l'homme à se joindre
à un autre homme et un autre besoin à un autre
homme encore, la multiplicité de ces besoins a réuni,

dans une même habitation plusieurs hommes dans la vue de s'entr'aider, et nous avons donné à cette société le nom d'État, n'est-ce pas? — Oui. — Mais on ne communique à un autre ce qu'on a, pour en recevoir ce qu'on n'a pas, que parce qu'on croit y trouver son avantage? — Sans doute. — Bâtissons donc un État par la pensée. Nos besoins en formeront les fondements. Or, le premier et le plus grand de nos besoins n'est-ce pas la nourriture, d'où dépend la conservation de notre vie? — Oui. — Le second besoin est celui du logement, le troisième celui du vêtement. — Cela est vrai. — Et comment notre État pourra-t-il fournir à ses besoins? Ne faudra-t-il pas pour cela que l'un soit laboureur, un autre architecte, un autre tisserand? Ajouterons-nous encore un cordonnier ou quelque artisan semblable? — A la bonne heure. — Tout État est donc essentiellement composé de quatre ou cinq personnes? — Il y a apparence. » Alors Platon formule avec la plus grande sûreté la loi de la division du travail, comme fondement de la solidarité économique: — « Mais quoi? faut-il que chacun fasse pour tous les autres le métier qui lui est propre..., ou ne serait-il pas mieux que, sans s'embarrasser des autres, il employât la quatrième partie du temps à préparer sa nourriture, et les trois autres parties à se bâtir une maison, à se faire des habits et des souliers? — Je crois, Socrate, que la première manière serait plus commode pour lui. — Je n'en suis pas surpris; car au moment que tu parles, je fais réflexion que nous ne naissons pas tous avec les mêmes talents et que l'un a plus de disposition pour faire une chose, l'autre pour en faire une autre, qu'en penses-tu? — Je suis de ton avis. — Les choses en iraient-elles mieux si un seul faisait plusieurs métiers ou si chacun se bornait au sien. — Si chacun se bornait au sien. — Il est encore évident, ce me semble, qu'une chose est manquée lorsqu'elle n'est pas faite en son temps. — Cela est évident. — Car l'ouvrage n'attend pas la commodité de l'ouvrier; mais c'est à l'ouvrier de s'accommoder aux exigences de son ouvrage. — Sans contredit. — D'où il suit qu'il se fait plus de choses, qu'elles se font mieux et plus aisément, lorsque chacun fait celle pour laquelle il est propre en temps utile et qu'il est dégagé de tout autre soin.» En d'autres termes: 1° on réussit mieux dans un travail qu'on a choisi conformément à ses aptitudes; 2° on fait mieux et en plus grande quantité et avec moins de peine ce qu'on fait constamment; 3° on perd moins de temps et moins d'occasions favorables quand on est tout entier consacré à une seule tâche (livre II). Si donc les économistes modernes n'ont pas emprunté à Platon cette importante loi, ils l'ont retrouvée après lui.

Second point de vue. Mais, presque aussitôt, Platon introduit des considérations d'ordre moral qui l'engagent à interdire à la cité tout développement économique ultérieur.

Il faut que la cité soit juste, si l'on veut qu'elle soit saine et heureuse. Qu'est-ce que la justice? C'est la ressemblance à Dieu. Or, Dieu est simple et ne change pas. Pour être juste, la cité devra rester composée du plus petit nombre d'éléments possible, qui, étant intimement unis, seront toujours dans le même rapport. Au point où nous venons de le laisser, l'État est juste, par suite, sain et heureux. Platon fait bien quelques concessions aux besoins physiques. Il admet que la cité peut s'agrandir encore sans se corrompre par l'adjonction des charpentiers, des forgerons, des pâtres, même de quelques marchands ; tant qu'on ne se servira des animaux que pour avoir du lait, des peaux, de la laine et pour traîner les fardeaux, tout ira bien ; mais le malheur de la cité commence et la corruption s'y introduit quand les arts de luxe y prennent naissance et que l'on veut y manger de la viande. « Il ne faudra plus alors mettre simplement au rang des choses nécessaires celles dont nous parlions tout à l'heure, une demeure, des habits, une chaussure ; on va désormais mettre en œuvre la peinture et tous les arts enfants du luxe. L'État sain dont j'ai parlé tout d'abord va devenir trop petit. Il faudra l'agrandir et y faire entrer des chasseurs, des poètes, des acteurs, des danseurs, des nourrices, des coiffeuses, des traiteurs, des cuisiniers et même des porchers? » Dès lors, les corps, regorgeant de délices, ne seront plus entretenus en santé par la gymnastique seule; des

médecins seront indispensables. Le territoire ne suffira plus à nourrir les troupeaux, on voudra empiéter
sur les voisins ; la guerre apparaîtra avec son cortège
de violences et de misères. Les conflits d'intérêt se
multiplieront en même temps, et voici les tribunaux
qui se dressent dans la ville. Maladies, rapines à main
armée, répression tardive de la justice violée ne sont
que les avant-coureurs de maux plus profonds, nés de
l'essor effréné des convoitises, et qui pousseront l'État
primitivement *un* et *stable* dans un abîme de discordes
et de révolutions.

La chute est inévitable. Pour la retarder, du moins,
Platon propose un certain nombre de moyens. Tous
sont dirigés contre le développement de l'activité
économique. D'abord, le pouvoir devra appartenir,
dans chaque cité, à des sages versés dans la théologie,
qui auront pour mission de faire triompher la vertu
sur le vice, l'âme sur le corps et régleront souverainement tout ce qui concerne les intérêts. La distinction du spirituel et du temporel apparaît et la suprématie du premier sur le second est nettement déclarée.
L'État sera le grand régulateur de la production et le
distributeur unique de tous les biens. C'est le socialisme le plus radical. Point de propriété individuelle.
Si quelqu'un parvient à s'enrichir, à sa mort l'État
dispose de ses biens ; la plus grande partie rentre
dans les caisses publiques. Le Conseil des sages
distribue à des hommes, choisis par lui pour faire

partie de la classe inférieure, des lots de terre qu'il leur est défendu d'aliéner. La cité sera bâtie loin de la mer, dans un pays de montagnes pourvu seulement de quelques vallées propres à la culture. L'exportation des denrées alimentaires nées du sol y est interdite ; elles sont distribuées, par les soins du gouvernement, entre tous les citoyens et consommées sur place ; interdite aussi l'importation, sauf celle des armes ; interdite la monnaie d'or et d'argent, instrument de l'échange entre cités. Platon eût souhaité de pouvoir confier le trafic à l'intérieur et l'industrie des hôtelleries à des citoyens vertueux, qui se seraient privés de tout bénéfice et auraient exercé leurs fonctions pour le bien de l'humanité et le service de l'État.

C'eût été, comme le sont en réalité les agriculteurs, les guerriers et les prêtres de cette république, de véritables fonctionnaires. Mais il recule devant cette innovation et remet le soin de faire le commerce à ceux dont la corruption est la moins dangereuse pour l'État, c'est-à-dire aux étrangers domiciliés. Pour empêcher, d'ailleurs, les gains illicites et la démoralisation qui résulte du commerce, on fixera le prix maximum et minimum des marchandises. Toute industrie manuelle sera de même interdite aux citoyens sous les peines les plus sévères, la division du travail l'exige ; le citoyen a pour fonction de pratiquer la vertu, il faut que rien ne l'en vienne distraire. Esclaves ou mercenaires étrangers, les artisans ne doivent de même exercer qu'un métier à la fois ; l'ouvrier en fer ne devra faire aucun ouvrage de bois et l'ouvrier en bois ne pourra louer des ouvriers forgerons. Ainsi l'État distribue à chacun sa tâche, il en exige et en surveille l'accomplissement en échange d'un salaire viager. Les guerriers sont nourris en commun dans des casernes et les sages près des temples ; avec ses douze sections, avec ses temples et ses quartiers militaires au centre de chaque section, la cité Platonicienne a quelque chose du couvent féodal. Par l'ensemble de ces moyens, une limite sera posée à l'accroissement de la richesse, en même temps que sera assurée la satisfaction des besoins strictement nécessaires. Ainsi seulement pourra être conjuré le danger que fait courir aux États la terrible passion de posséder et de posséder toujours plus. Car « l'or et la vertu sont comme deux poids mis dans les plateaux d'une balance et dont l'un ne peut monter que l'autre ne s'abaisse. » Ainsi on s'éloignera le moins possible de l'heureux état de choses originel où les hommes étaient, comme les brebis d'un troupeau docile, gouvernés et nourris par la main des Dieux. Alors « ils recueillaient sur les arbres des forêts des fruits abondants que n'avait pas fait naître la culture et que la terre produisait par sa propre fécondité. Nus et sans abris, ils passaient presque toute leur vie en plein air ; les saisons, tempérées alors, leur étaient clémentes et l'épais gazon dont la terre se couvrait leur offrait des lits moelleux. »

Nous voilà bien loin de la doctrine qui faisait du besoin le ciment de la vie sociale. Évidemment Platon tend à supprimer les besoins physiques à force de les restreindre et d'en rendre la satisfaction facile. Il nous dit son dernier mot quand il appelle les fonctions vitales essentielles (nutrition et reproduction) des maladies. L'amour de la richesse, lié à la recherche du bien-être, cet instinct de possession qui est le grand ressort économique, est, selon sa pensée intime, l'injustice fondamentale, la racine de tous les vices. Un État où prédomine la population maritime, industrielle et commerçante, surtout s'il est prospère, s'il est plein d'arsenaux et de chantiers, et que de nombreux tributs y remplissent le trésor, est, à ses yeux, comme un homme chez lequel l'âme est alourdie et corrompue par ses attaches avec un corps pléthorique[1]. Il rêve d'une société spirituelle débarrassée des soucis de la vie physique, unie dans la contemplation d'une même et éternelle vérité très simple, immobile, heureuse comme la pensée-divine. La vie contemplative en commun est son idéal, comme elle avait été celui des Pythagoriciens, comme elle sera celui du

---

1. L'amour de la richesse est pour lui une forme et une dérivation de la concupiscence, du désir physique qui siège au-dessous du diaphragme et qui, étant variable, mobile et violent, occupe dans l'individu humain la place que les esclaves et les petits marchands occupent dans la cité. *Rep.* IX, 580, *é.*

moyen âge. Il y a presque un avant-goût de l'*Imitation* dans quelques-unes de ses paroles : « En vérité, dit-il quelque part, les affaires humaines ne méritent pas qu'on prenne de si grands soins pour elles ; il en faut prendre cependant, et c'est ce qu'il y a de plus fâcheux ici-bas ! »

Mais, tout en condamnant les préoccupations économiques, Platon a contribué, plus que tout autre écrivain de l'antiquité, à fonder la science des richesses. C'est d'abord pour lui un titre considérable à l'attention des économistes de tous les temps que l'invention du socialisme. Il faut se souvenir ensuite qu'il a montré nettement la subordination des activités productrices et commerciales aux activités régulatrices, à la politique et à la morale. On ne saurait trop admirer non plus la netteté avec laquelle il a conçu et formulé la loi de la division du travail. Enfin, nous voulons citer, pour montrer la pénétration de ses analyses, une très curieuse classification des métiers, la première qui ait été tentée, ou du moins la première qui mérite ce nom. Il divise en sept catégories tout ce qui peut s'acquérir :

1° Ce qui fournit la matière sur laquelle s'exercent tous les arts manuels pour les façonner : « l'or, l'argent et tous les autres métaux que l'on extrait des mines, tout ce que l'art de couper et de tailler les arbres fournit à la charpenterie et à la vannerie, l'art qui enlève aux plantes leur écorce, celui du corroyeur qui dépouille les animaux de leur peau, tous les arts analogues qui nous préparent du liège, du papyrus, des liens, tout cela nous met en mesure de fabriquer des objets composés avec des choses qui ne le sont pas. » Appelons tout cela propriété primordiale et élémentaire.

2° Les outils, instruments ou ustensiles composés ou façonnés avec cette matière première.

3° Ce qui sert à la conservation des productions de l'industrie, vases, paniers et coffres, tout ce qui contient ou enveloppe les objets que l'on veut garantir de quelque altération.

4° L'ensemble des objets qui servent de sièges, immobiles ou mobiles, employés pour la locomotion sur la terre ou sur l'eau, fabriqués par le charpentier, le potier ou le forgeron.

5° Les abris, vêtements de toutes sortes, un grand nombre d'armes défensives, les murs, les remparts, tout ce qui sert à la protection. Les principaux artisans qui les fabriquent sont l'architecte et le tisserand.

6° Tout ce qui contribue à la distraction et au divertissement de l'homme, créations des beaux-arts et de la musique.

7° « Enfin, l'acquisition des aliments et tout ce qui, en se mêlant à notre corps, a le pouvoir d'entretenir par ses parties les parties de ce corps; formons-en une septième espèce et désignons-la dans toute son étendue sous le nom d'alimentation. » L'agriculture, la chasse et la pêche, la gymnastique, la médecine et la cuisine sont les arts desquels relève la catégorie de productions signalée ici.

Certes, cet essai est digne d'attention comme toute la politique de Platon et, Aristote mis à part, la science économique attendra longtemps, même dans les temps modernes, des contributions aussi impórtantes que celles qu'elle doit à ce mystique. Il n'en est pas moins certain que cette philosophie contient en germe la condamnation des instincts mêmes qui donnent naissance à la richesse, et la négation des principes sur lesquels toute économie politique repose. Nous la verrons bientôt porter ses fruits.

III. — Aristote.

Aristote a fait peut-être autant que Platon pour la science énonomique ; s'il n'en est pas le fondateur, — nous le savons maintenant, — il en a conçu plus nette-ment l'objet et lui a fixé sa place parmi les arts du gouvernement ; mais, disciple de Platon et beaucoup plus fidèle qu'on ne le croit aux enseignements de son maître, il n'a pas su effacer la contradiction que celui-ci avait imprudemment suscitée après Socrate, entre les intérêts moraux et les intérêts matériels de la cité des hommes.

Premier point de vue. Historiquement la famille ou maison est antérieure à la cité. Avant d'être un citoyen l'homme est un être vivant, et il fait naturelle-ment partie de la famille comme l'organe fait partie du corps. Le besoin est le lien de cette société primi-tive ; d'abord l'enfant doit puiser sa nourriture au sein de sa mère ; ensuite tous les membres de la famille vivent en commun des mêmes ressources. L'art de fonder et d'administrer une maison est l'*Économie*, partie de la politique comme la maison est partie de la cité.

Les choses nécessaires à la vie en commun des

membres de la famille, les biens (chrémata) ou la richesse sont l'objet d'une science ou art, la *Chréma-tistique*. Mais cette science de la richesse est, comme on le voit, partie essentielle de l'Économie ou administration domestique. Elle ne dépend qu'indirectement de la politique. En effet, dit Aristote, c'est dans la famille et pour la famille que les richesses, que les biens sont acquis; c'est dans la famille qu'ils sont consommés. Voilà un trait essentiel par où l'Économie d'Aristote diffère de l'Économie politique moderne. Il discute et réfute victorieusement le socialisme de son maître. Il reconnaît que la propriété individuelle est la conséquence des instincts les plus profonds, qu'elle est légitime par conséquent, que de plus elle est bienfaisante en ce qu'elle fournit au travail un aiguillon nécessaire. Mais il est conduit (nous le verrons bientôt) par son désir d'échapper au socialisme à combattre les formes supérieures de l'échange, parce qu'elles socialisent la richesse.

La première fonction de la chrématistique est l'acquisition des biens (aliments et instruments).

La première des acquisitions est celle de l'*aliment*. Tous les jeunes des animaux trouvent en naissant une nourriture qui leur est préparée par leur mère ou qu'elle tire de son corps; l'homme même est dans ce cas. La terre est aussi comme une mère, qui fournit aux hommes les choses qui leur sont nécessaires pour leur subsistance. Les uns sont nomades et vivent du produit de leurs troupeaux ; les autres sont fixés et se nourrissent de productions agricoles ; d'autres sont pêcheurs, d'autres chasseurs, d'autres encore s'emparent par le pillage et la guerre des subsistances amassées par autrui. Tous suivent les indications de la nature qui a fait les fruits de la terre pour l'homme comme le lait pour les jeunes animaux.

En outre des aliments, les *instruments* sont nécessaires. Les plus parfaits sont ceux qui accomplissent d'eux-mêmes ou sur les ordres de leur possesseur les travaux pour lesquels ils sont faits. Le bœuf, ce serviteur du pauvre, et l'esclave sont de tels instruments. Ils sont comme des organes extérieurs, comme des prolongements du corps du maître. Ils lui appartiennent donc. Aristote n'hésite pas un instant à déclarer que cette acquisition de l'homme par l'homme est naturelle. Et il va jusqu'à justifier le fait, mais pour un cas seulement, celui où l'esclave, dépourvu de toute intelligence, abruti par la servitude héréditaire, se trouve nécessairement subordonné à un plus intelligent que lui. Dans ce cas la servitude lui est avantageuse, puisque c'est le seul moyen d'existence à sa portée, les intérêts de l'esclave coïncidant avec ceux du maître. Dans le cas, au contraire, où l'esclave est un homme jadis libre, éclairé et généreux, victime des hasards de la guerre, le philosophe n'est pas loin de reconnaître le caractère violent et injuste de son asservissement. Dans les deux cas, il faut lui donner la nourriture qui est le salaire de son travail, et, si on le châtie pour ses fautes, lui proposer en même temps comme but la plus haute des récompenses, la liberté.

Une seconde catégorie d'objets relevant de la chrématistique est formée des produits de la terre qui, sans servir à l'alimentation, ont néanmoins leur utilité : comme les bois de construction et en général tout ce qui se tire des mines. Ces produits sont fort nombreux, ils tiennent l'intermédiaire entre les fruits de la terre et les créations de l'homme.

Une troisième catégorie est constituée par l'art de l'échange. Celui-ci se compose de trois parties : 1° le trafic ou négoce qui lui-même comprend le transport par mer, le transport par terre et l'exposition ou l'étalage ; 2° le salaire, qui est donné soit à des artisans exerçant un métier, soit à des hommes qui, étant incapables d'exercer aucun art, ne sont utiles que par les services qu'on tire de leur force corporelle (les esclaves) ; 3° le prêt à intérêt.

Tout objet possédé peut être utilisé directement ou servir à l'échange. L'échange en nature d'une famille à l'autre est inévitable, les besoins étant les mêmes pour tous et les uns ayant plus d'un produit, les autres d'un autre. Et cette sorte d'échange suffit au besoin. Là s'arrête la bonne chrématistique, à la fois nécessaire et naturelle. Mais quand les hommes, sans se soucier des obligations de la morale, recherchent la richesse pour elle-même et veulent l'accroître au delà du besoin, indéfiniment, alors ils trangressent la loi de la nature. C'est l'institution de la monnaie qui donne naissance à la seconde forme de la chrématistique, et celle-ci n'est ni nécessaire ni conforme à la nature.

Second point de vue. A. De l'échange par la monnaie. — Entre les objets utiles de diverses sortes qui figurent dans les échanges, une commune mesure est désirable. Il faut que l'objet qui sert à cette commune mesure et est destiné à se substituer dans les transactions aux denrées volumineuses et lourdes soit : 1º de valeur fixe, 2º facilement transportable, 3º assez stable pour attendre l'occasion favorable à l'échange. C'est ce que l'on a obtenu en créant la monnaie. On convint de recevoir et de se donner réciproquement, dans les échanges, une chose qui n'étant pas par elle-même d'une utilité immédiate est néanmoins susceptible de se prêter facilement aux usages de la vie, comme le fer et l'argent, ou toute autre matière semblable dont on détermina d'abord simplement le poids et la quantité, et qu'on finit par marquer d'une empreinte pour s'éviter l'embarras de la peser ou de la mesurer à chaque fois, car l'empreinte « fut mise comme signe de la quantité ». « Elle fut comme une mesure qui, établissant un rapport appréciable entre les choses, les rendit égales ; car, il n'y aurait pas de société sans échange, point d'échange sans égalité, point d'égalité

sans une commune mesure. » Il est vrai, cette déter-
mination de la valeur proportionnelle est difficile à
réaliser exactement; les objets ne sont pas toujours
commensurables, mais on y arrive par approximation
et suffisamment pour le besoin. Il est vrai encore que
la valeur de la monnaie n'est pas absolument fixe,
mais il suffit qu'elle présente une fixité relative.

Tout cela paraît inoffensif, sinon même avantageux. Mais voyez les conséquences. Par la monnaie,
l'échange fut facilité dans des proportions inconnues
jusque-là. Il s'établit une profession nouvelle consistant à acheter en gros et à revendre en détail, et dont
le but est de gagner sans produire, simplement par
des combinaisons adroites de richesses existantes.
Même l'argent devint objet de commerce; on vit les
banquiers réaliser de gros bénéfices par des prêts, et
faire produire à l'argent une espèce de progéniture[1].
Par là naquit une sorte de chrématistique bien différente de la chrématistique que nous avons exposée en
décrivant la première catégorie d'acquisitions. La première est conforme, la seconde est contraire à la nature.

Celle-ci, en effet, se fonde sur des productions arti-

---

1. Le mot *intérêts* est en grec le même que *progéniture*. On dit
de même en plaisantant de nos jours que des louis d'or bien
placés ont fait des petits. Il n'est pas surprenant que ce fait, bien
que familier déjà au monde des affaires et autorisé par la loi, ait
paru illogique et incorrect aux philosophes moralistes comme au
vulgaire; il suppose en effet une certaine subtilisation de l'idée de
richesse qu'on a peine à faire comprendre aux enfants de nos
jours.

ficielles. Le marchand à qui de grands capitaux
permettent d'acheter des quantités considérables
d'objets utiles pour les revendre en détail ne crée, —
Aristote le dit et se trompe en le disant — aucune
richesse nouvelle; il ne produit rien, n'augmente pas
les ressources disponibles. De même le prêteur tire un
effet infini d'un instrument dont l'effet naturel est
fini; la pièce de monnaie a une valeur limitée; le
lingot dont elle est composée équivaut à une certaine
quantité d'objets consommables : il n'est pas juste d'en
faire sortir une suite illimitée de bénéfices. La monnaie elle-même est déjà quelque chose d'artificiel; elle
est le produit d'une convention, et, cette convention
changeant, elle peut perdre toute valeur. Elle ne
répond à aucun besoin naturel; on peut mourir de
faim à côté de monceaux d'or. Matière stérile, elle n'a
rien des productions vivantes qui créent par la génération une suite indéfinie de productions semblables
à elles. Bien qu'Aristote reconnaisse son utilité, qu'il
semble même la considérer comme nécessaire à l'établissement de la justice dans la société, puisque c'est
par elle seule que la comparaison peut s'établir entre
les droits de chacun, cependant il ne comprend que
son utilité morale; il ne peut admettre que les services qu'elle rend, chose abstraite, soient eux-mêmes
évalués en monnaie et viennent grossir le capital. Il la
condamne donc comme la source de la fause chrématistique, de la chrématistique contre nature.

B. Du travail manuel. — Aristote condamne encore, comme ses prédécesseurs, les industries autres que l'industrie agricole. « Toutes les choses utiles ne doivent pas être enseignées, parce qu'il y en a qui sont illibérales. Il ne faudra donc communiquer à la jeunesse, entre les choses utiles, que celles qui ne lui feront pas contracter un genre de vie sordide. Or, on doit regarder comme tel tout travail, tout art, toute instruction qui rend le corps ou l'âme ou l'intelligence des hommes libres incapables d'acquérir la vertu ou d'en pratiquer les actes. Voilà pourquoi nous appelons sordides tous les arts qui tendent à altérer les bonnes dispositions du corps et tous les travaux dont on reçoit un salaire, car ils ne laissent à la pensée ni loisir ni élévation. » Seule, l'agriculture est une profession salubre, naturelle, favorable à la vertu, où la production est limitée par le besoin, et qui fait de celui qui l'exerce un bon soldat, un citoyen accompli.

Ces idées nous paraissent quelque peu singulières. Pourquoi Aristote condamne-t-il ainsi le commerce et l'industrie manufacturière?

Parce qu'ils sont contraires à la nature de l'homme, ou, ce qui revient au même, à la vertu. Mais pourquoi le commerce et le travail manuel sont-ils contraires à la nature, pourquoi sont-ils incompatibles avec la vertu ou avec la perfection du citoyen? Il le dit lui-même : c'est que le citoyen parfait est celui qui ne s'occupe que des intérêts moraux de la cité, celui qui passe son temps à juger dans les tribunaux et à voter dans les assemblées. Ces fonctions seules conviennent au caractère de noblesse et de générosité que l'opinion unanime attribuait au citoyen.

Cependant si c'était là la dernière raison d'Aristote, la doctrine économique (ou plutôt antiéconomique) que nous venons de recueillir dans sa *Politique* et sa *Morale* serait, avouons-le, assez mal fondée. Elle se ramènerait en dernière analyse à une pétition de principe peu dissimulée. Même on trouverait dans les œuvres du philosophe de quoi la réfuter facilement. On y lit que la vertu, but de la politique, est la justice, c'est-à-dire l'égale distribution entre tous des avantages sociaux; mais la justice ne serait rien s'il n'y avait pas de transactions et des contrats auxquels elle s'applique, des avantages à partager, des contestations d'intérêt à régler, et de ce point de vue du juste et de l'injuste, peu importe que les richesses soient considérables ou restreintes, pourvu qu'elles soient légitimement acquises et loyalement échangées. Mais il semble qu'Aristote ait eu en vue, lorsqu'il a condamné le négoce et le travail manuel, non seulement les préjugés aristocratiques dont la démocratie athénienne n'avait pu se guérir, non seulement l'idée qu'il se faisait, avec ses compatriotes d'adoption, de la vertu politique, mais une conception de la vertu très différente qu'il expose à la fin de sa morale et qu'il superpose en quelque sorte à sa théorie de la vertu civique.

On voit là que, pour lui, la véritable nature de l'homme n'est ni de vivre physiquement, ni d'acquérir, ni de pratiquer la justice dans les rapports sociaux, mais qu'elle consiste à penser, à contempler la vérité, à s'absorber dans la contemplation de la perfection absolue. La nature de chaque être est, en effet, d'après Aristote, non dans ses fonctions les plus humbles, mais dans ses fonctions les plus hautes. Or la raison, la pensée pure de l'être pur sont ce qu'il y a de plus éminent dans l'homme. La vertu et le bonheur résident à la fois dans l'exercice de cette activité supérieure, qui est celle de Dieu en nous. Et tout ce qui s'opposera à son exercice entraînera pour l'homme une déchéance. De ce point de vue (qui est le dernier auquel Aristote s'arrête, non sans quelque hésitation), ni les incessants travaux de l'agriculteur, ni les soins du plus prévoyant des hommes d'affaires, ni même les nobles fonctions du citoyen et de l'homme d'État n'ont plus aucune valeur propre. N'eût-il ni puissance, ni richesse, le sage qui a dépouillé par son commerce spirituel avec Dieu ce qu'il y avait de mortel en lui, se suffit à lui-même et son bonheur dépasse toutes les satisfactions finies [1].

1. Voir pour la doctrine économique d'Aristote la *Politique*, livre I à partir du chap. ii jusqu'à la fin ; livre II, chap. i, ii. iii, iv, v ; livre III, chap. v ; livre VII, chap. iii, ix ; livre VIII, chap. ii ; la *Morale*, livre V et le *Traité de l'économique*.

Aristote aboutit donc comme Platon à une théorie
métaphysique de la vertu et du bonheur dont il ne
tire pas toutes les conséquences, mais qui explique
suffisamment la crainte que lui cause le développement sans bornes de la richesse par le commerce et
l'industrie. L'activité économique est aux antipodes
de la vie contemplative qu'il préconise ; il devait donc
trouver quelque biais pour la condamner. Il ne va pas,
comme Platon, jusqu'à vouloir que l'État prenne en
main officiellement la cause de la vertu, qu'il fasse
des lois contre le commerce illicite et le travail déshonorant ; il maintient la propriété individuelle et fait
de la justice sociale une œuvre de liberté et de discussion : mais ses subtils arguments contre l'échange
et le prêt à intérêt devaient entraver pendant longtemps l'art économique. Son individualisme final
n'est pas moins dangereux que le socialisme Platonicien. La vertu contemplative résulte de l'activité
solitaire de l'âme ; elle s'accommode donc aussi bien
d'une constitution que d'une autre ; elle n'attend
aucun secours de la cité et même se passe de toute
loi et de tout commerce avec les hommes. La société
telle qu'il la conçoit, fortement constituée à sa base
par la solidarité des besoins dans la famille, cimentée
par la gestion des intérêts communs et l'administration
de la justice dans la cité, finit par s'évanouir à son
sommet dans l'indépendance des penseurs sublimes
qui voient Dieu face à face chacun à part, et

n'ont plus besoin les uns des autres pour être heureux.

La vie spéculative se trouve donc, en fin de compte, mise par Aristote comme par Platon au-dessus de la vie politique et surtout de la vie utilitaire ; elle est l'idéal commun de tous les philosophes grecs des cinquième et quatrième siècles qui ont traité de la richesse. Tous font aux besoins essentiels de la nature humaine un minimum de concessions ; dès qu'ils ont assuré la subsistance de l'individu dans la famille, ils considèrent tout ce qu'il y a de légitime dans l'*Économie* comme épuisé ; au delà commence le domaine de la vertu et celui de la politique qu'ils confondent avec la morale ; en d'autres termes, pour eux l'économie, comme son nom l'indique, est domestique, non politique.

Cette préoccupation unanime ne tient pas à un système ou à un autre ; les causes en sont générales. Évidemment les philosophes ne font ici que refléter l'opinion commune. C'était, en effet, une conviction pour la majorité des Grecs que la constitution la plus parfaite était celle de Lacédémone ; ils la regardaient comme la plus ancienne, et les oracles, avec l'immense autorité qui s'attachait alors aux enseignements de la religion, l'avaient célébrée à l'envi. Or la cité spartiate appartenait à un type d'États déjà ancien, en effet, quand Athènes atteignit son apogée : celui des États de l'intérieur des terres, à constitution aristocratique, exclusivement adonnés à l'agriculture, immobilisés dans les pratiques traditionnelles. Le type plus moderne des cités maritimes, livrées à l'industrie et au commerce, gouvernées par des despotes populaires ou des assemblées démocratiques selon des vues utilitaires et laïques, eut en fait une large extension ; Athènes fut la plus brillante d'entre elles, et ses plus illustres citoyens eurent conscience de sa supériorité. Périclès par exemple met le développement de la richesse publique au premier rang des préoccupations de l'homme d'État. Il n'en est pas moins vrai que, même dans les démocraties les plus prospères, même à Athènes, les croyances antiques, les traditions conservatrices et aristocratiques gardaient une bonne partie de leur empire ; on continuait à admirer le genre de vie du bon vieux temps où la pauvreté était en honneur, où l'agriculture suffisait aux besoins, où la pratique de la vertu était le but de la politique. L'esclavage d'ailleurs s'était développé avec l'industrie et on trouvait que l'homme du peuple, l'artisan était semblable à l'esclave, ce qui déconsidérait le travail manuel au yeux des familles nobles et des citoyens distingués qui les imitaient.

Justement les philosophes athéniens, Socrate et ses disciples, étaient de grands amis des Spartiates et des admirateurs de la constitution aristocratique. Xénophon et Platon appartenaient à d'anciennes familles. L'indignité du travail manuel était un préjugé qu'ils ne discutaient pas. Ils dédaignaient la démocratie industrieuse et commerçante qui avait fait la fortune d'Athènes.

Enfin le prestige dont la religion antique avait revêtu les mœurs simples et la vie frugale des cités agricoles, prestige confirmé à Sparte par tout un arsenal de lois contre le luxe, se trouva singulièrement relevé par les enseignements d'une religion nouvelle, celle des mystères. Là, beaucoup plus explicitement que dans les anciens temples, on professa la distinction profonde de l'âme avec le corps, la préexistence des âmes avant la vie, leur libération au moment de la mort, et l'on assigna comme but à la vie la préparation de cette délivrance par le mépris des besoins corporels et de la richesse. Avec Socrate, la philosophie s'empara de cette doctrine ; elle se l'assimila au point qu'elle parut l'avoir créée, et ainsi, tout en portant sa curiosité sur les phénomènes que nous appelons économiques, elle se préoccupa dès l'abord des périls que la prospérité industrielle et commerciale pouvait selon elle faire courir à la vertu, cette anticipation de la mort. Telles sont les causes de la direction que prit dans l'antiquité la doctrine économique ; elle devait la garder pendant tout le moyen âge où domine la même conception de la destinée humaine.

IV. — Épicuriens et Stoïciens.

On sait qu'après Aristote, pendant les derniers
siècles avant J.-C., les deux doctrines qui eurent le plus
d'adhérents furent l'Épicurisme et le Stoïcisme. Malgré
leurs réelles oppositions, elles ont quelque chose
de commun, parce que toutes deux se rattachent, la
première par les Cyrénaïques, la seconde par les
Cyniques à la même origine, à savoir l'enseignement
de Socrate, et ce trait commun est précisément ce
qui peut ici nous intéresser le plus.

Toutes les philosophies de ce temps cherchent le
bonheur ou le souverain bien et toutes s'accordent
à déclarer qu'il réside non dans les choses extérieures,
mais dans l'usage que nous faisons de ces choses ; et
comme cet usage dépend de l'opinion que nous avons
des choses, c'est dans la direction de l'esprit que
réside le souverain bien. A ce point de vue la richesse
comme les honneurs est ou indifférente ou nuisible
au progrès de l'homme dans la vertu ; elle est donc
méprisable et la sagesse consiste moins à savoir s'en
servir qu'à s'en passer. De là l'éloge unanime de la
pauvreté célébrée par les Épicuriens comme par les
Stoïciens. On le voit, c'est le second point de vue des

philosophes antérieurs, le point de vue moral qui domine exclusivement pendant cette période. Les études économiques, qui dans ce temps ne pouvaient guère être poursuivies que par les philosophes, se trouvent du même coup supprimées.

Les Épicuriens. — La morale d'Épicure est utilitaire ; elle a pour principe et pour fin le plaisir. Elle conseille d'abord au sage de penser à l'avenir, d'épargner, d'acquérir pour se suffire à lui-même. Mais elle lui apprend aussi à être heureux dans toutes les conditions en réglant les dispositions de son âme. La satisfaction des besoins de la chair, source du plaisir, trouve dès lors un contrepoids dans les jouissances d'un esprit éclairé, qui sait combien le plaisir du corps est instable et mêlé de peines et qui fait dépendre son bonheur avant tout de l'absence des passions troublantes. Le sage n'a besoin que de pain et d'eau pour être heureux ; « il méprise les plaisirs du luxe, non, sans doute, pour eux-mêmes, mais pour les peines qui les accompagnent. » — « Souvent l'acquisition des richesses, dit Épicure, est un changement de misères et n'en est pas le terme. Voulez-vous enrichir Pythoclès ? n'ajoutez point à ses richesses ; ôtez à ses désirs. » C'est une grande fortune que la pauvreté réglée sur les lois de la nature. On sait qu'Épicure et ses disciples donnèrent l'exemple de cette pauvreté savante. « Leur vie, dit un historien de la philosophie (Diogène de Laërte), était d'une simplicité et d'une sobriété excessives ; un cotyle de petit vin leur suffisait ; et quant à l'eau, ils se contentaient de la première venue. » Dans une lettre à un ami, Épicure lui dit : « Envoie-moi du fromage de Cythère afin que je puisse faire grande chère quand je le voudrai. » Une autre fois, écrivant à Polyène, il se vante de ne pas dépenser un as pour sa nourriture, tandis qu'à Métrodore, moins avancé que lui, l'as entier est nécessaire[1].

Les Cyniques. — Les Cyniques, précurseurs des Stoïciens, professent dès l'origine un égal mépris de la richesse, et pour la même raison, à savoir qu'elle est relative aux exigences du besoin. Dans le *Banquet* de Xénophon, Socrate dit à Antisthène, le premier des Cyniques. « A ton tour maintenant, dis-nous pourquoi, toi qui es si à court, tu es fier de ta richesse ?— Parce que je crois, mes amis, répond Antisthène, que les hommes n'ont pas leur richesse ou leur pauvreté dans leurs maisons, mais dans leurs âmes. Je vois, en effet, un grand nombre de particuliers qui, avec une grande fortune, se croient si pauvres qu'ils bravent tous les travaux, tous les dangers pour acquérir plus encore. Je sais des frères qui ont hérité par portions égales : eh bien, l'un a le nécessaire et même le superflu et l'autre manque de tout. J'observe même qu'il y a certains tyrans si affamés de richesses qu'ils commet-

1. Guyau, *La Morale d'Épicure*, Paris, 1880, p. 142.

tent des crimes dont rougiraient les plus nécessiteux...
Ils ressemblent selon moi à un homme qui, ayant
beaucoup et mangeant sans cesse, ne se rassasierait
jamais. Pour moi, ce que je possède est si considérable que j'ai grand'peine à le trouver, cependant il
me reste du superflu... Quand je suis au logis, les
murailles me semblent des tuniques chaudes ; les
planchers, des manteaux épais ; et j'ai une si bonne
couverture que je dors de manière que c'est toute une
affaire de m'éveiller. » Ces biens, personne ne peut les
enlever au sage. « N'oubliez pas ceci, c'est que la
richesse comme la mienne donne à ceux qui la possèdent la liberté. » Les philosophes cyniques, pendant
les siècles suivants, se multiplièrent; on les voyait
partout marchant pieds nus sous leur manteau misérable, vivante protestation contre le luxe romain.
Mettant au-dessus de tout l'indépendance de l'esprit
par rapport aux biens extérieurs, ils se flattaient d'être
détachés de tout lien avec la famille, avec la patrie,
comme avec les intérêts de ce monde, voués uniquement au service et à la prédication de la vertu.

Les Stoïciens. — Les Stoïciens poursuivent cette
tradition de renoncement volontaire. Le sage, qui est
parfait, est seul véritablement économe et financier,
parce que seul il sait quel rapport les productions de
la terre et la richesse ont avec le bien unique, c'est-
à-dire avec la vertu, et quel usage il en faut faire pour
atteindre la fin suprême de l'homme. Épictète ne veut

pas que le sage craigne la pauvreté. La dernière limite de la misère, c'est la mort ; or la mort n'est pas un mal pour le sage. La pauvreté n'est pas davantage à redouter à cause de l'humiliation qu'elle cause. « Est-ce que c'est une honte pour toi, ce qui n'est pas ton œuvre, ce dont tu n'es pas l'auteur, ce qui t'arrive par hasard, comme le mal de tête, comme la fièvre..? Les philosophes ne t'ont-ils pas appris que ce qui est blâmable, c'est ce qui est digne de blâme ? Et qui peux-tu blâmer de ce qui n'est pas son œuvre, de ce qu'il n'a pas fait lui-même ? » — Les délices engendrent d'ailleurs mille incommodités ; il est plus digne d'un homme de mourir de faim que de mourir d'indigestion. « Ce que tu crains (en craignant la pauvreté), c'est de ne plus pouvoir mener la vie d'un malade. Quant à la vie de ceux qui se portent bien, apprends à la connaître : c'est celle que mènent les esclaves, les ouvriers, les vrais philosophes : c'est celle de Diogène, celle de Cléanthe qui tenait une école et était porteur d'eau. Si tu veux mener cette vie, tu la pourras mener partout et tu vivras dans une pleine assurance. Fondée sur quoi ? Sur la seule chose à laquelle on puisse se fier, sur la seule qui soit sûre, qui soit sans entraves, que nul ne puisse t'enlever : sur ta propre volonté[1]. »

Ni les Cyniques ni les Stoïciens ne méprisaient le

____

1. *Entretiens d'Épictète*, trad. Courdaveaux, p. 338 et suivantes.

travail. C'est par le travail manuel, et le plus rude, que les uns et les autres gagnent leur vie et s'assurent l'indépendance. Ils ont dans ces humbles tâches les esclaves pour compagnons, et dès lors cessent de les dédaigner. Rien n'est vil que la lâcheté et le mensonge. D'ailleurs, dans l'univers chaque être a sa fonction marquée par Jupiter ; dans la société chacun a sa tâche à remplir pour le service de l'humanité. Cléanthe, qui puisait de l'eau la nuit pour un jardinier et béchait ses plates-bandes, disait : « Les riches jouent à la boule ; moi, j'ôte à la terre sa dureté et sa stérilité à force de travail. » Ni le travail ni le salaire n'avilissent.

Les juges, les magistrats, les généraux, les empereurs mêmes ne reçoivent-ils pas un salaire ? La vie tout entière n'est-elle pas un laborieux esclavage ; ne sommes-nous pas tous égaux devant les vicissitudes de la fortune et devant la mort ? La seule servitude déshonorante est celle des passions et du vice. Un esclave vertueux est supérieur à un homme libre dépravé. Ainsi les Stoïciens essayaient de relever le travail manuel de la condamnation que les philosophes grecs avaient portée contre lui.

Mais ils ne l'approuvaient qu'en tant qu'il assurait au sage l'indépendance et le préservait du besoin, lui et ses proches. Dès qu'il se proposait pour but la richesse, ils le prenaient en pitié ; la richesse, nous l'avons vu, n'a point de valeur propre à leurs yeux :

le sage ne s'en occupe que pour se demander quelles
en sont les sources permises, quand, comment et jusqu'où il convient de s'enrichir[1]. Le précepte : « Suis
la nature », ne veut point dire « Suis le penchant
qui te pousse à rechercher ton bien-être, à entasser des
richesses. » Il veut dire : « Suis ta nature d'homme,
qui est celle d'un être raisonnable, obéis à la Raison ;
fais dans le monde ce que cette Raison universelle
attend de toi, fais ton devoir en un mot et méprise
tout le reste. »

Qu'eût fait au surplus le travailleur de ses produits ?
Le Stoïcien ne doit pas se livrer au commerce. Si
pendant une famine un honnête homme qui vient
d'acheter du blé à l'étranger apprend qu'un convoi
considérable est sur le point d'arriver, est-il tenu de le
déclarer à ses concitoyens ? Non, dit l'opinion vulgaire.
Oui, dit le philosophe ; car le sage, non seulement ne
doit pas nuire à ses semblables, mais il est tenu de les
obliger de son mieux en toute occasion. En général, le
commerce, surtout le commerce de détail, où l'on ne
peut éviter de mentir, est peu digne d'estime. Les philosophes qui proscrivaient ainsi l'échange ne pouvaient
encourager la production industrielle.

Cicéron, Stoïcien pourtant en morale, va jusqu'à
condamner, non seulement le commerce, mais toutes
les formes de l'industrie ; le travail mécanique est

----

1. Stobée, *Eclog. Ethic.*, 201.

aussi sordide à ses yeux qu'à ceux d'Aristote : il n'y a place dans les ateliers que pour des esclaves. L'agriculture est la seule profession manuelle qui trouve grâce devant lui.

En fait, malgré les nobles aspirations des Sénèque et des Épictète à la fraternité universelle, jamais dans l'antiquité les opérations économiques essentielles, l'industrie et le commerce ne se relevèrent de leur déchéance. Piller une province comme questeur ne disqualifiait personne, s'enrichir par des gains légaux comme artisan ou trafiquant laissait une marque fâcheuse. Comment un réveil de la science économique était-il possible en présence d'un pareil état de l'opinion ?

Cependant nous devons tenir compte, dans l'histoire des doctrines économiques de l'antiquité, d'un grand fait qui se produisit dans le monde romain, nous voulons dire l'établissement du Droit naturel. La philosophie stoïcienne, par sa conception d'une société universelle des êtres raisonnables, eut dans cet établissement un rôle incontestable, mais l'évolution spontanée des institutions juridiques y contribua pour une part.

Du point de vue juridique, la propriété est considérée comme une extension naturelle de la personne, si bien que la femme et l'enfant finissent, contrairement au droit primitif qui ne reconnaissait cette faculté qu'au père de famille, par être à Rome propriétaires indépendants. Le droit de propriété fut même attribué au moyen de détours au sujet né en dehors de la cité romaine, à l'affranchi, à l'esclave même qui économise pour se racheter. Les biens suivirent peu à peu dans les successions une ligne de dévolution toute différente de celle que la religion avait tracée ; ils furent attribués aux parents dans l'ordre que les liens du sang mettaient entre eux et le défunt. Non seulement le travail et le commerce n'étaient pas dans la loi romaine une cause de dérogation, mais il y eut des cas où il fournit un titre à l'obtention du droit de cité, qui était à Rome le fondement de tous les autres ; il suffit pour l'obtenir d'avoir construit un navire de commerce d'un tonnage déterminé ou d'avoir porté du blé à Rome. A travers tous les changements de main, toutes les transactions et transformations, la propriété individuelle était suivie par la loi d'un œil attentif et protégée toujours contre le dol et l'extorsion, comme une chose inviolable. Tous les citoyens étaient égaux devant le droit et bientôt tous les sujets de l'empire furent citoyens. Or la religion romaine s'affaiblissant chaque jour, et les sujets de l'empire professant en très grand nombre des religions différentes, on s'accoutuma à considérer le droit comme un état primordial, nécessaire des personnes et des choses dans une société humaine quelconque, comme un ordre résultant de la nature, en dehors des prescriptions religieuses et antérieurement aux formules qui l'expriment chez les différents peuples. Cette idée d'un droit naturel fut consacrée, sinon créée par la philosophie stoïcienne. Elle devait s'imposer à la scolastique et la sauver des excès de la morale ascétique qui lui était également léguée par la philosophie même.

DEUXIÈME PARTIE

LES DOCTRINES ÉCONOMIQÙES AU MOYEN AGE
TRIOMPHE DU POINT DE VUE MORAL ET RELIGIEUX.
COMMENCEMENT DU NATURALISME

I. — L'École d'Alexandrie et le Christianisme.

Il y eut au troisième siècle après J.-C. une très
brillante école de philosophie transcendante à Alexandrie. Mais comment attendre quelque doctrine économique de gens tellement enivrés de métaphysique
platonicienne qu'ils étaient honteux d'avoir un corps?
« L'intelligence (ou l'âme) ne s'occupe pas, dit Plotin,
le plus illustre philosophe de cette école, des choses
extérieures, pour sauver le corps en danger par
exemple : tout au contraire, elle l'abandonne si bon
lui semble ; elle ordonne à l'homme de renoncer à la
vie, à ses richesses, à ses enfants, à sa patrie même :
car elle a pour but de faire ce qui est honnête pour
elle et non de sauver l'existence de ce qui lui est infé-

rieur[1]. » Le but de la vie est la *purification*. Celle-ci « consiste à séparer le plus possible l'âme d'avec le corps. C'est là ce qui s'appelle mort, affranchissement et séparation de l'âme d'avec le corps. Seuls les philosophes s'étudient convenablement à affranchir l'âme... Nous devons donc nous appliquer à la philosophie qui nous procure le plus grand des biens en délivrant notre âme des liens par lesquels elle a été enchaînée par la génération[2]. » On ne trouve chez les nouveaux Platoniciens que ces vagues préceptes. Le Christianisme, qui se développait simultanément, était une religion ; il se trouvait plus directement mêlé à la vie pratique. Aussi le voyons-nous prendre parti dès l'origine sur les questions fondamentales de la science économique, la propriété ou la richesse et le travail.

La richesse, le Christ la considère, on le sait, comme un grand obstacle au salut : « Le riche entrera difficilement dans le royaume des cieux. » « Si tu veux être parfait, vends ce que tu as et le donne aux pauvres, et tu auras un trésor dans le ciel ; après cela viens et suis-moi. » Le travail, il est bon comme la douleur, en tant que mortification de la chair qu'expiation du péché, mais il ne doit être accompagné d'aucun souci d'épargne et d'enrichissement : « Ne soyez point en souci, pour votre âme, de ce que vous

1. *Ennéade*, VI, livre VIII, chap vi,
2. *Exhortation à la philosophie*, chap. XIII, p. 188, trad. Bouillet, p. 614, t. III.

mangerez ou de ce que vous boirez; ni, pour votre corps, de quoi vous serez vêtus. L'âme n'est-elle pas plus que la nourriture et le corps que le vêtement? Regardez les oiseaux de l'air, ils ne sèment ni ne moissonnent ni n'amassent rien dans des greniers, et votre Père céleste les nourrit. N'êtes-vous pas beaucoup plus excellents qu'eux? Et lequel d'entre vous pourrait par son souci ajouter une coudée à sa taille? Et pour ce qui est du vêtement, pourquoi en êtes-vous en souci? Apprenez comment les lis des champs croissent. Ils ne travaillent ni ne filent; cependant je vous dis que Salomon, même dans toute sa gloire, n'a point été vêtu comme l'un d'eux. Si donc Dieu revêt ainsi l'herbe des champs qui est aujourd'hui et demain sera jetée dans le brasier, ne vous revêtira-t-il pas plutôt, ô gens de petite foi? Ne soyez donc point en souci, disant : que mangerons-nous? que boirons-nous? ou de quoi serons-nous vêtus? Car ce sont les païens qui recherchent toutes ces choses. Votre Père céleste sait que vous en avez besoin : cherchez premièrement le royaume de Dieu et sa justice, et toutes ces choses vous seront données par surcroît. Ne soyez donc pas en souci pour le lendemain... à chaque jour suffit sa peine. »

De telles paroles devaient d'abord gagner le cœur des humbles et des déshérités, mais bientôt les hommes des classes supérieures furent entraînés à leur tour. Leur culture était non seulement littéraire mais philosophique : ils ne virent aucun inconvénient à mêler les enseignements de la raison avec ceux de la foi[1], d'autant plus que sur plusieurs questions les deux doctrines concordaient merveilleusement.

L'une et l'autre notamment disaient que le grand obstacle à la perfection, c'était le corps, le souci d'acquérir et d'amasser pour les besoins du corps, tout ce qui nous attache aux biens matériels et à la vie présente, que le seul digne objet de nos préoccupations, c'était l'âme et sa destinée. Alors, les forces réunies de la philosophie et de la religion révélée engagèrent contre l'instinct de vivre par le corps et de vivre toujours plus amplement et plus sûrement une véritable bataille rangée. Elles furent aidées, il faut le dire, dans cette lutte par la lente désorganisation de l'empire romain, par l'instabilité des conditions, par les guerres et les calamités publiques de toutes sortes, par l'extinction progressive de l'industrie et du commerce, par le découragement qui gagnait tous les cœurs, par le dégoût croissant d'une vie de laquelle on ne pouvait plus attendre de joie sûre. Et c'est ainsi que le nom même de l'économie est oublié[2], alors que les autres arts, comme la médecine et la mécanique, doivent être cultivés longtemps encore, bien avant l'oubli général de tout art et de toute science qui

---

1. Freppel : *Les Apologistes chrétiens au* IIe *siècle*, t. 1, p. 89.
2. Après Aristote nous ne le trouvons employé que par Stobée qui copie évidemment un texte antérieur.

marque le commencement du moyen âge (du cinquième au septième siècle).

« Malheur à vous riches ! » avait dit le Christ. « Heureux les pauvres en esprit ! » Les Pères de l'Église interprétèrent ces paroles de deux manières différentes. Selon les uns, elles imposaient au fidèle l'obligation stricte de vendre ses biens et de les remettre à la communauté. Selon les autres, il ne s'agissait que d'un détachement spirituel et d'une disposition du cœur à tout quitter et à tout donner, soit devant les sommations de la fortune adverse, soit à la sollicitation du pauvre.

« Nous apportons tout ce que nous possédons, nous partageons tout avec les indigents », disait saint Justin. « Tout est commun parmi nous excepté les femmes » disait Tertullien. « La terre, écrit saint Ambroise, a été donnée en commun aux riches et aux pauvres. Pourquoi, riches, vous en arrogez-vous à vous seuls la propriété ?... La nature a mis en commun toutes choses pour l'usage de tous... La nature a créé le droit commun. L'usurpation a fait le droit privé. » Ainsi le vœu de Platon était en partie réalisé. Il y a eu dès l'abord un socialisme chrétien, comme il y avait eu un socialisme philosophique, l'un et l'autre fondés sur les mêmes principes. C'est de là que sont sorties les communautés d'hommes et de femmes qui se multiplièrent en Orient au quatrième et au cinquième siècle et reproduisirent au sein du Christianisme les instituts Pythagoriciens de la Grèce antique. Le but de ces couvents était de s'associer pour mourir au monde et lutter ensemble contre l'égoïsme charnel. La pauvreté est, comme la maladie et l'esclavage, l'état d'élection pour le Chrétien. Saint Jean Chrysostôme en fait ouvertement l'éloge : « Rejetons donc les pensées charnelles. Quelles sont les pensées charnelles? Toutes celles qui font fleurir et prospérer le corps et compromettent l'âme; par exemple, la richesse, la mollesse, la gloire; tout cela est de la chair, c'est l'amour du corps. Ne prenons point plaisir à augmenter nos biens; cherchons la pauvreté; elle est le bien par excellence. Mais la pauvreté humilie? C'est ce qu'il nous faut! L'humiliation a beaucoup de prix pour nous. « Heureux les simples d'esprit! »... Veux-tu entendre l'éloge de la pauvreté? Le Christ l'a embrassée et dit : « Le fils de l'homme n'a plus où reposer sa tête. » Et s'adressant à ses disciples : « Ne possédez ni or, ni argent, ni deux tuniques [1] »... Enfin Tertullien, s'élevant jusqu'à une vue plus générale encore des principes chrétiens, distingue avec raison entre l'an-

---

1. *Homélie* XVIII. Saint Basile reprend presque textuellement les expressions de Plotin. « Se séparer du monde, ce n'est pas s'en éloigner matériellement, mais c'est détacher l'âme de toutes les affections qui l'unissent au corps », c'est n'avoir ni cité, ni maison, ne posséder rien en propre, n'avoir pas de liaisons d'amitié, pas de biens, pas de choses nécessaires à la vie, pas d'affaires; ne point s'occuper de marchés, ignorer les sciences humaines, mais avoir le cœur prêt à recevoir les impressions qui lui viennent de l'enseignement divin. » *Plotin;* éd. Bouillet, vol. III, p. 652.

cienne et la nouvelle loi, l'une conforme à la nature, l'autre où la grâce renverse et surmonte la nature. « La force de l'âme augmente à proportion que le corps s'affaiblit. » Croissez et multipliez, était-il dit aux juifs. La santé et la richesse, voilà ce que leurs prophètes leur promettaient. Aujourd'hui ceux qui croissent et multiplient sont bons pour peupler la cité terrestre, pour faire vivre l'Empire et l'alimenter de nouveaux persécuteurs. Ils ne comptent pas dans la Cité de Dieu. « Aujourd'hui les pauvres sont bien heureux et la pauvreté de Lazare l'emporte sur la pourpre du riche ; aujourd'hui la langueur et la faiblesse sont les vraies forces[1]. »

Mais d'autre part, certains Pères cherchent à enlever à ces doctrines leur caractère révolutionnaire, en les interprétant dans un sens symbolique. « Comment faut-il entendre ces paroles : *Vends ce que tu as ?* écrit Clément d'Alexandrie. Est-ce à dire qu'il faut rejeter toutes ses richesses et renoncer à son argent ? Non,

---

1. *De la viduité.* — M. de Laveleye.(*Les Progrès du socialisme,* p. 17) cite, sans indiquer les sources, les passages suivants des Pères de l'Église. « Le riche est un larron » (saint Basile). « La riche est un brigand. Il faut qu'il se fasse une espèce d'égalité en se donnant l'un à l'autre le superflu. Il vaudrait mieux que tous les biens fussent en commun » (saint Jean Chrysostôme). « L'opulence est toujours le produit d'un vol ; s'il n'a été commis par le propriétaire actuel, il l'a été par ses ancêtres » (saint Jérôme). « La nature a établi la communauté ; l'usurpation, la propriété privée » (saint Ambroise). « En bonne justice tout devrait appartenir à tous. C'est l'iniquité qui a fait la propriété privée » (saint Clément).

mais chasser de son esprit les vains jugements sur les richesses, l'amour effréné de l'or, la souillure de l'avarice, les inquiétudes, les épines du siècle. Ce n'est pas une si grande chose que de n'avoir pas de richesses ! Autrement ceux qui sont dépourvus de tout moyen d'existence, qui sont jetés mendiants sur les chemins, ignorant Dieu et la justice de Dieu, par cette seule raison qu'ils sont accablés par la pauvreté, seraient les plus heureux et les plus religieux des hommes. Ce n'est point une chose nouvelle que de renoncer aux richesses et que de les répandre sur les indigents ; beaucoup, avant l'arrivée du Sauveur, l'avaient déjà fait, afin de se livrer à l'étude des lettres et d'une sagesse morte, ou afin d'obtenir par une vaine jactance l'illustration de leur nom : Anaxagore, Démocrite, Cratès... » Et le même auteur ajoutait avec plus de sens pratique peut-être que d'intelligence du véritable esprit de l'évangile : « Ne vaut-il pas mieux que chacun, en conservant des richesses *médiocres*, évite pour lui-même l'adversité et vienne au secours de ceux qui ont besoin? Quel partage pourrait-il y avoir entre les hommes si personne n'avait rien[1] ? » Il oublie que dans un couvent la communauté peut non seulement nourrir ses membres, mais s'enrichir et donner libéralement aux pauvres, précisément parce

---

1. Clément d'Alexandrie, cité par M. Janet dans l'excellent chapitre sur la *Politique du Christianisme,* vol. I de son *Histoire de la science politique,* p. 326.

que chacun des membres n'a rien à lui individuelle-
ment. Enfin dans la même pensée d'accommodement
avec le siècle, saint Augustin écrit : « De quel droit
chacun possède-t-il ce qu'il possède? N'est-ce pas
de droit humain? Car, d'après le droit divin, Dieu a
fait les riches et les pauvres du même limon, et c'est
une même terre qui les porte. C'est donc par le droit
humain que l'on peut dire : cette villa est à moi. Mais
le droit humain n'est pas autre chose que le droit
impérial. Pourquoi? parce que c'est par les empereurs
et les rois du siècle que Dieu distribue le droit humain
au genre humain. » Grâce à ces distinctions ingé-
nieuses, les fidèles étaient autorisés au travail productif, à l'épargne, à la possession de richesses du moins
médiocres. La vie sociale pouvait, au sein du Christianisme, suivre encore quelque temps son cours accou-
tumé. La cité céleste, au lieu de s'enfermer dans les
murailles d'un couvent, s'ouvrait pour entrer en communication avec le monde. L'âme se résignera à vivre
dans le corps, l'Église dans le siècle, à condition que
l'âme gouverne le corps et que l'Église ait la haute
main sur les affaires du siècle. Quelle place est
véritablement laissée à l'activité économique dans ce
système, c'est ce que l'étude du moyen âge va nous
apprendre.

II. — **La Scolastique**.

Plusieurs siècles s'écoulent pendant lesquels les activités sociales supérieures qui caractérisent la civilisation sont peu à peu paralysées. L'invasion des Barbares, la dislocation de l'Empire romain, le morcellement territorial et politique qui ouvre l'ère féodale, le pénible enfantement d'une société nouvelle fondée sur le servage, l'immobilisation de la propriété et l'universelle suprématie de conquérants armés, l'arrêt de toute circulation d'idées et de produits entre ces innombrables domaines toujours en lutte, enfin l'impuissance où est encore l'Église, elle-même très éprouvée dans sa lente croissance, de secouer le poids de la barbarie et de prêter à ce chaos de peuples en formation une conscience commune, telles sont les causes qui retardent pendant longtemps la reprise des études sur la richesse aussi bien que la renaissance de la richesse elle-même.

La réflexion économique, en effet, ne peut commencer que là où il y a une vie économique assez développée. Or, dans le domaine féodal primitif, soit dans le manoir rural, soit dans la ville autour du château de l'évêque ou du comte, il ne peut y avoir d'industrie, parce que le serf ne travaille que pour la satisfaction de ses besoins immédiats et de ceux de son seigneur, fort restreints les uns et les autres, et il ne peut y avoir de commerce, parce que ce sunités sociales rudimentaires vivent presque exclusivement du produit annuel de leur sol, qu'elles n'ont aucun superflu à vendre comme elles ne trouvent rien à acheter, que les services y sont rétribués au jour le jour en objets de première nécessité, que la monnaie y est rare et les déplacements impossibles. Tout le temps que dure cet état de choses, c'est-à-dire jusqu'au dixième siècle, l'art économique est sans objet et reste oublié.

Du dixième au treizième siècle, l'état économique de l'Europe change lentement. Aux seigneurs, les Croisades, le désœuvrement des châteaux quand les *trêves* s'établirent et le développement des mœurs chevaleresques, aux habitants des villes, l'aisance, fruit de l'épargne et l'imitation de la classe dominante inspirèrent des goûts plus exigeants et des besoins plus variés. En fait de nourriture, d'ustensiles, de mobilier, de vêtements, d'armes et de parure, on voulut l'abondance et le choix. Les procédés de culture, d'élevage et de mouture se perfectionnèrent. La population s'accrut. De petits ateliers se multiplièrent dans les villes. Les artisans formèrent partout des associations pour l'obtention des privilèges et s'affranchirent en grand nombre. Disséminés partout, mais restés en relation les uns avec les autres, les Juifs furent naturellement désignés par leurs aptitudes commerciales pour servir de dépositaires et de courtiers entre les producteurs et les acheteurs des différents pays. Banquiers, prêteurs sur gages, ils furent longtemps presque seuls en possession du numéraire. Bientôt les transactions devinrent plus fréquentes; les monnaies se multiplièrent. Des marchés réguliers s'établirent, et quelques-uns prirent assez vite une importance considérable : pour ces assises générales du commerce, très avantageuses au seigneur chez qui elles se tenaient, des facilités furent accordées aux voyageurs, sous forme d'immunités de péage et de sûretés spéciales. Là des monnaies de valeur et de qualité extrêmement diverses sont en présence; des changeurs, Juifs le plus souvent, et, quand les Juifs eurent été expulsés, Italiens, ou, comme on disait alors, Lombards, sont autorisés à dresser leurs tables dans les foires; toutes les transactions aboutissent là. Le changeur est en même temps banquier; pendant le temps de la foire, il est autorisé à prêter avec un intérêt de 15 p. 100. Il reçoit lui-même des dépôts et les fait valoir. Les pouvoirs féodaux frappés des avantages qui résultent de cette extension des affaires se montrent de plus en plus larges en matière d'usure; à Montpellier, on admet que les chrétiens eux-mêmes reçoivent des intérêts jusqu'à ce que leur somme égale le capital prêté; même facilité à Cahors, la ville favorite des Lombards. Mais les Juifs sont auto-

risés à prêter à 43, et même, au quatorzième siècle,
à 86 p. 100. En 1327, Charles IV le Bel enjoint « aux
Italiens et oultremontains, presteurs et casse-
niers (banquiers), de fréquenter les foires de Champagne à peine d'expulsion du royaume ». Pour les
payements à distance, les lettres de change remplacent avec avantage dès le treizième siècle le transport alors périlleux des espèces métalliques. Une
circulation permanente de produits de toutes sortes
par terre et par eau devient nécessaire. Des compagnies de navigation fluviale se forment et ont, en
échange des privilèges qui leur sont accordés et des
péages qu'elles prélèvent sur les marchandises, l'obligation d'entretenir les passes, les quais et les chemins
de halage. Les couvents et les seigneurs qui perçoivent des taxes au passage des rivières ou au croisement des routes sont de même tenus de réparer les
ponts et d'entretenir les routes dans un certain rayon;
une police des grands chemins et des rivages s'organise de la même manière. Des services accélérés
peuvent alors s'établir entre des points éloignés, si
bien que Paris reçoit, chaque semaine, des rives de
la Manche, des voitures de poisson pour les jours
maigres. De très bonne heure, sur les bords de la mer
et des grands fleuves, surtout dans le Midi, plus tard
dans l'intérieur des terres, au croisement des routes
anciennes, les villes deviennent des marchés perma-
nents pourvus de tous les organes de la vie écono-

mique, de maisons de dépôt, de change et de crédit ; de grands manieurs d'argent se forment dans certaines familles vouées à la pratique des affaires. Ces hommes deviennent indispensables aux souverains comme les légistes. Ils figurent dans les conseils royaux. Ils comptent dans l'État. Ils passent des traités avec les cités maritimes, jusqu'en Orient. A ce degré de développement, l'industrie, le commerce, l'administration financière devenaient de dignes objets de la science économique.

Les progrès dont nous venons d'esquisser le tableau ne s'étaient pas, comme on le pense, réalisés sans obstacle. Les épidémies et les famines étaient fréquentes au moyen âge et laissaient les populations décimées. La guerre ravageait trop souvent les champs, brûlait la maison du pauvre ; le marchand était, au moins par intermittences, en proie aux exactions, aux exigences indéfiniment multipliées et arbitraires des compagnies privilégiées ou des seigneurs échelonnés sur sa route. Cet aléa suffisait pour entraver l'activité commerciale même aux meilleures époques du régime féodal. Mais ces obstacles, qui venaient de la nature ou des orages politiques, n'étaient rien à côté de ceux qui venaient de l'état des esprits. On ne connaissait pas alors les effets de la concurrence et, comme d'une part, les artisans ne savaient pas que la loyale fabrication et la production à bon marché sont les meilleures sources de bénéfices,

comme, d'autre part, les acheteurs étaient plus
défiants encore qu'ils n'eussent dû l'être et dispu-
taient à l'artisan même son salaire légitime, l'industrie était entachée de fraudes ou découragée par
les bas prix. L'opinion déniait au commerçant le droit
de percevoir un gain pour les déplacements effectués
et les risques encourus ; on voyait dans tout approvisionnement commercial un accaparement, et dans
toute exportation d'aliments une menace de famine.
Les étrangers étaient vus d'un mauvais œil comme
d'importuns rivaux sur les marchés même où l'on ne
pouvait se passer d'eux. Obligés de subir la loi du
prêteur, les emprunteurs ne considéraient pas son
gain comme équitable. Tout prêt rémunéré, toute
vente à échéance était une usure. Les Juifs étaient
méprisés et traqués. Les Lombards qui les rempla-
cèrent n'étaient pas jugés moins sévèrement ni toujours traités avec plus d'indulgence par la populace
aux jours d'émeute. Toute grande fortune non doma-
niale était réputée de source impure, et quelques
bienfaits qu'ils répandissent autour d'eux, les grands
négociants, surtout les banquiers, avaient quelque
chose de néfaste. Le monnayage était, pour les seigneurs, une source naturelle de revenu, comme l'exploitation du juif et du vassal riche quel qu'il fût,
comme la perception des taxes et amendes sur leurs
marchés, comme celle des droits judiciaires dans leurs
tribunaux. Industrie, commerce, finance, toute la vie

économique était tenue en échec par cet ensemble d'idées fausses.

Elles étaient si bien enracinées, si générales, qu'elles avaient passé dans la loi et que les pouvoirs civils avaient partout traduit en édits les erreurs de l'opinion. Les règlements des corporations ouvrières, sanctionnés par les ordonnances royales, cherchaient à assurer la bonne et loyale fabrication par mille prescriptions plus minutieuses les unes que les autres ; ils décrétaient l'honnêteté ; ils interdisaient à un artisan de faire plusieurs métiers, obligeaient les ouvriers à travailler de jour sous les. yeux du public, déterminaient jusqu'au plus petit détail les procédés de fabrication ; ils exigeaient enfin du futur ouvrier dix ou douze années d'apprentissage, terminées par des épreuves compliquées. Si la concurrence n'avait pas été rendue inutile par les tarifs obligatoires, elle eût été empêchée, soit par la limitation légale du nombre des ateliers et des métiers, soit par celle du nombre des maîtres et des apprentis eux-mêmes. Tout gain jugé excessif était défendu dans les opérations commerciales ; quand l'objet vendu ne recevait aucune modification de la part du marchand, le bénéfice autorisé était moindre encore. L'exportation des denrées de première nécessité était partout prohibée et l'importation entravée par des droits de douane excessifs. Le change était l'objet d'une surveillance étroite ; chaque table de changeur devait être spécialement autorisée au prix d'une lourde redevance. Sauf au temps des foires, le prêt à intérêt devait se cacher sous les formes les plus variées et les plus préjudiciables à l'emprunteur pour échapper aux édits contre l'usure. Bien avant le quatorzième siècle, dès les premiers Capétiens, les rois de France altéraient le poids et l'aloi des monnaies ou exigeaient que les villes leur payassent de fortes rétributions annuelles pour être exemptées de ces pratiques si manifestement frauduleuses pourtant. La loi était donc d'accord avec les mœurs pour priver l'industrie et le commerce du plus grand nombre de leurs moyens essentiels de développement : en sorte que chacun de leurs progrès a été une victoire contre des préjugés et des institutions résolument hostiles.

La matière des discussions économiques auxquelles nous allons assister est là ; elle est avant tout dans ce conflit de plusieurs siècles entre les besoins de l'industrie et du commerce, entre les exigences d'une société de plus en plus avide de bien-être et impatiente de s'organiser pour les grandes affaires, et les résistances de l'ascétisme coalisé avec la routine. Au point de départ, nous ne trouvons que défiances, négations et prohibitions ; au terme les voies s'aplanissent, la production et la circulation des richesses s'organisent et l'économie politique va naître.

C'est dans les écoles fondées par l'Église pour la formation des clercs, c'est-à-dire des prêtres, écoles où la théologie était le centre de l'enseignement, que les problèmes pratiques résultant de l'état social que nous venons d'esquisser se posèrent un à un. Ils se posèrent donc en termes théologiques et les questions économiques y constituèrent un chapitre de théologie morale, de casuistique. Il est vrai que, en fait, ces questions se présentèrent à partir du douzième siècle et dès que les ouvrages d'Aristote eurent été importés dans les écoles d'Occident, sous la forme de commentaires à certains passages de la *Politique* et de la *Morale* de cet auteur signalés dans la première partie de notre essai. Mais il serait inexact de croire que c'est l'introduction accidentelle des ouvrages d'Aristote qui seule fit naître les controverses et inspira les doctrines soutenues par les docteurs scolastiques[1]. Les unes et les autres remontent beaucoup plus haut. Elles sont contemporaines de la constitution du dogme chrétien, nous allons le démontrer, et si les premiers théoriciens qui prirent l'initiative des unes et des autres ne firent pas une œuvre entièrement originale, ce n'est pas Aristote qu'ils suivirent, c'est la philosophie antique plus récente, en même temps que les livres sacrés, en sorte que les emprunts faits pendant le douzième et le treizième siècle à la politique d'Aristote ne sont que

---

1. Jourdain, dans son *Mémoire sur les commencements de l'Économie politique dans les Écoles du moyen âge* (Mémoires de l'Académie des Inscriptions et Belles-Lettres, t. XVIII, année 1874), n'est pas loin de professer cette opinion.

les derniers en date — et pas même les plus importants — d'une série d'emprunts faits à la philosophie antique et ne servent qu'à donner une ampleur nouvelle à un débat ouvert six siècles auparavant.

On a vu que les premiers Pères condamnaient non seulement la recherche du gain dans le travail et dans le commerce, mais la propriété elle-même. Devant cette ferveur de spiritualité qui tendait à la suppression radicale de toute activité économique, le prêt à intérêt, le *crédit*, qui est l'âme des affaires, ne devait pas longtemps trouver grâce. Or, de même que pour la condamnation du gain dans l'industrie et le commerce, les Pères avaient été d'accord avec la philosophie, c'est des philosophes qu'ils empruntèrent leur aversion pour le prêt.

Il est vrai que dans l'ancien et le nouveau Testament le louage de l'argent était défendu comme le commerce à tous ceux qui voulaient atteindre la vertu parfaite ; et l'Église jugea cette défense assez formelle pour l'inscrire officiellement dans ses canons réglant la conduite des clercs[1] ; mais des arguments en faveur de cette interdiction, l'Écriture sainte n'en donnait pas : les écrivains païens en donnaient. Nous n'avons pas besoin de rappeler l'argument d'Aristote, tiré de la stérilité de l'argent. Il était partout connu. Plaute avait flétri les banquiers et comparé leur profession

----

1. Dans le 44ᵉ canon des apôtres, dans le canon 17 du Concile œcuménique de Nicée.

au plus vil des métiers, prêtant le retentissement du théâtre aux malédictions que le peuple romain lançait depuis des siècles à l'usure. Caton l'agronome avait dit : « Ce que c'est que prêter à intérêt ? Tu le demandes ! Demande alors ce que c'est que de tuer un homme ! » Cicéron, dans son *Traité des Devoirs*, avait constaté le mépris où les banquiers étaient tenus, à bon droit suivant lui. Sénèque s'était indigné *qu'on vendît le temps* et avait appelé les usures « sanglantes ». Plutarque, au deuxième siècle après J.-C., avait écrit un traité pour déconseiller les emprunts ; il y avait dit qu'on ne peut prêter à intérêt sans dureté, comme on ne peut emprunter sans s'exposer à mentir. « Quoi, ajoutait-il, vous êtes homme, vous avez des pieds, des mains, une voix et vous dites que vous ne savez de quoi vous nourrir ! Les fourmis ne prêtent ni n'empruntent ; elles n'ont cependant ni mains, ni arts, ni raison ; mais elles vivent de leur travail, parce qu'elles se contentent du nécessaire. Si l'on voulait se contenter du nécessaire, il n'y aurait pas plus d'usuriers qu'il n'y a de centaures. »

Quand les premiers théologiens, non contents de voir l'usure interdite aux clercs, entamèrent une polémique pour l'extension de cette défense aux laïques, ils puisèrent des arguments dans les auteurs que nous venons de citer. Lactance, qui paraît avoir eu le premier cette pensée sous Constantin, fait ressortir comme Plaute et Caton l'inhumanité

et l'injustice du prêt ; l'inhumanité, parce que le prêteur abuse de la détresse de son semblable ; l'injustice, parce qu'il prend une part du bien d'autrui alors
qu'il devrait plutôt donner à autrui de son propre
bien. Saint Basile reprend manifestement les idées de
Plutarque : « Les emprunts sont une occasion de men-
songes, d'ingratitudes, de perfidies... N'avez-vous pas
des mains, etc. Imitez la fourmi et l'abeille qui travaillent et n'empruntent pas ! Quant aux prêteurs, que
font-ils, sinon s'enrichir des misères d'autrui, tirer
avantage de la faim et de la nudité du pauvre, être
inaccessibles aux mouvements de l'humanité ? Faire
l'usure, c'est (voici la trace des idées d'Aristote)
recueillir où l'on n'a rien semé, c'est une cruauté
indigne d'un chrétien, indigne d'un homme. » Saint
Grégoire de Nysse vise la même idée quand il dit de
l'intérêt : « C'est un enfantement que l'avarice a conçu,
que l'iniquité a mis au monde, où la cruauté a servi
de ministre. » Ailleurs il s'approprie le mot de Caton.
L'argument de la stérilité de l'argent est invoqué par
saint Grégoire de Nazianze, par saint Chrysostôme.
Le prêteur, dit le premier, moissonne où il n'a rien
semé ; quoi de plus insensé, dit le second, que cette
prétention à semer sans terre, sans pluie et sans
charrue ? « Retranchons ces enfantements monstrueux
de l'or et de l'argent, tarissons cette fécondité empes-
tée ! » Les Pères de l'Église latine, saint Ambroise,
saint Jérôme, saint Augustin tiennent le même lan-

gage. On se demande ce que les enseignements d'Aristote ont pu fournir de nouveau contre le prêt aux Scolastiques du XIIIᵉ siècle, alors que les raisons principales, y compris celle d'Aristote lui-même, étaient déjà en circulation chez les Pères de l'Église. Les docteurs scolastiques n'ignoraient pas les écrits des Pères ; c'est là qu'ils ont pris ces raisons bien avant que les traductions arabes d'Aristote fussent connues en Occident. Nous ne savons par quel intermédiaire l'argument de la « vente du temps » parvint jusqu'à eux ; toujours est-il qu'ils le connurent, et ne l'empruntèrent pas à Aristote, puisqu'il ne se trouve que dans Sénèque.

C'était donc un sentiment unanime chez les théologiens du quatrième siècle après J.-C., que prêter de l'argent avec des vues intéressées était un acte coupable, contraire aux prescriptions de la morale philosophique et à plus forte raison de la morale religieuse. Nous allons en trouver une nouvelle preuve dans les législations du moyen âge, qui ne font que reproduire sur ce point les enseignements de l'Église.

Il y eut, de la part du pouvoir dans l'empire grec, de vives résistances. Un instant les Théologiens eurent gain de cause. Un empereur, Basile (867-886), promulgua l'édit suivant : « Bien que la plupart de nos ancêtres aient cru bon de tolérer le prêt à intérêt, peut-être pour limiter la dureté et l'inhumanité des prêteurs, nous avons pensé que cette pratique est tout à fait indigne d'un État chrétien comme le nôtre et en doit être bannie comme interdite par le droit divin ; c'est pourquoi notre sérénité veut qu'il ne soit permis absolument à personne, dans aucune affaire, de recevoir des intérêts, car nous craindrions par notre attachement excessif au droit (romain) de violer la loi de Dieu. Si quelqu'un accepte le moindre intérêt, la somme sera imputée sur le capital. » Mais le successeur de Basile, son fils Léon le Philosophe, rapporta cette interdiction, à cause, dit-il, du débordement de perversité qui la rendait plus nuisible que salutaire.

En Occident, dès 446, le pape saint Léon avait essayé de faire prévaloir sur ce point la solution des Pères. « Nous ne voulons pas non plus, dit-il, laisser passer sans y pourvoir ce fait que des gens, séduits par le désir d'un gain honteux, pratiquent l'usure et veulent s'enrichir en prêtant avec intérêts. Nous voyons avec douleur que cela arrive, je ne dirai pas à des clercs investis d'une charge ecclésiastique, mais à des laïcs qui veulent être appelés chrétiens ; c'est pourquoi nous décrétons des peines sévères contre ceux qui auront été convaincus d'un tel méfait, en sorte que toute occasion de pécher leur soit enlevée. » Mais, sans doute, faute d'une autorité temporelle assez forte pour faire prévaloir cette décision, la répression de l'usure semble avoir langui en Occident pendant plusieurs siècles ; elle se ranime dès qu'un pouvoir assez énergique et assez étendu se dégage du chaos de la barbarie.

Charlemagne adopte sans réserve les solutions orthodoxes. « Il est absolument interdit, disent les capitulaires, de donner quoi que ce soit à usure (denrées ou argent). Non seulement les clercs, mais pas même les laïques chrétiens ne doivent demander des intérêts (une *usure*) ». Qu'est-ce que l'usure ? « Il y a usure quand on demande plus qu'on n'a donné... le prêt légitime consiste à ne rien demander en plus de ce qu'on a prêté. » L'usure se trouve par cette définition comprendre tous les gains résultant d'un crédit fait par le bailleur au preneur. Telle est bien la pensée de Charlemagne qui entend proscrire la cupidité, la recherche de la richesse comme choses coupables pour une conscience chrétienne. « Quiconque au temps de la moisson ou de la vendange achète du blé ou du vin, non parce qu'il en a besoin, mais par cupidité, achète par exemple deux deniers une mesure et la garde jusqu'à ce qu'il puisse la revendre quatre deniers, six deniers, ou plus — voilà ce que nous appelons un gain coupable. » Et il fixe le prix des denrées pour lutter contre la passion du lucre chez les marchands.

Charlemagne décrète évidemment ici comme évêque du dehors et d'après les enseignements de l'Église ; à partir de ce moment, une série de Conciles ou flétrit ou le plus souvent excommunie les prêteurs intéressés. Ce sont le sixième concile de Paris, le concile de

Meaux, 845, le troisième concile de Valence, 855, un autre concile de Paris, 850, enfin le concile général de Latran et le concile de Vienne. Celui-ci excommunie non seulement les prêteurs, mais les magistrats qui les toléreraient. Innocent III délie les emprunteurs de leur serment. La coutume s'étant introduite de faire en quelque sorte la part du feu en permettant l'usure aux juifs, déjà damnés, les barons tiraient de la présence des usuriers sur leur terre de riches revenus. Le roi très chrétien, saint Louis, ne crut pas pouvoir sans péché suivre ces traditions. Comme on lui représentait que le peuple ne peut pas vivre sans prêt, que sans prêt il n'y a ni culture, ni industrie, ni commerce, que les juifs, d'ailleurs déjà damnés, prêtaient à meilleur compte que les Lombards, saint Louis répondit : « Je n'ai pas à m'occuper des prêteurs chrétiens et de leurs usures; il appartient aux prélats de l'Église d'en connaître. » (On sait combien à cette époque la juridiction ecclésiastique était étendue.) « Quant aux juifs, ajoutait-il, qu'ils renoncent à leurs usures, ou sortent de ma terre; je ne veux pas qu'elle soit plus longtemps souillée par leurs infamies. » Et il donne au baron le droit de confisquer tous les biens de l'usurier dès que la preuve de sa culpabilité a été faite : « Et puis si doit estre puniz par sainte Église por lou péchié, car il appartient à sainte Église de chastoier chacun pécheur de son péchié, selon droit écrit en décrétales. » C'est sans aucun doute dans le même esprit qu'il tarifie les marchandises de toutes sortes et édicte des peines « pour châtier ceux qui perçoivent de vilains gains ou par non sens les demandent et prennent contre Dieu, contre droit et contre raison. » Et saint Louis était, en effet, d'accord sur tous ces points avec son contemporain Grégoire IX, selon lequel, même celui qui prête à intérêts en vue d'une navigation ou d'un voyage pour une foire et se croit excusé par le risque encouru, doit être comme tout loueur d'argent tenu pour usurier[1].

On voit donc que l'étude des ouvrages d'Aristote mis en circulation au treizième siècle ne pouvait contribuer en rien à la formation d'une doctrine constituée dès le quatrième et constamment professée, depuis le neuvième, par tous les pouvoirs ecclésiastiques et civils. Mais nous devons nous demander si cette doctrine fut, comme on l'a pensé, la cause qui entrava le développement de la richesse au moyen âge, ou si elle-même n'est pas l'un des phénomènes de désorganisation économique qui signalèrent la

---

1. Nous avons fait de nombreux emprunts pour les pages qui précèdent à la remarquable *Introduction historique* du livre de Troplong sur le Prêt, 1845. Nous avons consulté aussi : Levasseur, *Histoire des classes ouvrières*; Pigeonneau, *Histoire du commerce de la France*, 1885; Cuningham, *Croissance de l'industrie et du commerce en Angleterre dans les temps primitifs et le moyen âge*, 1890; Lamprecht, *La vie économique en Allemagne au moyen âge*, 1886; Inama-Sternegg, *Histoire de l'Économie politique allemande*, 1879; Cibrario, *Histoire de l'Économie politique au moyen âge*, 1839; Savigny, *Histoire du droit romain au moyen âge*, 1839; Eschbach, *Introduction à l'Étude du droit*, 1856.

chute de l'empire romain, effet et cause tout ensemble.

Dans une société prospère et bien ordonnée, la richesse ne peut croître sans que les capitaux ne deviennent plus hardis et le crédit plus étendu, sans que, en d'autres termes, le taux de l'intérêt ne s'abaisse. Une société qui souffre et qui meurt présente nécessairement le phénomène inverse. Dans la période de l'invasion des Barbares, le besoin d'argent étant de plus en plus vif chez les emprunteurs, les exigences des prêteurs tendaient à dépasser et dépassèrent de beaucoup le niveau moyen, qui était de douze pour cent dans l'empire. Or, nous observons que la répulsion marquée par les auteurs pour le prêt à intérêt est, elle aussi, en raison directe de l'aggravation de la misère publique. Elle rencontra plus de résistances dans l'empire d'Orient, qui jouit pendant longtemps d'une paix relative, que dans l'empire d'Occident. Elle atteignit son maximum dans la société barbare, pendant les siècles les plus sombres du moyen âge. Elle diminua au contraire à partir du moment où la société féodale s'organisant réunit une à une les conditions d'une société civilisée. Elle s'affaiblit tout à fait, nous l'avons vu, quand les affaires reprirent leur cours normal, à la renaissance de la prospérité publique. En général, les doctrines économiques sont un reflet de l'état social et révèlent les besoins plus ou moins conscients de chaque époque. Ainsi, tandis que le crédit continuait à être réprouvé, la propriété immobilière, pierre angulaire de la société féodale, après avoir été vivement attaquée par les docteurs ecclésiastiques, ne rencontre plus pendant toute la période d'organisation de cette société aucun contradicteur. Pour en revenir au crédit, il est beaucoup moins nécessaire à des populations ignorantes, exclusivement vouées à la petite culture qu'à des populations entraînées dans un mouvement commercial rapide. Le cultivateur pauvre voit nécessairement avec inquiétude les tentatives faites pour multiplier les sources de la richesse et mobiliser les produits : la puissance de l'argent lui fait peur. Les préjugés des populations rurales pendant la dislocation de l'empire romain et au cours du haut moyen âge sont précisément ceux que les philosophes conservateurs d'Athènes empruntèrent aux cités de l'intérieur des terres, qui se trouvaient à une phase semblable du régime agricole. Ce sont ceux que devaient professer à l'égard des publicains et des hommes d'argent les montagnards et les pêcheurs de la Judée, et il est tout simple que l'Évangile en ait reçu l'écho. Ainsi les deux enseignements antiéconomiques que la scolastique s'est assimilés, s'ils ont réagi sur la pratique, n'ont eu d'abord faveur auprès d'elle que parce qu'ils concordaient avec d'anciens axiomes pratiques tacitement établis au sein de populations rurales fort pauvres, et parce qu'ils dérivaient, en fin de compte, d'un même état social assez rudimentaire. Et, à tout prendre, ces préjugés ne sont peut-être qu'un effort inconscient de cette société pour lutter contre un mal réel, la rareté de l'argent et l'élévation excessive du taux de l'intérêt. Ceux qui les ont consacrés ne pensaient qu'au salut des âmes. Mais peut-être les lois contre l'usure, accompagnées d'un pressant appel au prêt charitable, ont-elles aidé le chétif peuple d'alors à traverser moins douloureusement une crise financière de plusieurs siècles. Peut-être la règlementation des prix avait-elle sa raison d'être sur ces marchés extrêmement restreints, où l'action bienfaisante de la concurrence ne pouvait s'exercer. Peut-être enfin la règlementation des métiers a-t-elle servi elle-même à soutenir la confiance défaillante des acheteurs en même temps qu'à préserver l'industrie renaissante des tentations de fraude dont elle ne voyait pas le péril. Sans vouloir légitimer toutes les idées qui ont eu cours, par cela seul qu'elles ont eu cours, on peut bien croire qu'elles étaient pour la plupart en harmonie avec les exigences de l'état social contemporain, et que par elles, l'empire romain agonisant, puis les futures nations européennes à leur période embryonnaire se sont tant bien que mal adaptés aux conditions difficiles que la fatalité leur imposait.

Les liens qui attachent un enfant à sa chaise le préservent des chutes ; devient-il assez fort pour marcher seul, ils sont, pour lui, des entraves insupportables. Un moment vint où les doctrines antiéconomiques

dont nous avons dû marquer l'origine perdirent leur
vertu, parce que l'état social pour lequel elles étaient
faites avait changé. Il fallut alors qu'elles se
transformassent elles-mêmes, opération d'autant plus
difficile qu'elles étaient devenues des préceptes
moraux et qu'elles empruntaient leur ascendant, non
à leur utilité, mais au caractère religieux qu'elles
avaient revêtu. Il est probable que la société européenne au moyen âge aurait eu beaucoup plus de
peine et eût mis beaucoup plus de temps à secouer.
ces entraves, si elle n'eût rencontré un appui dans une
tradition non moins autorisée qui lui fut également
léguée par la société antique, nous voulons parler
du droit romain. L'idée d'un droit naturel extérieur au
droit canonique, d'un droit fondé sur les besoins de la
société civile et sur ses conditions d'existence, différ-
rant en cela de la morale religieuse qui s'adresse à la
conscience individuelle et n'a en vue que les desti-
nées de l'âme, tel fut le levier qui servit à renverser
les obstacles réunis par l'état social antérieur, l'autorité d'Aristote et les décisions (canons) des conciles.

Le droit romain eut dès l'origine un grand prestige
aux yeux des barbares. Dans la première année du
sixième siècle, Théodoric, roi des Ostrogoths, publie
sous le nom d'*Édit* un code tiré du code de Théodose,
des nouvelles et des sentences du jurisconsulte Paul.
Alaric, roi des Visigoths, rédige cinq ans après (506)
son *Bréviaire*, fait d'emprunts à diverses collections

de lois impériales. Dans la Haute-Alsace, la Bourgogne
et la Franche-Comté se trouve en vigueur vers le
même temps un recueil analogue (*Responsum Papiani*).
Au milieu des désordres, et des agitations qui éprou-
vèrent pendant les siècles suivants les populations de
l'Italie, elles ne cessèrent pas d'être régies par les
lois romaines. Un sommaire du droit romain selon
les institutions de Justinien (*Brachylogus* ou abrégé)
est rédigé en 1100 par un auteur incertain, mais qui
pourrait bien être un des premiers maîtres de droit
des écoles nouvelles, *Irnérius*. C'est alors, en effet, que
se fondent à Bologne, à Padoue, à Pise, à Vicence, à
Vercelli, à Arezzo, à Ferrare, à Naples, à Modène, à
Plaisance, à Reggio, à Pavie et à Turin des universités
dont le principal objet est l'enseignement du droit
romain, et Irnérius occupe une chaire à Bologne. En
France, saint Lanfranc, vers le milieu du onzième
siècle, donnait des leçons de droit romain à l'abbaye
du Bec en Normandie, et saint Anselme fut son élève.
Quand les universités naquirent, à Montpellier, à
Orléans, à Paris, le même enseignement y eut sa
place à côté du droit canonique, et il y conserva une
telle vitalité que le pape Honorius III le mit à l'index
en 1220, à l'université de Paris, en raison du tort
croissant qu'il faisait à son rival[1].

1. Savigny (*Histoire du droit romain au moyen âge*, traduction
française, Paris, 1839, t. III, chap. xxi, § 136 et suivants) rapporte
que saint Bernard, vers le milieu du douzième siècle, se plaignait

C'est ainsi que s'explique la connaissance qu'ont les docteurs scolastiques du droit naturel invoqué par les jurisconsultes romains. Nous comprenons maintenant comment l'idée leur vint d'une distinction entre ce qui est bon ou mauvais pour l'intérêt du prince ou de l'État, et ce qui est innocent ou coupable selon les prescriptions de l'Église. Nous pressentons qu'un champ libre va pouvoir s'ouvrir ainsi aux premiers tâtonnements de la science économique à côté du domaine inviolable de l'orthodoxie.

De l'industrie et du commerce. — « C'est dans le sens le plus rigoureux que les docteurs scolastiques décidaient toutes les questions de casuistique morale auxquelles la pratique du négoce pouvait donner lieu. Ainsi, pour nous borner à quelques exemples, ils autorisaient la société de commerce à condition que le gain et la perte fussent partagés entre les associés ; mais ils la réprouvaient comme n'étant qu'un contrat usuraire, dès que le bailleur de fonds stipulait la participation aux bénéfices et non aux pertes. Raymond de Pennafort (1175-1275) se montra plus sévère : il frappa d'une réprobation commune tous ceux qui

que dans le palais du pape on étudiait plus les lois de Justinien que celles du Seigneur. Tel est, dit le savant historien, l'esprit qui préside aux interdictions comme celle que nous venons de mentionner. Quand, à partir de 1220, le droit romain cessa d'avoir ses chaires spéciales, les professeurs de droit canon durent en faire entrer les éléments dans leur cours et ainsi son influence ne cessa pas de se faire sentir aux Théologiens.

achètent des denrées pour les revendre à un prix plus élevé que celui auquel ils les ont achetées. Il ne faisait d'exception qu'en faveur des artisans qui avaient transformé par leur travail la matière première, le fer, le plomb ou le cuivre, qu'ils avaient acquis; il leur permettait comme rémunération de leur peine de bénéficier sur la revente[1] ». Saint Thomas (1225-1274), entré dans l'ordre de saint Dominique à l'époque de la plus grande renommée de Raymond de Penna-fort, allait, en un sens, encore plus loin que son prédé-cesseur. Le commerce, selon lui comme selon les anciens, a, envisagé en soi, quelque chose de honteux, parce qu'il n'implique pas nécessairement une fin honnête et que la recherche du gain est son essence.

L'auteur de la *Somme* soutenait seulement que cette fin peut être subordonnée à une fin plus noble, que le commerçant peut chercher le gain pour entretenir sa famille, ou pour venir en aide aux pauvres, ou *pour servir sa patrie*. Dans ces cas divers, l'innocence de l'intention innocente l'acte, le gain devient licite dès que sa destination ultime est bonne. Or, la raison universelle, dont la loi naturelle n'est que le reflet, nous inspire elle-même les affections sociales et le souci des intérêts publics. Ce que la loi positive autorise comme conforme au bien de l'État est, par cela même, conforme

1. *Mémoire sur les Commencements de l'économie politique dans les Écoles du moyen âge*, par Charles Jourdain. *Mémoires de l'Aca-démie des Inscriptions et Belles-Lettres*, tome XXVIII, année 1874.

à la loi naturelle et par suite à la loi de Dieu. L'Église ne peut le condamner absolument, bien qu'elle puisse conseiller au chrétien de rechercher une perfection plus haute.

Henri de Gand[1] (1220-1295) utilise cette distinction sans s'y référer expressément : « Quoi, s'écrie-t-il, faudra-t-il donc envelopper dans le même anathème tous ceux qui se livrent à des opérations commerciales ? Assurément non. Il est vrai que saint Chrysostôme condamne ceux qui achètent des denrées pour les revendre purement et simplement, sans que la marchandise ait éprouvé aucune transformation ; le grand Saint les compare à ces trafiquants que Jésus-Christ chasse du temple ! Mais n'est-il pas juste de tenir compte des changements que les denrées subissent entre les mains des négociants qui les achètent pour les revendre, changements de lieu, changements de temps, changements de condition ? Telle marchandise est vendue à vil prix dans le pays où elle abonde, qui se vendra fort cher dans un autre pays où elle est

---

1. Henri de Gand est un bon exemple de l'influence des juristes. Il avait commencé par repousser leurs solutions. « Il ne faut pas demander, avait-il dit, aux juristes, si ce contrat (le contrat de vente) est inique ou légitime, c'est aux Théologiens et aux Philosophes qu'il faut s'adresser. » Et il déclarait que le vendeur qui ne fait subir aucun travail à la marchandise est un de ces marchands que le Christ chasse du temple. Vers la fin de sa vie il professa comme on le voit une opinion différente, sous l'influence de ces mêmes juristes dont il avait récusé la compétence. Cf. Troplong. *Du Prêt*, p. 143.

rare. Le commerçant, qui a pris soin de la transporter, est en droit de la vendre ce qu'elle vaut, quoiqu'il l'ait payée moins cher ; car, outre le prix d'acquisition, l'acheteur doit lui rembourser les frais de transport. Ainsi de même l'artisan qui a forgé une barre de fer doit recevoir à la fois le prix du métal et le prix de son travail. »

Mais Duns Scot (1274-1308) reprend la distinction de saint Thomas. « Il est *utile à l'État* d'avoir des dépositaires des choses vénales qui les tiennent à la disposition de ceux qui en ont besoin et veulent les acheter. Plus encore, il est utile à l'État d'avoir des convoyeurs des choses nécessaires dont telle ou telle nation est dépourvue, quoiqu'elle ne puisse s'en passer. Il s'ensuit que le marchand qui apporte une chose d'une nation où elle abonde à une nation où elle fait défaut, ou qui conserve cette chose après l'avoir achetée, de façon qu'elle soit à la portée de qui veut l'acquérir, fait un acte utile à l'État [1]. » L'utilité publique justifie donc, aux yeux de Duns Scot, un acte qui, pris en soi, n'est pas conforme à la perfection de la morale chrétienne.

Gille de Rome (mort en 1316), dans son livre imité de celui de saint Thomas sur *la Direction morale des princes* (De regimine principum), se place hardiment au point de vue de la raison naturelle pour justifier

---

1. Le texte est cité par Jourdain, page 23.

la propriété individuelle et les voies par lesquelles elle s'acquiert communément. « L'État, selon ce docteur, est dans la nature aussi bien que la famille, et Aristote a eu raison de dire que l'homme est un animal politique. L'État est nécessaire, non seulement à notre conservation physique, mais à notre perfectionnement moral... Il distingue avec soin la loi civile et par conséquent l'autorité civile de la loi de l'autorité religieuse. La première ne songe qu'à la défense de la société et n'aspire qu'à une perfection relative : encourager toutes les vertus qui peuvent être utiles et empêcher tous les vices qui peuvent être nuisibles à l'ordre social. Il lui suffit d'empêcher le mal dans ses effets, elle ne songe pas à pénétrer dans la pensée... La loi divine, au contraire, se propose la perfection absolue [1]. » Gille de Rome veut que le conseil du roi autorise, d'après ces principes, le commerce d'importation. Il va jusqu'à approuver le commerce de l'argent lui-même, « car, dit-il, les monnaies qui sont en circulation dans les différentes contrées n'étant pas les mêmes et n'ayant pas la même valeur, il faut bien que les habitants puissent, en cas de besoin, se procurer par voie de change le genre de monnaies qui leur est nécessaire pour leurs transactions en pays étranger. [2] »

---

1. A. Franck. *Réformateurs et publicistes de l'Europe*, 1864, vol. I, p. 96.

2. *De regimine principum*, lib. II, p. III, p. 370.

François de Mayronis (mort en 1325) dit enfin nettement : « Le commerce est nécessaire à la vie humaine. Les hommes ont besoin communément de choses de même espèce. Or, toutes les régions n'ont pas des produits semblables. Les unes ont du vin, les autres des figues. Le commerce est donc nécessaire pour que ces produits soient portés de l'une à l'autre. Et de même qu'il y a un art du commerce naturel et licite, ainsi les échanges d'argent ou les changes proprement dits sont naturels et licites, parce qu'une monnaie a cours dans un pays et non dans un autre[1]. »

Gille de Rome compte parmi les attributions du pouvoir l'établissement de tarifs qui obvient au renchérissement excessif des denrées nécessaires, et Gerson au quatorzième siècle demandera encore que l'État fixe un prix maximum pour toutes les marchandises. Nos rois prirent souvent, nous l'avons dit, des mesures de ce genre au treizième et au quatorzième siècle. Mais déjà les esprits réfléchis comprenaient l'impossibilité de déterminer par une réglementation administrative le « juste prix » des choses dont saint Thomas s'était tant préoccupé. Le besoin, en effet, est la mesure de la valeur et les besoins changent de moment en moment. « Les besoins de l'homme, dit Buridan[2], commentant un passage de la morale

---

1. *In quatuor libros sententiarum*, lib. IV, dist. 16, q. 4. Le change est aussi approuvé après discussion dans le *De Usuris* attribué à saint Thomas.

2. Il vivait encore en 1358.

d'Aristote [1], sont la mesure naturelle de la valeur des choses échangeables, ce qui se démontre de la manière suivante : la bonté ou la valeur d'une chose s'apprécie d'après la fin pour laquelle cette chose existe... Mais la fin naturelle en vue de laquelle la justice commutative ordonne les biens extérieurs échangeables, c'est la satisfaction des besoins de l'homme. Par exemple, si j'ai besoin de blé dont vous possédez une grande quantité et si vous avez vous-même besoin de vin que j'ai en abondance, je vous donne du vin pour du blé et nos deux besoins sont satisfaits. Il suit de là que la vraie mesure des choses échangeables, c'est ce qu'il faut de ces choses pour la satisfaction de nos besoins. Mais ce qu'il en faut est mesuré par l'étendue de notre besoin même ; car la valeur de ce qu'il en faut est d'autant plus forte que le besoin est plus grand ; de même, plus est grande la capacité d'un tonneau vide, plus il faut de vin pour le remplir... C'est ce que prouve ce fait que dans les années où le vin manque, il est d'un prix plus élevé, parce qu'on en a un besoin plus grand. De même, le vin coûte plus cher dans les pays qui n'en produisent pas que dans les pays de vignobles ; dans les premiers, le besoin qu'on a du vin est ressenti plus vivement que dans les seconds. Ainsi du reste. Ajoutons que dans l'échange, le prix des objets à échanger ne se règle pas d'après leur

---

1. *Morale à Nicomaque*, lib. V, chap. IV.

valeur naturelle (intrinsèque) ; car, dans ce cas, une
mouche vaudrait plus que tout l'or du monde. Mais
nous estimons la valeur des objets par rapport à
notre usage et nous ne les employons à notre usage
que pour la satisfaction de nos besoins[1]. » Ces
raisonnements économiques sont embryonnaires ;
mais ils sont dignes d'être rapportés en ce qu'ils
s'appuient sur la justice naturelle et sur les besoins
de l'homme, non sur les prescriptions de la morale
révélée.

De l'usure. — Les docteurs scolastiques eurent plus
de peine à comprendre la légitimité du prêt à intérêt
que celle du commerce. L'opération est plus complexe
et, sans parler des défenses canoniques, il y entre
une considération de temps qui troublait les esprits[2].
Saint Thomas reproduit sur ce point, en la perfection-
nant quelque peu, l'argumentation d'Aristote et des
canonistes. Les choses qu'on échange, dit-il en substance, peuvent se diviser en deux catégories. Il en
est que celui à qui on les cède utilise sans les consommer ; par exemple, celui à qui on loue une maison
l'habite sans la détruire. On peut distinguer ici la
chose et l'usage ou l'emploi de cette chose. Il est donc
juste que l'on exige la restitution des deux séparé-

---

1. Cité dans le texte par Jourdain, p. 44. Nous traduisons litté
ralement.
2. On disait que le temps est à Dieu et que c'est un péché de le
faire payer à l'emprunteur.

ment et que l'emprunteur ait à rendre au prêteur :
1° la maison ; 2° un prix pour l'emploi de la maison.
En effet, le prêteur ne lui a pas transféré la propriété
de la chose en lui en passant l'usage. Mais il en est
aussi qui, comme le blé et le vin, ne peuvent être
cédées sans qu'on cède à la fois la chose et l'usage de
la chose : les utiliser, c'est les consommer. On ne peut
donc, dans de pareils marchés, séparer l'usage de la
chose même, et si quelqu'un voulait vendre séparément du blé ou du vin, il vendrait la même chose
deux fois, ce qui est contraire à la justice ; dans de
pareils contrats, le vendeur épuise son droit quand il
réclame un prix égal à la chose cédée et il ne doit
rien réclamer en plus pour l'usage, parce qu'en
échangeant la chose contre son prix, il a cédé à
l'acheteur la propriété de la chose : « le *dominium* a été
transféré ».

L'argent rentre dans cette seconde catégorie. Sa fin
essentielle est de servir aux échanges, d'être dépensé
dans des achats comme la fin du blé est d'être mangé.
On ne peut distinguer la chose de son emploi, car
si on prêtait de l'argent sous condition de ne pas le
dépenser, on ne le prêterait réellement pas : le prêteur transfère la propriété, l'emploi passe à l'emprunteur avec la chose dont il est inséparable. Si donc le
prêteur exige de l'emprunteur que celui-ci rende,
1° la somme prêtée, 2° le prix de l'usage, il se fait
payer une seule et même chose deux fois, il pèche

contre la justice qui préside aux échanges ou justice commutative[1].

Saint Thomas reprend cette thèse dans plusieurs de ses ouvrages[2]. On voit, en effet, dans le traité apocryphe, mais contemporain *De usuris*, qu'elle soulevait dans toutes les écoles de vifs débats. Seul au treizième siècle, Albert le Grand (1205-1280) entrevit la solution désirée : dans sa *République*[3] il écrit : « Les lois civiles, bien qu'elles n'instituent pas l'usure, la permettent et la règlent... Il est vrai que l'usure est contre la perfection des lois chrétiennes, mais elle n'est pas contre les intérêts civils. » Henri de Gand (1220-1295), Raymond de Pennafort, Gille de Rome s'en tiennent encore au point de vue traditionnel : nous ne nous attarderons pas à rapporter leurs opinions ; toutefois, un passage du premier mérite d'être signalé ; il nous montre que les adversaires contre lesquels les docteurs scolastiques avaient à soutenir un aussi rude assaut étaient les légistes. « C'est une grave erreur, dit-il, que commettent certains légistes quand, ignorant

---

1. Ce raisonnement emprunte ce qu'il a de spécieux à un principe sous-entendu ici, mais posé ailleurs par saint Thomas d'après Aristote, et considéré par lui comme évident, c'est que l'argent est improductif ; admettez que le capital puisse, comme Verri, Condillac et A. Smith le démontrèrent plus tard, mettre en valeur du travail, c'est-à-dire qu'on puisse le dépenser autrement que pour la satisfaction immédiate de nos besoins, le raisonnement tombe aussitôt.

2. Dans ses *Questions sur le mal*, dans ses *Questions quodelibétiques*, dans son *Commentaire sur le maître des sentences* et dans sa *Somme de théologie*.

3. Cité par Jourdain, p. 18.

la nature du péché d'usure, parce qu'ils trouvent les usures permises ou du moins non interdites directement dans leurs lois, ils disent qu'elles ne sont illicites que parce qu'elles sont défendues par le droit canon, c'est-à-dire par l'Église : tout au contraire, les lois de l'Église ne les défendent que parce qu'elle sont illicites en soi. »

L'opinion des légistes devait prévaloir. Les contractants, pressés par la nécessité, avaient trouvé plus d'un biais pour éluder les lois sur le louage de l'argent. Ces contrats clandestins faisaient plus de mal que des prêts permis, mais sagement réglementés. Les pouvoirs publics cédèrent peu à peu au torrent. Philippe le Bel édicta, à une année de distance, des lois contradictoires sur la matière (1311-1312). Mais Philippe VI de Valois prit l'engagement, en 1332, de ne lever ni faire lever aucune amende à l'occasion des usures qui ne dépasseraient pas un denier la livre par semaine. « En cet article, disait-il expressément dans son ordonnance, les prélats n'octroient, ne contredisent *à présent;* mais nous faisons fort qu'ils n'en lèveront nulles amendes [1]. » L'Église d'ailleurs sentait que ses intérêts étaient compromis de la manière la

---

1. On ne comprend cette expression de la part du roi de France que si on se rappelle l'étendue qu'avait alors la juridiction ecclésiastique. Toute personne laïque dont la propriété donnait lieu à contestation de la part d'un clerc, était citée et obligée de comparaître devant un tribunal ecclésiastique. Dans une contestation entre deux laïques, l'une des parties pouvait toujours évoquer

plus grave par les interdictions qu'elle avait sanc-
tionnées : Gerson l'avoue : « Dieu juste, s'écrie-t-il,
qui ne sait que l'usure doit être extirpée? Mais il
serait bon de dire dans quel cas il y a vraiment péché
d'usure, afin que l'on ne confondît pas le juste
avec l'impie et que l'on ne qualifiât pas d'usuraires
certains contrats parfaitement légitimes, et que,
par une rigueur mal entendue, on ne s'exposât pas
à compromettre les revenus mêmes de beaucoup
d'églises. »

François de Mayronis revient au seul argument
décisif par lequel ces pratiques nouvelles pussent être
justifiées. Il étend à l'usure la doctrine que saint
Thomas avait présentée à propos du commerce. « Il
n'apparaît pas, dit-il dans le *Livre des sentences*, que
l'usure soit illicite en droit naturel. L'argent, objecte-
t-on, est stérile, et c'est pourquoi il ne doit pas produire de fruits, en sorte que l'on reçoive plus que l'on
n'a prêté. Je réponds qu'au point de vue politique
l'usage des choses s'apprécie par l'utilité dont elles
sont dans l'État. Les choses ne sont ni stériles ni
fécondes en elles-mêmes, mais selon l'usage qu'on
peut ou non en faire. Or, l'argent a des utilités multiples. » La scolastique adopte le point de vue des
légistes ; l'ascétisme chrétien fait place à l'utilitarisme

l'affaire devant la cour ecclésiastique, et quand l'Église avait
prononcé l'amende, même en matière civile, le juge séculier était
obligé de contraindre le condamné à paiement par voie de saisie.

païen[1]. Buridan invoque plus ouvertement les considérations d'intérêt général empruntées à la politique pure : « Il y a des cas où, dans un État bien réglé, l'usure doit être permise. Il y·a des cas, en effet, où l'interdire cause plus de mal que la permettre. Il y a des cas, au contraire, où, dans un État bien réglé, elle doit être interdite, parce que il y a des cas où la permettre cause plus de mal que l'interdire. En ce qui concerne ces,interdictions et ces autorisations en politique, il faut procéder selon les diverses circonstances et tenir compte des lieux, des temps et des hommes[2]. »

De la monnaie. — Les livres saints laissaient le champ libre aux opinions sur la monnaie, qui n'avait jamais revêtu un caractère religieux. Cependant, les

---

1. Quelquefois le désir de concilier l'un avec l'autre suggère de singulières combinaisons. Ainsi Durand de Saint-Pourçain considérant que, d'une part, le particulier ne peut emprunter ni prêter à intérêts sans péché, et que, d'autre part, l'État a intérêt à ce que les pratiques créditaires se multiplient, propose que l'État ouvre une sorte de banque et confie à un fonctionnaire la charge de présider au prêt public. C'est la Banque des travailleurs ou le Prêt au travail des socialistes modernes. Gerson, l'auteur probable de l'*Imitation*, plaide lui-même la cause de la tolérance en matière d'usure : « c'est, dit-il, un moindre mal qu'il faut supporter pour en éviter de pires..... Il est constant qu'une pareille tolérance est conforme au verdict de la raison naturelle; *j'oserais même dire que, le péché à part, elle est conforme à la loi de Dieu!* Il est évident que le pape n'étant pas le maître immédiat des biens temporels, surtout des laïques, ne doit pas casser les lois utiles établies pour la distribution de ces biens, utiles, dis-je, au point de vue civil, bien qu'elles impliquent un péché qui compromet la vie éternelle. »

2. Cité par Jourdain, p. 38. Nous traduisons nous-même sur le texte latin cette citation et les précédentes.

scolastiques se bornent pendant longtemps à reproduire les raisons que donne Aristote pour expliquer son origine et sa raison d'être. Albert le Grand, saint Thomas, Gille de Rome ne nous fournissent qu'une paraphrase des passages de la *Morale à Nicomaque* et de la *Politique*, où le stagyrite touche la question. La même doctrine inspire un peu avant le milieu du treizième siècle le curieux chapitre de l'*Image du monde :* « Porquoi monnoie fut establie. » Reprise dans les écrits de saint Bonaventure, de Henri de Gand et de Duns Scot, elle a, vers la fin de ce même siècle, les caractères d'un lieu commun philosophique. Mais, malgré un passage significatif du jurisconsulte Paul, conservé dans le Digeste[1], on ne comprenait pas que la fabrication de la monnaie était, comme expression du crédit public, un acte d'intérêt général. Les seigneurs traitaient la monnaie comme une ferme, et saint Louis, dans ses efforts pour mettre en circulation une monnaie irréprochable, avait sans doute moins en vue le relèvement du crédit public que la scrupuleuse observation de ses devoirs de chrétien. C'est au quatorzième siècle, quand l'altération et les changements arbitraires du taux de la monnaie devinrent une pratique constante de la royauté, que la philosophie scolastique, maintenant éclairée sur les

---

1. Livre XVIII, titre Ier. Paul a soin de signaler l'intervention nécessaire de l'État : la monnaie, dit-il, doit être frappée de l'empreinte de l'État.

exigences de l'intérêt commun et les principes du
droit public, sut s'élever au-dessus des considérations
d'intérêt privé et d'honnêteté individuelle dans l'étude
des règles qui président à cette importante fonction
gouvernementale. Le maître de la nation de Picardie
(groupe d'écoliers venant de cette province et des
Pays-Bas), qui fut recteur de l'Université de Paris en
1327, Buridan, celui dont nous avons déjà recueilli
les jugements lumineux sur d'autres objets, non
content de résumer d'une manière magistrale les
avantages que présente la monnaie pour les intérêts
privés, montre nettement qu'elle est un service public.
« Il n'appartient qu'au prince seul de régler la monnaie. Et, ici, nous prenons le prince non comme un
homme, mais comme l'ensemble de ceux à qui il
appartient de régir l'État. » « Il n'est permis de faire
en aucun cas quelque changement dans la monnaie
en vue d'un intérêt privé. Mais il y a des cas nombreux où des changements sont licites en vue de
l'intérêt général. » « Ainsi, quand la matière qui com-
posait la monnaie, le fer par exemple, est devenue
très commune, il est avantageux au public et par
conséquent il est permis d'y substituer une autre
matière plus rare. Le prince peut également, pour le
même motif, changer ou le poids ou le titre, ou même
tout à la fois le titre et le poids d'une pièce de monnaie. Ainsi l'on peut frapper de nouvelles pièces de
menu métal qui aient moins de poids et par consé-

quent moins de valeur que les anciennes, mais, ce qui n'est pas permis, c'est d'attribuer la même valeur à des monnaies qui n'ont pas le même poids ni le même titre et d'opérer de pareils changements d'une manière arbitraire, sans qu'il doive en résulter aucun avantage pour la communauté. » Remarquons que ces réflexions, bien que présentées comme un simple commentaire d'Aristote, ont non seulement une haute portée, mais un caractère systématique. Buridan considère successivement dans la monnaie la matière, le poids, la forme, le nom et l'usage. Nous sommes enfin en présence d'une recherche vraiment scientifique.

Nicolas Oresme, précepteur de Charles V, mort évêque de Lisieux en 1382, écrivit selon les mêmes tendances un ouvrage spécial sur les monnaies. Origine de la monnaie, services qu'elle rend, aspects divers sous lesquels elle peut être envisagée, examen des circonstances et des conditions dans lesquelles le changement en est légitime, telle est la suite des idées adoptées par l'auteur d'après Buridan. Mais il fait valoir avec plus de vigueur et d'éloquence que celui-ci le danger des altérations arbitraires. La monnaie n'appartient pas au prince, quoiqu'elle porte son effigie; elle appartient à la communauté et aux particuliers dont elle est la propriété. En abaisser ou en élever le taux, selon qu'on reçoit ou qu'on paye, en altérer le poids ou la matière sont des actes de spoliation et de félonie. Ces actes se tournent contre celui

qui les commet ; tout ce qui reste de bonne monnaie
est rapidement enlevé du royaume ; le crédit et le
pouvoir même du prince sont mis en péril : « car, dit
Oresme, oncques la très noble séquelle des rois de
France n'apprint à tyranniser, et aussi le peuple gal-
lican ne s'accoustume pas à sujesion servile, et pour
ce, si la royale séquelle de France délinque de sa première vertu, sans nulle doubte elle perdra son royaume
et sera translaté en d'autres mains[1]. »

Cette manière toute laïque et naturaliste d'envisager
l'un des plus importants problèmes de l'économie
politique[2] annonce la fin du moyen âge et l'approche
de la Renaissance. Ici, le point de vue de l'utilité n'est
pas seulement distingué du point de vue théologique,
et le premier subordonné au second ; le premier point
de vue domine ou plutôt reste le seul. Il ne faudrait
pas croire cependant que tel soit universellement l'état
des esprits. Si on lit les prédicateurs du quinzième
siècle qui représentent assez fidèlement, comme de
nos jours la presse, l'opinion de leurs contemporains,
on y retrouve tous les préjugés antiéconomiques que
nous avons signalés comme le point de départ de la

---

1. D'après Jourdain, p. 32.
2. Dans le *Songe du verger*, 1376, où le droit naturel est invoqué
pour fonder la société domestique et la société politique, la
richesse des particuliers est célébrée comme contribuant à la prospérité publique. Liv. I, chap. L ; mais le prêt à intérêt est encore
condamné en vertu des raisons traditionnelles qu'il ne faut pas
vendre le temps, etc. Frank, *op. cit.*, p. 241.

scolastique en cet ordre d'études. Ils ont été réfutés ; la pratique les brave tous les jours ; ils n'en parlent que plus haut. Dans les sermons d'Olivier Maillard (seconde moitié du quinzième siècle), nous trouvons le commerce flétri, le louage de l'argent condamné, la réglementation à outrance célébrée, toute recherche du bien-être et toute expansion de la richesse maudites aussi radicalement que saint Chrysostôme eût pu le faire. Même, ainsi que cela arrive dans les époques de prospérité croissante, on vit, à la fin du moyen âge, des réactions isolées se produire çà et là contre le développement économique si laborieusement réalisé. Des moines, remontant à ce qui nous paraît être la pure tradition évangélique, soutinrent que la pauvreté absolue est l'idéal de la vie chrétienne et condamnèrent non seulement la propriété individuelle, mais la propriété collective. En 1332, pendant que le pape faisait examiner cette doctrine par une assemblée de prélats et de docteurs, l'ordre de Saint-François, présidé par Michel de Césène, tient un chapitre général à Pérouse et adopte, sur le même sujet, la délibération suivante : « Ayant examiné la question avec les preuves alléguées de part et d'autre, nous nous tenons fermement à la décision de la sainte Église romaine et nous disons tout d'une voix que ce n'est pas une proposition hérétique, mais une proposition saine et catholique, de dire que Jésus-Christ, montrant le chemin de la perfection, et les apôtres y marchant après lui et voulant y conduire les autres, n'ont rien eu par droit de propriété, ni en particulier ni en commun. » Cette décision fut signée par Michel de Césène et neuf provinciaux, dont le premier est le grand philosophe Guillaume d'Ockam. On le voit, un nouvel et plus profond réveil du naturalisme était nécessaire pour rendre possible l'étude positive des problèmes économiques réservée aux temps modernes : la Renaissance en fut le témoin.

TROISIÈME PARTIE

LES DOCTRINES ÉCONOMIQUES A LA RENAISSANCE.
RESTAURATION DES DOCTRINES ANTIQUES.
PROGRÈS DU NATURALISME.

Des deux tendances que nous avons vues se combattre dans les ouvrages des philosophes de l'antiquité, à savoir la recherche de la meilleure organisation économique, et l'aspiration à la vertu considérée comme incompatible avec la richesse, le moyen âge avait surtout suivi la seconde. La renaissance suivra surtout la première. A aucun moment la tradition antique n'avait été complètement abandonnée ; mais, des deux doctrines, l'une économique, l'autre antiéconomique, léguées par les penseurs grecs, c'est celle-ci, c'est la doctrine de renoncement et de suicide collectif qui avait été d'abord en faveur dans la société nouvelle. Maintenant, presque adulte, cette société prend confiance en ses forces et s'essaye à l'art de vivre. Pour y réussir, il lui faut des maîtres. Elle les cherche dans l'antiquité, méconnaissant à son tour tout un côté des mêmes doctrines dont elle n'a que faire, sourde aux leçons de pessimisme que les premiers Pères avaient avidement recueillies. Elle apprend ainsi des anciens à se servir de la raison, à se régler, dans ses réflexions sur les choses d'intérêt, d'après les penchants et d'après le droit naturels ; elle désapprend les leçons de la théologie à l'école de la philosophie. C'était là son premier besoin. C'est dans cet esprit que les théories de Platon, des Stoïciens et de Xénophon sont restaurées par Morus, Bodin et Sully, jusqu'à ce que Montchrétien fasse apparaître un Aristote nouveau. Quelquefois on peut croire que les hommes de la Renaissance hésitent entre les deux voies ; Sully, par exemple, semble en défiance vis-à-vis des formes nouvelles de la richesse ; mais, s'il préfère un mode de production à un autre, il est bien loin de condamner l'amour de la richesse et la recherche du bien-être en général : il n'est pas une joie de la vie qu'il n'ait lui-même savourée, et c'est un bonheur tout humain, purement terrestre que, d'accord avec Henri IV, il veut donner au peuple.

I. — Thomas More, Campanella et Platon.

Platon avait été l'objet d'une très vive admiration
de la part des érudits italiens dès le quinzième siècle ;
l'Église n'était pas insensible sans doute au plaisir de
retrouver, dans ses ouvrages, comme l'écho des Pères
qui avaient, aux origines de la théologie chrétienne,
été, eux aussi, des Platoniciens fervents. Mais l'Église
alors était *humaniste*, c'est-à-dire qu'elle admirait et
aimait la littérature et la vie antiques prises dans leur
ensemble, avec leur enthousiasme pour la beauté,
la santé, pour l'équilibre des facultés physiques et
morales, pour la vertu civique, et Platon n'est pas
exempt de cet enthousiasme. Par bien des côtés est-il
besoin de le dire ? il est grec, il adore la raison, l'ordre
et l'harmonie ; il croit que la Justice est une condition de force et de prospérité pour les individus et
les États. C'est ce Platon que la Renaissance oppose
à l'Aristote de la scolastique ; l'esprit platonicien
envahit la philosophie et ne peut manquer de se
répandre dans les théories politiques et économiques du temps. On s'en inspire pour tracer des constitutions idéales qui offrent en modèle aux nations,

encore divisées par les derniers établissements féodaux, leur belle unité et leur simple ordonnance.

Thomas More. — L'Anglais Thomas More (1480-1535), homme d'État pourtant, grand chancelier sous Henri VIII, écrivit son *Utopie* ou *De la meilleure république* (1518) sous l'évidente inspiration des conceptions platoniciennes ; « on sait quelle en est la principale idée, c'est la critique de la propriété et la description imaginaire d'un État où tout serait commun. La propriété, selon l'auteur, engendre l'inégalité : elle se distribue toujours de telle sorte qu'un petit nombre seulement est dans l'abondance et la plus grande partie des hommes dans la misère. La difficulté de distinguer le propre de chacun donne naissance à tous les procès. La propriété, enfin, favorise et encourage ce nombre d'oisifs et de parasites inutiles à la terre, dont ils consomment les trésors, dévorant les fruits du travail d'autrui sans travailler eux-mêmes. L'inégalité, la discorde, l'oisiveté, voilà les fruits de la propriété »... « Mais la république de Morus, plus équitable que celle de Platon, ne connaît plus de castes : elle est véritablement la chose commune ; tous peuvent défendre l'État et le gouverner, et, loin que le travail manuel soit une cause d'indignité, il est au contraire le principal titre d'honneur. Dans l'*Utopie*, tout le monde est à son tour agriculteur et a en même temps un métier propre. Morus résout ainsi le problème difficile du partage des travaux

matériels et intellectuels dans la société : il appelle
tout le monde aux uns et aux autres et il demande
que le travail soit toujours accompagné de loisir et
ennobli par les récréations intellectuelles. Ainsi le
loisir et le travail ne divisent plus, comme dans l'antiquité, les hommes en deux classes, les citoyens et les
esclaves (ou artisans) : le loisir n'est que la récréation
du travail, qui devient le véritable principe du droit
de cité parce qu'il est la source de la subsistance[1] ».

Campanella. — Un siècle après, un moine italien,
qui avait rêvé d'abord d'établir la monarchie universelle en faveur des rois espagnols, puis, repoussé par
eux, avait conspiré contre leur domination avec l'aide
des couvents de la Calabre, jeté en prison, ne cesse
pas de caresser sa chimère d'une cité parfaite où
règnent des philosophes. Il écrit la *Cité du Soleil*
(1623). Campanella est bien encore, en dépit des dates,
un esprit de la Renaissance. Tout en suivant Platon,
il ne croit pas s'écarter de l'Évangile ni des Pères.
Mais, en même temps, il s'accorde avec les Stoïciens
pour réhabiliter le travail. Enfin, il y a un ressouvenir
des villes commerçantes, un peu épicuriennes, de la

---

1. Janet : *Histoire de la science politique*, vol. II, p. 251. L'Angleterre, où les couvents avaient été fermés, avait à se préoccuper
de la présence de cette multitude d'hommes oisifs et inhabiles à
exercer un métier. Sur le continent les guerres prolongées et le
poids des impôts avaient partout fait déserter les champs et peuplé
les routes de vagabonds dangereux. De là le désir d'Henri IV de
multiplier les manufactures pour donner du travail à ces malheu-
reux. Voir le passage des *Mémoires de Sully*, cité plus loin.

7.

riche Italie, peut-être de Florence ou de Venise, dans sa cité qui tient à la fois du phalanstère et du couvent. En voici le tableau : « Grâce à la communauté, les hommes de cette cité ne seront ni riches ni pauvres. Ils sont riches parce qu'ils possèdent en commun ; pauvres parce qu'ils n'ont rien en propre. Ils se servent des choses, mais ne les servent pas. C'est ce qu'ils admirent dans les religieux de la chrétienté et encore plus dans la vie des apôtres. » Le travail n'est pas déshonorant dans cette république ; la plus humble des tâches est utile à la communauté et emprunte sa noblesse à cette destination. » Les travaux les plus fatigants paraissent aux Solariens les plus dignes d'éloges. Tels sont la maçonnerie et la ferronnerie. Aussi personne ne refuse de s'y adonner, d'autant plus qu'on a consulté le goût de chacun pour la désignation de son métier. » Le travail n'est pas fatigant, d'ailleurs ; imposé à tous, il ne dure qu'un petit nombre d'heures. « On compte 70 000 âmes à Naples, et c'est à peine s'il y a 10 ou 15 000 travailleurs de ce nombre. » Que tout le monde travaille et chacun ne sera pas occupé plus de quatre heures par jour. Le reste du temps sera employé à étudier agréablement, à discuter, à lire, à faire et à entendre des récits, à se promener, à exercer enfin le corps et l'esprit, tout cela avec plaisir. » Cependant, comme dans la république de Platon, les Solariens, qui ont beaucoup de superflu et le vendent aux marchands étrangers, ne reçoivent point de monnaie. Les échanges se font en nature. Et les étrangers sont admis dans la cité comme visiteurs, non comme habitants : « toute vente et tout achat se font aux portes de la ville[1]. »

1. *Cité du Soleil*, édition L. Collet, 1844, pages 189, 190, 201. — Voir plus loin ce qui est dit de Fénelon.

II. — Bodin et le Stoïcisme.

Le stoïcisme était bien fait pour ces hommes de
cœur et de sang-froid qui formèrent en France, au
milieu des guerres religieuses, le parti des *politiques*.
L'Hôpital et Bodin croient qu'en dehors des dogmes
révélés, au-dessus des confessions diverses, il y a une
loi à la fois naturelle et divine qui se manifeste à la
raison de tous les hommes. « Tout ainsi, écrit le premier dans sa *Réformation de la Justice*, que c'est le
même soleil qui luit à Paris que celui qui donne sa
lumière et sa chaleur à Rome et à Constantinople,
ainsi la justice divine et aussi le droit naturel n'est
point autre parmi les sauvages de l'Amérique que
parmi les chrétiens de l'Europe. » Et le second, dans
sa *République* (1576), tout en reconnaissant avec Aristote que la perfection humaine est dans la vie contemplative, fixe comme but à la société civile l'observation de la justice, et déclare que les républiques sont
« ordonnées de Dieu » selon une « loi de nature »,
qui n'est autre que la raison divine. Cette « raison
naturelle et divine va partout et n'est point enclose »
aux frontières des États. En elle, les princes trouvent

le fondement et la limite de leur pouvoir. Le fondement, parce que ce sont eux qui expriment la raison
souveraine immanente au corps des citoyens : ils
commandent alors au nom de Dieu même. « Si la
justice est la fin de la loi, la loi est l'œuvre du prince,
le prince est l'image de Dieu. » — La limite, car, « par
suite de raison, il faut que la loi du prince soit faite
au modèle de la loi de Dieu. » Et ailleurs : « Tous les
princes de la terre sont sujets aux lois divines et naturelles, et il n'est en leur puissance d'y contrevenir
s'ils ne veulent être coupables de lèse-majesté divine;
faisant la guerre à Dieu sous la grandeur duquel tous
les monarques du monde doivent faire joug et baisser
la tête... Et par ainsi la puissance absolue des princes
et seigneuries souveraines ne s'étend aucunement
aux lois de Dieu et de nature[1] »

Une de ces lois primordiales est le respect de la
propriété individuelle. « Ceux là s'abusent — il s'agit
de Platon et de ceux qui le suivaient sur ce point —
qui pensent que, par le moyen de la communauté,
les personnes et les biens communs seraient plus
soigneusement traités. » Le souverain ne dispose des
biens comme des personnes que dans les limites du
droit : les impôts doivent être consentis (comme en

____

1. Les juristes de l'Université de Toulouse célébraient, en s'ins-
pirant de ce que les jurisconsultes romains disaient des empereurs,
la grandeur et superexcellence du roi de France, roi des rois,
vicaire de Jésus-Christ, l'égal de l'empereur (allemand) et même du
pape.

Angleterre). Le roi qui dépouille ses sujets agit non en vertu d'une souveraineté légitime, mais « il vaudrait mieux dire par force et par armes, qui est le droit du plus fort et des voleurs. »

Une autre règle dérivée du droit naturel « c'est que tous ceux qui participent aux avantages de la société en supportent aussi les charges en raison de leurs moyens; c'est que l'impôt soit réparti proportionnellement aux fortunes, et que personne n'en soit exempt, sinon celui qui n'a rien. Non content de réclamer l'application de ce principe, Bodin enseigne les moyens de le mettre en pratique. Il donne l'idée d'un cadastre général de tous les biens, d'un registre public des hypothèques, d'un recensement périodique de la population, d'une statistique des bénéfices et des charges avec les revenus qui y sont attachés, d'un système de contributions indirectes, qui, en épargnant les objets de consommation générale, nécessaires au pauvre comme au riche, atteindrait principalement le superflu et le luxe, les délicatesses de la vie, d'autant plus recherchées qu'elles sont mises à plus haut prix. Puis, éclairant selon sa coutume, la raison par les faits, il nous fait voir, dans un sombre tableau de la France du seizième siècle, comment les exemptions des classes privilégiées avaient porté à son dernier terme la misère du peuple. Il nous montre celui-ci, pendant que le clergé, la noblesse et les villes les plus riches se déchargent] sur lui, succombant sous le fardeau, comme l'âne de la fable, et menaçant d'entraîner dans sa ruine l'État tout entier. « Il avient, comme an corps humain, que les parties les plus fortes et les plus nobles jettent les humeurs superflues et vicieuses aux plus faibles, quand l'apostème est enflé si fort que la partie faible n'en peut plus, il faut qu'elle crève ou qu'elle infecte tous les membres[1]. » L'abcès a éclaté, en effet, deux siècles plus tard, par la Révolution de 1789.

Le même auteur, en 1568, dans sa « *Réponse aux paradoxes de M. de Malestroit touchant le fait des monnaies et l'enchérissement de toutes choses* », tend encore à chercher les causes de ce fait dans des lois naturelles. Ce sont suivant lui : 1° l'abondance d'or et d'argent, 2° les monopoles, 3° la disette, 4° le luxe des cours. Il montre avec clarté — et il revendique le mérite d'être le premier à l'avoir compris — que l'abondance de tout objet échangeable en entraîne l'avilissement. « Quand l'Espagnol se fit seigneur des terres neuves, les cognées et couteaux étaient plus cher vendus que les perles et pierres précieuses, car il n'y avait couteau de bois et il y avait force perles. C'est donc l'abondance qui cause le mépris (la dépréciation). » Mais quand la chose qui surabonde est « ce qui donne estimation et prix aux choses », la dépréciation est générale. Bodin établit alors qu'il y a beaucoup plus

___

1. A. Franck, *Réformateurs et publicistes de l'Europe*, Bodin, vol. I. p. 452.

d'or et d'argent en circulation qu'auparavant, parce que, le commerce s'étant beaucoup développé en activité et en surface, la quantité du numéraire a dû s'accroître, parce que, depuis le traité de François Ier avec les Turcs, « les marchands français ont tenu boutique en Alexandrie, au Caire, à Barut (Beyrouth), à Tripoli, aussi bien que les Vénitiens et Génevois et que nous n'avons pas moins de crédit à Fetz et à Maroc que l'Espagnol, ce qui nous a été découvert depuis que les juifs chassés d'Espagne par Ferdinand se retirèrent au bas pays de Languedoc et nous accoutumèrent à trafiquer en Barbarie, » parce que la banque de Lyon prenant à 10, 16 et jusqu'à 20 p. 100 a attiré en France quantités de Lucquois, de Génevois, de Suisses et d'Allemands, « affriandés de la grandeur du profit », parce que « le Castillan ayant mis sous sa puissance les terres neuves pleines d'or et d'argent, en a rempli l'Espagne; or, est-il que l'Espagnol qui ne tient vie que de la France, étant contraint par force inévitable de prendre ici les blés, les toiles, les draps, le pastel[1], le papier, les livres, voire la menuiserie et tous les ouvrages de main, nous va chercher au bout du monde l'or et l'argent et les épiceries »; tandis que « d'un autre côté l'Anglais, l'Écossais et tout le peuple de Norwège, Suède, Danemark et de la

---

1. *Isatis tinctoria*, Linné, crucifère qui était, avant la découverte de l'Amérique, la seule plante dont on pût obtenir une teinture bleue solide.

côte Baltique, qui ont une infinité de minières, vont chercher les métaux au centre de la terre pour acheter nos vins, nos safrans, nos pruneaux, notre pastel et surtout notre sel qui est une manne que Dieu nous donne d'une grâce spéciale avec peu de labeur; parce qu'enfin la population de la France s'est accrue avec sa prospérité. » ... « Depuis cent ans on a défriché un pays infini de forêts et de landes, bâti plusieurs villages, peuplé les villes, tellement que le plus grand bien de l'Espagne, qui d'ailleurs est déserte, vient des colonies françaises qui vont à la file en Espagne et principalement d'Auvergne et du Limousin; si bien qu'en Navarre et Aragon presque tous les vignerons, laboureurs, charpentiers, maçons, menuisiers, tailleurs de pierre, tourneurs, charrons, voituriers, chartiers, cordiers, carriers, selliers, bourreliers, sont Français. Car l'Espagnol est paresseux à merveille, hors le fait des armes et du trafic. » « Voilà les moyens qui nous ont apporté l'or et l'argent en abondance depuis deux cents ans. Il y en a beaucoup plus en Espagne et en Italie qu'en France... aussi tout est-il plus cher en Espagne et en Italie qu'en France et plus en Espagne qu'en Italie. »

L'idée d'un ordre universel voulu de Dieu inspire à Bodin sur les relations internationales des vues qui ne seront reprises que deux siècles plus tard et où se rencontre pour la première fois le pressentiment de l'unité économique des nations Européennes. Il entre selon lui dans les desseins de Dieu que les nations diverses vivent en bonne amitié les unes avec les autres, ou du moins qu'elles ne se fassent pas long-temps la guerre, ne pouvant se passer les unes des autres. C'est pour cela qu'il a donné aux unes et aux autres des productions naturelles différentes. Il faut donc se garder d'entraver par des taxes le commerce avec l'étranger. « Quant à la traite des marchandises qui sortent de ce royaume, il y a plusieurs grands personnages qui se sont efforcés par dits et par écrits de la retrancher tout à fait, s'il leur était possible, croyant que nous pouvons vivre heureusement et à bon marché sans rien donner à l'étranger et sans en rien recevoir; ils s'abusent, à mon avis, car nous avons affaire des étrangers et ne saurions nous en passer... Quand bien même nous pourrions nous passer de telles marchandises... et quand bien même il en serait ainsi que nous en aurions à revendre, encore devrions-nous toujours trafiquer, vendre, acheter, échanger, prêter, voire plutôt donner une partie de nos biens aux étrangers et même à nos voisins, quand ce ne serait que pour communiquer et entretenir une bonne amitié entre eux et nous. » C'est qu'un même droit unit les hommes de tous les pays. Mais cette liberté des échanges est encore avantageuse au point de vue économique; on prétendait que le libre commerce enchérissait les objets de consommation. « Je leur nie ce point là. Car ce qui entre au lieu de ce qui sort

cause le bon marché de ce qui défaillait. » « Il semble,
à les ouïr, que le marchand donne son bien pour
néant, ou que les richesses des Indes et de l'Arabie
heureuse croissent en nos landes [1] ! »

Nous devons nous borner à ces indications en ce qui
concerne les tendances d'un des esprits les plus vigoureux de la Renaissance. Il croit à des lois naturelles
posées par la Providence pour le meilleur gouvernement du monde économique et social comme pour le
gouvernement du monde physique : il admet une sorte
d'harmonie préétablie entre les intérêts moraux et les
intérêts matériels de l'humanité. Ses idées en tout
ordre offrent un tempérament entre le naturalisme de la
Renaissance et le spiritualisme déjà tempéré d'Aristote. Nous l'avons dit, c'est avec les stoïciens que
cette direction intermédiaire le fait le plus souvent se
rencontrer.

1. Voir l'étude de Baudrillart : *Bodin et son temps, Tableau des
théories politiques et des idées économiques au seizième siècle.*
Paris, 1853. Bodin s'élève aussi contre l'esclavage, et, toujours
fidèle aux idées stoïciennes, réhabilite le travail manuel.

III. — Sully et Xénophon.

L'*Économie* de Xénophon est un des livres qui
eurent à la Renaissance le plus large cours. De 1516,
année de leur première impression, jusqu'à 1561,
c'est-à-dire jusqu'à la publication d'Henri Estienne,
les ouvrages de Xénophon eurent huit éditions
grecques. L'*Économique* fut imprimé à part trois fois,
dont deux à Paris (1535 et 1544). En 1531, une première traduction de l'*Économie* (*c'est-à-dire domestiques institutions et enseignements pour bien régir sa
famille et augmenter son bien particulier*) est mise en
vente à Paris ; en 1562 il en paraît une autre (de
François de Péris, médecin de Toulouse) sous ce titre :
« *Le Mesnagier de Xénophon* » ; ce qui n'empêche pas
Montaigne de publier, en 1571, celle que son ami
La Boétie avait faite près de dix ans auparavant et
qui est un des monuments de la langue française au
seizième siècle : « *La Mesnagerie de Xénophon* ». Ce n'est
point d'une autre source que Sully a tiré sa prédilection pour l'agriculture et sa répugnance pour l'extension des industries de luxe, si chères à Henri IV. Il

suffit de lire ce passage des *Économies royales* pour
s'en convaincre. « Le Roy voulant établir en son
royaume le plan des meuriers, l'art de la soie et toutes
sortes de manufactures étrangères qui ne se fabri-
quaient point en iceluy, à cette fin faire venir à grands
frais des ouvriers de tous ces mestiers et construire
de grands bastiments pour les loger, vous fistes ce qui
vous fut possible pour empêcher cela ; mais lui s'y
passionnant bien fort, il s'en vint un jour à l'arsenal
et vous dit[1] : « Je ne scay pas quelle fantaisie vous a
pris de vouloir vous opposer à ce que je veux établir
pour mon contentement particulier, l'embellissement
et enrichissement de mon royaume et pour oster l'oy-
siveté de parmy mes peuples. » — « Sire, lui répon-
dites-vous, quant à ce qui regarde votre contentement,
je serais très marry de m'y opposer formellement,
quelques frais qu'il y fallust faire... mais de dire qu'en
cecy à votre plaisir soit joint la commodité, l'embellis-
lissement et enrichissement de votre royaume et de
vos peuples, c'est ce que je ne puis comprendre. Que
si il plaisait à Vostre Majesté d'escouter en patience
mes raisons, je m'asseure, cognoissant comme je fais
la vivacité de vostre esprit et la solidité de vostre
jugement, quelle seroit de mon opinion. — Ouy dea,
je le veux bien, dit le Roy... » — ... « En premier lieu,

___

1. Les *Économies royales* sont rédigées par des secrétaires qui
sont censés *ramentevoir* à Sully tout ce qu'il a fait pendant son
administration, et même des choses dont il a été le seul témoin.

Sire, vostre majesté doit mettre en considération qu'autant qu'il y a de divers climats, régions et contrées, autant semble-t-il que Dieu les aye voulu diversement faire abonder en certaines propriétez, commoditez, denrées, matières, arts et mestiers spéciaux et particuliers, qui ne sont point communes, ou pour le moins de telle bonté aux autres lieux, afin que le trafic et commerce de ces choses (dont les uns ont abondance et les autres disette), la fréquentation, conversation et société humaine, soit entretenüe entre les nations, tant esloignées pussent elles estre les unes des autres, comme ces grands voyages aux Indes orientales et occidentales en servent de preuves. En second lieu faut-il bien examiner si ce royaume n'a point un climat, une situation, une eslévation du soleil, une température d'air, une qualité de terroir et une naturelle inclination de peuples qui soient contraires aux desseins de Vostre Majesté. En troisième lieu, si la saison du printemps n'y est point trop froide, humide et tardive, tant pour faire esclorre et vivre les vers à soye, que pour y avoir des feuilles aux meuriers pour les nourrir, dont l'on ne sçaurait avoir quantité suffisante de quatre ou cinq ans, quelque diligence que l'on fasse d'en semer et planter. Et en quatriesme lieu, si l'employ de vos sujets en cette sorte de vie qui semble estre plutost méditative, oysive et sédentaire, que non pas active, ne les désaccoustumera point de celle opérative, pénible et laborieuse, en laquelle ils ont besoin d'estre exercez, pour former de bons soldats, comme je l'ay ouy dire plusieurs fois à Vostre Majesté, que c'est d'entre telles gens de fatigue et de travail que l'on tire les meilleurs hommes de guerre; que, pour mettre en valeur tant de bons territoires, dont la France est généralement pourveüe plus que royaume du monde, excepté celuy d'Égypte, le grand rapport duquel, consistant en grains, légumes, vins, pastels, huilles, cidres, sels, lins, chanvres, laines, toilles, draps, moutons, pourceaux et mulets, est cause de tout l'or et de tout l'argent qui entre en France, et que, par conséquent, ces occupations valent mieux que toutes les soyes et manufactures d'icelles, qui viennent en Sicile, Espagne ny Italie ; et tant s'en faut aussi que l'establissement de ces rares et riches estoffes et denrées, accomodent vos peuples et enrichissent vostre Estat, mais qu'elles les jetteraient dans le luxe, la volupté, la fénéantise et l'excessive despence qui ont toujours été les principales causes de la ruyne des royaumes et républiques, les destituant de loyaux vaillans et laborieux soldats desquels Vostre Majesté a plus de besoin que de tous ces petits marjolets de cour et de ville, revestus d'or et de pourpre. Car quant aux transports d'or et d'argent hors de vostre royaume, des-ja tant de fois alléguez par ceux qui proposent l'établissement de ces estoffes estrangères, riches et chères, il n'y a rien de si facile que de les éviter sans

aucun destriment pour qui que ce puisse estre, deffen-
dant toutes somptuositez et superfluitez et réduisant
toutes personnes de toutes qualitez, tant hommes que
femmes et enfans, pour ce qui regarde les vestemens
de leurs personnes, leurs ameublemens, bastimens,
logemens, plants, jardinage, pierrerie, vaissélles d'argent, chevaux, carrosses, esquipages, trains, dorures,
peintures, lambris, mariages d'enfans, achapts d'of-
fices, festins, banquets, parfums et autres bombances
à ce qui sê pratiquait du temps des rois Louys XI,
Charles VIII et Louys XII. »

Sully n'était pas, on le voit, entiché d'idées théologiques, c'est — sa vie le prouve — un utilitaire,
un praticien de la politique ; même il n'énonce le
plus souvent d'idées ou de règles générales que celles
qui se sont dégagées naturellement de la multitude
d'affaires sur lesquelles il a dû prendre parti pendant
quatorze ans d'administration presque souveraine.
Et ces idées, ces règles sont conformes à celles de ses
contemporains : faire entrer de l'or dans le royaume
et, une fois entré, l'empêcher d'en sortir est la principale de toutes. Dès 1593, avant d'arriver au pouvoir,
il avait soumis au roi un plan de réforme où figurait
un projet de statistique générale du royaume : par sa
méthode, il appartient à l'économie moderne, et nul
ne doute que le bien public n'ait été son but suprême,
plutôt que le service du roi. Mais un préjugé antique
le domine : s'il croit avec ses contemporains que la

richesse, c'est l'argent monnayé[1], il est l'écho de
Xénophon et d'Aristote quand il dit que toute richesse
vient du sol et que « labourage et pasturage sont les
deux mamelles dont la France est alimentée, ses
vraies mines et trésors du Pérou », quand il rêve
pour tous la vie frugale et rude des cultivateurs, quand
il veut enfin édicter de nouvelles lois somptuaires.
Sa « *Mesnagerie*[2] » est encore en bonne partie *domestique* comme celle de ses modèles et il traite la France
comme la *Maison rustique* de son maître.

1. Il éleva le taux des monnaies françaises qui étaient l'objet
d'une exportation « furieuse ».
2. Il se sert constamment de ce mot *mesnage* (le *bon* et le
mauvais mesnage) dans les *Économies royales* ; il faut lire, après le
passage de Sully cité ci-dessus, dans la belle édition donnée
par M. Defodon de la traduction de la Boétie (Bordeaux, 1889) les
pages 68 et suivantes où Xénophon fait l'éloge de la mesnagerie
des champs.

QUATRIÈME PARTIE

L'ÉCONOMIE POLITIQUE DANS LES TEMPS MODERNES
PRÉPONDÉRANCE DU NATURALISME

CHAPITRE PREMIER

LA POLITIQUE DES INTÉRÊTS ROYAUX
THÉORIE DE LA RICHESSE ARTIFICIELLE

PREMIER DEGRÉ. — **Le système mercantile.**

Mais les préoccupations philosophiques ne sont pas celles qui prévalent dans la politique réelle du seizième siècle et du siècle suivant. De grands États se constituent alors; exaltés par la conscience récente de leur unité et de leur force, ils aspirent chacun de leur côté à l'indépendance totale. L'art du gouvernement, perfectionné en Italie par la compétition des factions dans chaque république et des républiques entre elles, est formulé pour la première fois à l'état pur, sans mélange de vues morales ou religieuses par Machiavel (1469-1527), dont les ouvrages deviennent le bréviaire des rois. Ceux-ci profitent du prestige que les théories juridiques précédemment exposées leur confèrent ; mais ils repoussent les limitations que ces théories prétendent leur imposer : ils personnifient les tendances des peuples à l'unité ; ils sont l'État, et leur souveraineté ne connaît point de bornes. Entre eux une âpre lutte s'engage. Des armées permanentes pourvues d'artillerie s'organisent et exigent des sacrifices pécuniaires qu'aucune nation n'avait eu à faire depuis l'Empire romain. Le luxe des cours ouvre entre les princes un nouveau champ de rivalités et de prodigalités[1]. Ces dépenses énormes, des taxes les entretiennent, et c'est l'industrie, c'est le commerce, portés à un degré d'activité inconnue jusque-là, qui les acquittent. Ce sont aussi l'industrie et le commerce qui alimentent le luxe des cours. De là, la faveur des gouvernants pour leurs manufactures qu'ils perfectionnent à l'envi et pour leurs comptoirs lointains qu'ils multiplient et entretiennent attentivement. Dans cette lutte, il faut que toutes les forces nationales concourent au succès. La religion n'est plus considérée que comme une résistance que l'on brise ou un instrument dont on se sert. L'Église devient en France

1. Quelques faits donneront une idée de ce luxe. Les ambassadeurs vénitiens estiment à plus d'un million et demi d'écus par an la dépense totale de la maison du roi de France, de la reine et de leurs enfants, et affirment que la suite du roi dans ses voyages comprenait 8000 chevaux. La dépense de l'argenterie royale s'élevait, en 1540 au delà de 107000 livres. Henri II dépensait 1200000 écus dans une fête. (Pigeonneau, *Histoire du commerce de la France*, pages 29, 58 et 182.)

un organe de l'État. L'histoire entre dans un âge d'or et de fer, et l'Europe apparaît comme une lice où toutes les convoitises sont en conflit.

Combien de telles circonstances étaient propices à la naissance de l'économie politique strictement utilitaire, c'est-à-dire, en fin de compte, à la naissance de l'économie politique pure, c'est ce que l'esprit le moins réfléchi aperçoit sans peine. Alors s'établit le système qu'on a appelé *mercantile*, expression suprême de la règle de l'utile en politique selon les idées du temps. D'après ce système, la richesse unique d'un État est l'argent ou l'or monnayés : pour l'acquérir, il faut vendre beaucoup; pour le garder, il faut acheter le moins possible à l'étranger. Du moins on n'achètera à l'étranger que les matières premières, indispensables, sur lesquelles s'exerce l'industrie nationale et on lui cédera le moins possible de celles que le sol produit. Mais en revanche on cherchera par des tarifs habilement disposés à lui vendre le plus possible des produits manufacturés chez soi sans importer aucun des produits manufacturés chez lui. Aurez-vous à la fin de l'année plus vendu qu'acheté, vous aurez plus d'argent; la balance du commerce sera en votre faveur; si vous avez plus acheté que vendu, votre richesse sera diminuée d'autant. Le résultat final dépend, nul n'en doute, de l'action gouvernementale. C'est à elle qu'il appartient de susciter des manufactures et de régler par des taxes l'entrée et la sortie des marchandises et du numéraire. Le monarque est le grand régulateur de la production et de la consommation. Le trafic, libre autant que possible à l'intérieur, sera donc chargé de mille entraves à la frontière des États. L'édit français de janvier 1572[1] donne une bonne idée de ce système.

« Afin que nos dits sujets se puissent mieux adonner à la manufacture et ouvrages de laines, lins, chanvres et fillaces qui croissent et abondent en nos dits royaumes et pays, et en faire et tirer le profit que fait l'étranger, lequel les y vient acheter communément à petit prix, les transporte et fait mettre en œuvre et après, apporte les draps et linges qu'il vend à prix excessifs : avons ordonné et ordonnons qu'il ne sera dorénavant loisible à aucun de nos dits sujets et estrangers, sous quelque cause ou prétexte que ce soit, transporter hors nos dits royaumes et pays aucunes laines, lins, chanvres et fillaces. Défendons aussi très expressement toute entrée en cettuy notre dit royaume de tous draps, toiles, passements, et canetelles d'or ou d'argent, ensemble tous velours, satins, damas, taffetas, camelots, toiles et toutes sortes d'étoffes rayées ou y ayant or et argent et pareillement de tous harnais de chevaux, ceintures, épées ou dagues, estrieux, ou éperons dorés, argentés ou gravés, sous peine de confiscation des dites marchan-

---

1. L'auteur de cet édit est le ministre de Charles IX, René de Biragues, qui importa d'Italie le système prohibitif.

dises... Davantage défendons l'entrée en notre dit royaume et pays de toutes sortes de tapisseries étrangères, de quelque étoffe et façons qu'elles soient, sur les mêmes peines que dessus. »

Le système mercantile, dont les origines remontent jusqu'au quinzième siècle, semble atteindre avec Colbert son apogée. On l'a, pour cette raison, appelé quelquefois Colbertisme. Cependant Colbert ne fut pas toujours fidèle à l'un des points du programme qu'il comporte; par le tarif de 1664, le célèbre ministre diminua considérablement les taxes et il ne les releva ensuite que dans l'entraînement de la lutte aussi bien politique qu'économique où Louis XIV s'était engagé avec la Hollande. Il a même écrit cette phrase qu'on serait peu tenté de lui attribuer (lettres, 1651) : «Pour remettre le commerce, il y a deux choses nécessaires, la sécurité et la liberté. » D'ailleurs, si le grand développement de l'industrie qui caractérise cette époque déterminait les gouvernements à user de taxes protectrices pour obliger les manufactures naissantes à se suffire à elles-mêmes, il entraînait d'autre part l'échange actif des matières premières et la recherche de débouchés pour l'écoulement des produits.

Mais nous n'avons pas à faire l'histoire des faits économiques : les doctrines seules doivent nous occuper. Nous en avons dit assez pour faire comprendre en vertu de quelles causes historiques elles deviennent de religieuses politiques et utilitaires et prennent pour principe non plus le salut des individus, mais l'intérêt des États dans leurs rapports les uns avec les autres.

Elles n'avaient jamais été jusque-là aussi nombreuses qu'à cette époque. Les écrits économiques se multiplient pendant le dernier quart du seizième siècle dans tous les États européens, et nous ne pouvons songer à les analyser tous.

En *Italie*, l'étude attentive des phénomènes économiques était une tradition ancienne. Florence et Venise avaient offert de bonne heure le spectacle d'une prospérité industrielle et commerciale extraordinaire. Mais « Florence occupe à un autre titre une place éminente dans l'histoire du commerce; la science commerciale y était le résultat non seulement de l'expérience, mais encore de l'étude. Deux négociants florentins Pegolotti et Antonio da Uzzano qui vécurent au quatorzième et au quinzième siècle, composèrent les premiers traités sur les connaissances commerciales. Leurs ouvrages contiennent des renseignements sur les places de commerce, les marchandises, les poids et mesures, les usances, la tenue des livres, le change, les assurances, les transports par terre et par eau et sur beaucoup d'autres points. Ils prouvent que Florence était, plus que toute autre ville, au courant de toutes les institutions utiles aux échanges, qu'elle avait l'intelligence du commerce et qu'elle le considérait comme un objet de science et de sérieuse méditation. » (Schérer, Hist. du commerce... vol. II, p. 316). Au seizième siècle, Scaruffi (1579[1]) et Davanzati

1. Les dates citées se réfèrent à la composition des principaux ouvrages de chacun de ces auteurs. Voir pour plus de détails Pecchio, *Histoire de l'Économie politique en Italie*, Lugano, 1829, Paris (trad.) 1830, et Wolowski, *Introduction* à la traduction française de l'ouvrage de Cibrario, *Économie politique du moyen âge*, Paris, 1859. Nous empruntons à M. Wolowski le tableau suivant des faits qui ont suscité en Italie la précoce naissance de doctrines économiques.

« Cette science devait naître en Italie, parce que cette contrée était la plus peuplée, la plus riche, la plus audacieuse et la plus libre.

Dès le dixième siècle florissait Amalfi ; elle avait étendu son commerce jusqu'à Jérusalem avant qu'il fût question de croisades. L'industrie avait enrichi cette petite cité qui se glorifie d'avoir inventé la boussole et formulé le code maritime. La Méditerranée devint dès lors la grande route des expéditions commerciales ; les Vénitiens et les Génois s'élevèrent à un haut degré de splendeur et de puissance en se faisant, comme plus tard les Hollandais, les rouliers de la mer. Tout le commerce du Levant et de l'Afrique était entre leurs mains et la production, vivifiée par la facilité des débouchés, prit chez eux un rapide essor. — Puissante par ses manufactures et ses capitaux, Florence avait en quelque sorte colonisé l'Europe au moyen de ses banques et ses comptoirs ; quelques-uns de ses citoyens avaient des fortunes royales. Deux banquiers de Florence, Bardi et Péruzzi prêtèrent à Édouard III, roi d'Angleterre (vers 1370), un million et demi de florins d'or (le florin d'or, bon poids, valait 19 fr. 88) ; 80 établissements de finance faisaient les opérations de toute l'Europe. Au commencement du quatorzième siècle le revenu de la république s'élevait à 300 000 florins d'or (5 964 000 francs) et les dépenses à 121 270 florins (2 410 847 francs) ; il était plus considérable que ceux du roi de Naples et du roi d'Aragon, et, Macaulay l'atteste, plus élevé que le produit de l'Angleterre et de l'Irlande réunies sous la reine Élisabeth. Florence avait une population de 170 000 habitants, (140 000 d'après Cibrario), et Sienne 100 000, 200 manufactures de drap, (273 en 1460), 30 000 ouvriers en laine ; elle vendait chaque année pour 60 millions de francs de drap. L'art de tisser la laine y prit un tel développement qu'une simple imposition de deux sous

(1532) renouent la chaîne des recherches que la monnaie avait suscitées dès le moyen âge. Le premier ne doute pas que les États de l'Europe ne

prélevée sur chaque pièce de drap permit de construire la somptueuse Sainte-Marie-de-la-Fleur. Les Florentins furent les premiers à établir dès le quatorzième siècle un budget de recettes et de dépenses, *bilancio*. Le gonfalonier Pierre Soderini soumit en 1510 à l'examen du grand conseil le tableau des revenus et des charges des huit années précédentes. —. C'est à Venise que fut fondée la première banque de dépôt et que naquit la formidable puissance des emprunts publics. En 1421 le doge Thomas Mocenigo exposa au grand conseil dans un discours remarquable le tableau des ressources financières et de l'étendue du commerce de la république. « Vous êtes les seuls, disait-il, à qui la terre et les mers soient également ouvertes. Vous êtes le canal de toutes les richesses, vous approvisionnez le monde entier. Tout l'univers s'intéresse à votre fortune, tout l'or du monde arrive chez vous... Je me suis toujours efforcé de prendre des mesures pour que l'intérêt des emprunts et toutes les charges publiques fussent acquittés régulièrement, de six mois en six mois, et j'ai eu le bonheur d'y réussir... Gardez-vous comme du feu de toucher au bien d'autrui et de faire la guerre injustement : Dieu vous en punirait... Que vendrez-vous aux Milanais quand vous les aurez ruinés? que pourront-ils vous donner en échange de vos produits? Et vos produits que deviendront-ils, en présence des exigences de la guerre qui entameront les capitaux dont vous avez besoin pour les créer? » Ajoutons d'après Cibrario qu'en Italie les nobles ne dérogeaient pas pour s'occuper de commerce et diriger des entreprises industrielles. « Les plus grands, non seulement à Florence ou la démocratie dominait, mais même dans d'autres villes, se faisaient inscrire comme membres des confréries. A Milan par exemple on voyait sur les registres des arts le nom des Adda, des Archinti, des Castiglioni, des Crivelli, des Lampugnani, des Melzi, des Visconti, des Vimercati, et de beaucoup d'autres familles de la plus haute noblesse.» Ouvrage cité, vol. II, page 96.

Du reste en France, dès le quinzième siècle, l'industrie et le commerce prospéraient aussi et Charles V dans les lettres du 25 septembre 1472 qui réglaient la juridiction des métiers, pouvait dire : « Comme en nostre bonne ville de Paris y ait plusieurs métiers, marchandises et vivres et y en vient et afflue de toutes les parties du monde. » Enfin dans le Débat des hérauts d'armes de puissent adopter un type unique pour la forme, l'alliage, le poids, le titre et la valeur des espèces. Une diète européenne serait convoquée pour l'application de la réforme. Il eut aussi l'idée d'une *marque* qui serait apposée par les États ainsi confédérés sur les ouvrages d'or et d'argent comme garantie commune. « Il n'y aura, disait-il, personne qui ne s'empresse d'accepter cet ordre nouveau, car le désordre des monnaies s'aggrave sans cesse et chacun désire obtenir dans la juste quantité du métal fin l'entier et réel paiement de ce qui lui est dû. » Antonio Serra (1613) donne un traité *Des causes qui peuvent faire abonder l'or et l'argent dans les royaumes dépourvus de mines.* C'est une œuvre où les phénomènes économiques sont considérés systématiquement, d'après des vues générales. Ces causes sont ou naturelles (les mines) ou accidentelles locales (la fertilité du sol, la situation qui favorise le trafic), ou accidentelles communes (les manufactures, la qualité des hommes, le commerce maritime). « Les manufactures, selon A. Serra, sont

France et d'Angleterre (1456) publié en 1877 par L. Lannier et P. Meyer (Société des anciens textes français) le heraut de France dit : « Item nous avons tous les métiers mécaniques que vous avez et si avons plus, car nous avons gens qui ouvrent en haulte lice c'est-à-dire en tapicerie d'Arras qui sont moult honnorables et de belles veues en court de roys et de princes ; et si avons la plus belle honnesteté de linge que royaume peut avoir, soit à Rains, à Troye en Champagne, et générallement par tout le royaume. Et si avons de meilleurs joliers qui plus plaisamment assaient leur ouvrage que on puisse savoir. Aussi fait-on le papier et le vert-degris en France et on n'en fait point en Angleterre. »

d'un produit plus certain pour l'artisan que la terre
pour le paysan, à cause des intempéries auxquelles
celle-ci est sujette; le bénéfice de l'artisan est même
plus grand, parce que les manufactures lui fournissent
le moyen de multiplier les gains de cent pour cent, ce
que la terre ne peut faire pour l'agriculture; et plus
sûr, parce que les produits des manufactures sont
d'un débit plus aisé, et qu'ils sont moins sujets à se
gâter que les simples produits de la terre; enfin, bien
plus avantageux, parce qu'il arrive souvent qu'un
État ou une ville exporte beaucoup plus de produits
de ses manufactures que de ceux de son territoire
(Venise). » Si nous ajoutons que Serra signale au-dessus de ces causes de richesse la bonne organisation
gouvernementale, et dit en propres termes « que les
institutions politiques sont la base de la prospérité
des nations », nous en aurons dit assez pour justifier
son classement parmi les économistes comptant sur
les ressources du travail humain et l'initiative du pouvoir pour la création de la richesse.

En *Angleterre*, les discussions sur la monnaie et le
prêt à intérêt, chères au moyen âge, se prolongent jusqu'au début du dix-septième siècle. Dans un ouvrage
littéraire dédié à la reine Élisabeth, Stafford donne
le signal des recherches économiques en faisant ressortir, d'accord avec Davanzati et en même temps que
lui, les dangers de l'abaissement du taux des monnaies

(1581). Il semble, dit Ingram, avoir connu les écrits de Bodin. Thomas Culpeper publie, en 1621, un petit traité pour démontrer que le haut intérêt de l'argent est l'obstacle le plus redoutable à l'extension des affaires en Angleterre et maintient ce pays dans une réelle infériorité par rapport à la Hollande, sa rivale. Gérard Malynes (1621) se préoccupe des dangers de l'élévation du change au point de vue de la balance du commerce. Thomas Mun fournit pour la première fois (1621) un exposé clair et systématique de cette théorie[1]. Le grand objet de la politique économique d'un État est, selon lui, de combiner son exportation de produits manufacturés, son commerce et son régime douanier de façon à attirer l'argent étranger, c'est-à-dire à se rendre favorable la balance du commerce. Cependant il avait compris que la sortie des métaux précieux en échange de marchandises ne devait point être défendue, parce que ces marchandises peuvent ensuite être revendues à l'étranger avec bénéfice. Child enfin (1668 et 1690) préconise l'organisation économique de la Hollande et la propose à l'imitation de ses compatriotes. Ses *Brief observations concerning Trade and the Interest of money* insistent

---

1. Son traité le plus important, *England's Treasure by Foreign Trade*, a été publié après sa mort en 1664. Il a été traduit en français en 1674, et cette traduction a été plusieurs fois réimprimée. La lecture en est très attachante. L'auteur nous apprend qu'il avait lui-même exercé le commerce en Toscane, ce qui rattache ce premier essai de l'économie anglaise à l'influence italienne.

sur l'importance d'un bas revenu de l'argent et y
montrent la cause dominante du succès commercial de
la Hollande. Et au lieu de regarder ce taux peu élevé
comme dépendant de conditions déterminées, dont la
production est toute spontanée, il pense qu'il peut
être établi et maintenu par l'autorité publique. Il
n'admet pas que les colonies puissent commercer
autrement qu'avec la métropole; là encore l'autorité
interviendra pour interdire toute relation commerciale
avec d'autres États. Le mercantilisme s'élargit pourtant avec Child et devient une doctrine plus complexe
et plus critique. Il entrevoit déjà les imperfections de la
théorie de la balance du commerce, telle quelle était
entendue communément. Il montre d'abord à quelles
inexactitudes l'appréciation de la valeur et de la quantité des marchandises importées et exportées se trouve
exposée. Il ajoute en second lieu « que cette méthode
ou règle de juger, considérée simplement et relativement à chaque branche particulière de commerce, est
fautive. On s'en convaincra, dit-il, si l'on considère
qu'on ne peut juger d'aucune branche de commerce
particulière, relativement au profit et à la perte que
la nation y fait, en ne regardant que cette branche
de commerce seule et séparée des autres, mais
qu'il en faut juger par le rapport qu'elle a avec
le commerce général du royaume; car il peut
arriver qu'il y ait quelques pays auxquels fort peu
de marchandises d'Angleterre soient exportées,

et cependant celles que nous tirons de ces pays-là peuvent être si nécessaires au soutien de notre commerce en général ou à l'aliment de quelques branches particulières, que sans elles le commerce de la nation déchoirait beaucoup. » Et il cite comme exemple le commerce avec le Danemark et la Norwège qui, envisagé au point de vue de la balance du commerce, serait ruineux, mais qui fournit de l'emploi à deux ou trois cents vaisseaux de construction anglaise et procure à la marine de la Grande-Bretagne du bois, de la poix et du goudron qui sont pour elle des objets d'absolue nécessité. (*Trad. Gournay*, 1754, p. 325.)

En *France*, après Bodin, qui par ses prédilections pour le pouvoir royal et sa confiance dans l'efficacité de l'action gouvernementale pour régler les mouvements de la richesse, se rapproche parfois de l'école mercantile, Montchrétien de Vateville apparaît comme le plus pur représentant du groupe. On sait qu'obligé de s'expatrier à la suite d'un duel, ce poète distingué alla séjourner en Angleterre et que le spectacle de l'activité commerciale et industrielle de cette nation, qui était alors plus avancée que la France, l'émerveilla. Il n'a pu lire les ouvrages que nous venons de mentionner, sauf celui de Stafford et celui d'Antonio Serra ; mais le milieu où il vécut, les conversations qu'il eut sans doute avec des économistes en même temps qu'avec des marchands, la lecture de Bodin et d'Aristote excitèrent sa verve imaginative et lui inspirèrent un véritable chef-d'œuvre.

Montchrétien. — Son *Traicté d'Économie politique*, dédié en 1615 à la Reine mère et au jeune roi Louis XIII, est le premier où la science des faits économiques et l'art de les diriger portent le nom qui a prévalu en France : et ce nom est choisi par l'auteur précisément pour opposer l'Économie moderne, qui envisage l'utilité de l'État, à celle des anciens qui dépassait à regret, nous l'avons vu, le cercle des intérêts domestiques. Un État est, pour lui comme pour Aristote, un grand corps naturel dont le roi est la tête et où le pouvoir central, source de tout ordre et de toute unité, joue le rôle de l'âme dans l'organisme individuel. Il a sa fin en lui-même et doit se suffire. L'intérêt personnel est la loi primordiale de sa vie comme celle de tout corps vivant. De ce point de vue les règles de l'art économique apparaissent comme essentiellement relatives aux circonstances ; de là vient la diversité des solutions proposées par Montchrétien aux problèmes pratiques qui se posaient de son temps à notre pays, et c'est pour cette raison qu'il recommande, par exemple, de traiter différemment les étrangers selon qu'ils sont ennemis ou alliés. Nous ne retiendrons que ses principes les plus généraux.

Il y a cinq sources de richesses naturelles, qui sont les productions du sol : le blé, le vin, le sel, les laines et les toiles, sources plus abondantes et plus constantes que les mines d'or et d'argent exploitées par l'Espagne. Mais les richesses naturelles ne seraient rien sans le travail et l'industrie qui leur communiquent une valeur nouvelle. L'art doit se joindre à la nature pour suffire aux besoins des nations policées. Or, les anciens pensaient que les gouvernements n'avaient pas à s'occuper des arts mécaniques auxquels ils croyaient que l'instinct suffit et qu'ils dédaignaient. Ils ne savaient pas que dans un corps vivant les organes les plus humbles en apparence sont aussi indispensables que les autres et que la pensée créatrice a dû intervenir avec sollicitude pour déterminer leurs fonctions et régler leur activité. De même l'industrie nationale doit être administrée avec soin par le pouvoir royal, si l'on veut qu'elle produise la richesse dont le roi ne peut se passer pour l'entretien et la défense de toutes les parties de son royaume : car les intérêts du roi se confondent avec ceux de ses sujets. Dans la première partie de son ouvrage, Montchrétien examine donc ce que peut faire Louis XIII pour assurer la prospérité des divers arts : création d'ateliers publics où les innombrables vagabonds qui errent sur les chemins trouveront un emploi, introduction de manufactures étrangères, établissement d'écoles industrielles obligatoires, prohibition des produits étrangers, surveillance des fabriques nationales en vue d'une meilleure exécution des produits..

A cette occasion, il présente la première classification rationnelle des industries qui ait paru dans les temps modernes et qui semble ne rien devoir à celle de Platon.

Il distingue trois sortes d'arts selon qu'ils donnent le nécessaire, l'utile ou l'agréable. Le nécessaire, l'agriculture y pourvoit; notre auteur n'en méconnaît pas le prix, quoi qu'on en ait dit, et il se plaint de l'extension de ce que nous appelons le fonctionnarisme, qui enlève trop de bras aux travaux des champs. L'utile est desservi par une multitude d'arts entre lesquels tient le premier rang l'art de la forge, « l'art des arts, le commun élément de leurs éléments, la main de toutes les mains qui travaillent, le premier instrument de l'invention… le moyen que l'imagination, remuée par la curieuse recherche, a trouvé dans la nature pour amener à perfection tout ce qui dépend de l'opération artificielle. » ; viennent ensuite les arts du vêtement : chapellerie, tissage de la toile, draperie ; enfin le superflu est procuré (ici Montchrétien se trouve embarrassé pour séparer les arts du luxe des arts utiles) par l'industrie de la soie, la teinturerie, la confection des vêtements, la tannerie, la construction des édifices, l'imprimerie et la verrerie. Voilà donc l'industrie, tant méprisée de l'antiquité, enfin réhabilitée par la science économique et sociale, au début du dix-septième siècle. Il faudrait lire dans le texte les magnifiques paroles par lesquelles notre auteur, qui était poète, célèbre chacune de ces industries où la France excelle ou excellerait si elle voulait. « *L'heur des hommes*, dit-il en concluant, pour en parler à notre mode, *consiste principalement en la richesse, et la richesse au travail*. Ni plus ni moins que tous animaux qui ont sang ont cœur, tous pays qui ont richesse ont industrie. L'industrie y tenant tel lieu doit estre donc leur premier vivant et leur dernier mourant. » Et il proclame que le grand ressort de l'industrie est l'amour du gain, passion qu'il se refuse à condamner comme égoïste ; car c'est « la raison qui nous imprime cette affection, afin de nous induire avec plus de charme et d'attrait à nous pouvoir rendre utiles les uns les autres et jette quand et quand en nos cœurs la première semence de cette charité, qui ne nous commande pas seulement de nourrir, mais de vêtir les pauvres[1] ».

Maintenant, quelles sont les règles que le prince doit imposer au commerce ? Tel est l'objet du second livre. — Montchrétien soutient d'abord qu' « il est absolument au pouvoir du prince de restraindre le commerce à quoy il veut, de le charger ou descharger d'impositions selon qu'il lui vient à gré, principalement pour le regard des étrangers ». L'intérêt du

---

1. Voir p. 123 de l'édition récente de M. Funck-Brentano (Paris 1889) une page très éloquente sur le rôle social des différents arts « chaux et ciment qui joignent et lient au bastiment de la République les parties qui sont dissemblables de nature ».

prince ou de l'État est ici la seule règle. « Toute la
quintessence du gain que le trafic, le labeur et l'industrie de vos sujets amassent est, en cas de besoin,
pour fournir aux despenses de vostre Estat, aux
nécessités de vostre couronne ». « La richesse de vos
sujets est vôtre. » Il y a des cas où le prince a intérêt
de laisser au commerce étranger un libre cours, à
condition d'obtenir la réciprocité ; par exemple, nous
vendons plus que nous n'achetons à l'Espagne et à la
Hollande et ne perdons rien à commercer avec elles
sous des conditions égales. Mais ce sont des excep-
tions ; l'état normal des relations entre États est la
lutte : ils sont comme des corps affamés qui cherchent
par le commerce à entreprendre sur la substance les
uns des autres[1]. Il faut garder les produits naturels
avec un soin jaloux contre les convoitises de l'étranger. « L'entretien des Estats est comme celuy du corps
qui retient de la nourriture la portion nécessaire et
rejette seulement le superflu. » En exhaussant les
droits « forains » on obtient en toute certitude ou que
l'étranger abandonne son argent au profit de l'État, ou
qu'il renonce à l'achat des denrées, qui deviennent alors
plus abondantes et baissent de prix. « Quel si grand
mal y aurait, quand tous les bleds et les vins demeu-
reraient en ce royaume ? Le peuple en vivrait à meilleur marché la moitié. Est-ce pas la marque d'un bon

---

1. Les négociants étrangers vivant en France sont comparés à
des sangsues et à des poux.

et bien heureux règne? Mais il faut de l'argent et, n'en ayant point de notre creu, il faut en avoir des étrangers. Soyez curieux d'en faire recherche et vous trouverez qu'il en sort plus de vos pays que l'on n'y en apporte. C'est voirement par une grande et inexcusable négligence, car vos sujets ont assez d'industrie au bout des doigts, assez de pratique en toutes sortes de manufactures pour attirer au contraire chez eux l'or et l'argent des autres contrées, si le bon ordre règne une fois en cet Estat, sans envoyer ailleurs nos provisions et nos vivres que par pitié de cœur, comme on dit, et par une charitable assistance aux voisins. Que Vos Majestés en fassent l'essay et ne permettent point que l'on apporte les ouvrages de main qui procèdent de l'art des hommes, ni que l'on emporte les matières et denrées crues de ce royaume; elles auront bientost le contentement de voir que leur Estat a tout autant de facultés naturelles et acquises qu'il lui en faut pour bien agir et pour bien estre. »

On voit que dans ce passage Montchrétien ne se préoccupe pas moins de l'intérêt des peuples que de celui du fisc. La vie à bon marché est déjà un de ses soucis, et il se plaint, comme le feront à la fin du siècle Vauban et Boisguilbert, de la mauvaise répartition comme du détestable mode de collection des impôts. Il s'écarte notablement du système mercantile quand il dit : « Ce n'est point l'abondance d'or et d'argent, la quantité de perles et de diamants qui font les Estats riches et opulents, c'est l'accommodement des choses nécessaires à la vie et propres à la vie ; qui plus en a, plus a de bien. Quand tant de pistolles ne rempliraient nos coffres, qu'importerait, si comme à nos pères ces choses coûtaient peu, les ayant toujours en égale abondance. » « Ce ne sont, dit-il encore, ni les armées, ni les monceaux d'or qui conservent les royaumes, mais les sujets fidèles que l'on ne saurait forcer par contrainte, ni détourner de leur devoir par violence. » L'esprit souple et compréhensif de notre compatriote proteste par ces saillies en sens divers contre les formules trop étroites où l'on serait tenté de l'enfermer. Il est grand partisan de l'art, de l'industrie et de l'intervention du pouvoir en matière commerciale. Mais il n'oublie pas que l'art dérive de la nature et que le bonheur des sujets est la raison d'être du pouvoir royal.

Théorie et abus du crédit public.

C'était déjà une méprise que de regarder l'or et l'argent monnayés comme la richesse fondamentale d'un État et de compter exclusivement sur une habile réglementation de l'industrie et du commerce pour s'assurer cette richesse ; cependant, comme l'industrie suppose l'emploi de matières premières tirées du sol, l'agriculture ne pouvait manquer de profiter de son essor. Mais la doctrine, qui fait dépendre le développement de la richesse publique de l'action gouvernementale et en général de la volonté des hommes, devait revêtir une forme beaucoup plus hardie. On découvre, de la fin du dix-septième siècle au commencement du dix-huitième, les ressources qu'offre le crédit pour la multiplication des échanges et, conformément aux idées régnantes, on imagine de le remettre aux mains du pouvoir royal, comme un moyen nouveau de produire de la richesse. C'est le dernier effort et c'est la ruine des doctrines *artificialistes*, si l'on nous permet ce mot, qui auront par conséquent régné en Europe de 1570[1] environ à 1721, année qui voit la chute du système de Law.

1. Nous ne nions pas qu'on n'en puisse trouver des exemples antérieurement à cette date. Ainsi, dans le Débat des hérauts d'armes de France et d'Angleterre, déjà cité et qui est de 1456, on voit le héraut d'Angleterre se prévaloir des mesures prises par son pays pour se rendre la *balance du commerce* favorable. « Il y a, dit-il, une ordonnance ancienne en Angleterre que jamés les marchans (anglais) ne emportent en estrange pays ne or, ne argent hors du dit royaume, ou bien peu, mais largement peuvent emporter des marchandises... lesquelles ils vendent à or et à argent et l'apportent en leurs maisons et en leur royaume, et ainsi soubtivement tirent et emportent en leurs maisons et royaume l'argent des pays leurs voisins... Que en marchans estrangiers portant vins et autres marchandises en Angleterre, les Anglais leur laissent vendre leur marchandise, mais jamés ne souffrent qu'ils emportent l'argent, mais faut par nécessité qu'ils achaptent marchandise ou qu'ils troquent o celle d'Angleterre. Si ce n'est pas de merveille, s'il y a grant richesse en Angleterre d'or et d'argent, car l'on en apporte toujours et on n'en laisse point emporter. » Ce passage prouve que l'Angleterre chez laquelle les pouvoirs féodaux délégués en une fois par le roi conquérant n'ont jamais été aussi indépendants de la couronne qu'en France et qui acquit plus tôt que la France, comme le prouve la guerre de Cent ans, la conscience de son unité nationale, a inauguré de bonne heure le régime mercantile ; mais il n'en est pas moins vrai que ce régime n'a été systématisé et ne s'est généralisé que plus tard. Il ne faut pas inférer de ce que le quinzième siècle nous en fournit cet exemple qu'il est un des traits essentiels de l'économie féodale : au contraire il est le symptôme de la constitution des grandes nationalités, qui marque elle-même la fin de l'époque féodale. Il se développe dans la mesure où l'intérêt général, le bien public est conçu, dans une nation donnée, comme la règle de l'activité économique, mais avec cette réserve que le bien public et l'intérêt du prince, la richesse publique et le trésor royal sont encore identifiés. Pendant l'époque féodale, l'idée du bien public est encore très vague, et toutes les fonctions gouvernementales sont l'objet de conventions personnelles entre le vassal et le suzerain. Nous ne pouvons partager ici l'opinion de M. Funck-Brentano, qui appelle le régime mercantile *patronal* ou *féodal* (voyez son *Introduction* au *Traicté* de Montchrétien).

D'autre part, le *Querist* de Berkeley est de 1735 et un Espagnol,

Law. — Des banques publiques avaient été fondées, en 1157, à Venise, en 1349 à Barcelone, à Gênes en 1407, à Lyon en 1543, à Amsterdam en 1609, à Hambourg en 1619, à Londres en 1694. Simples banques de dépôt à l'origine, et n'émettant du papier que sur la garantie d'espèces réelles, frappées par elles, elles étaient devenues peu à peu, pour répondre aux besoins d'un commerce de plus en plus lointain et complexe, des banques de circulation, dont le papier empruntait sa valeur à la confiance qu'elles inspiraient. Law avait vu fonctionner de près celle d'Amsterdam et péricliter celle d'Écosse ; et tout un système économique était né dans l'esprit de ce joueur de génie au spectacle de leurs opérations.

Le numéraire, pense-t-il, n'est pas seulement nécessaire aux échanges. Il est la rémunération du travail, et comme beaucoup de bras restent inactifs parce qu'aucun travail ne leur est offert, plus il y aura de numéraire dans une nation, plus il y aura de travailleurs occupés. Alors des ouvriers accourront de l'étranger pour profiter de l'offre. « Les familles seront en outre plus nombreuses, étant plus à l'aise. En sorte

---

Ustaritz, mercantiliste attardé, écrivait encore en 1740 : « Il est nécessaire d'employer avec rigueur tous les moyens qui peuvent nous conduire à vendre aux étrangers plus de nos productions qu'ils ne nous vendront des leurs. C'est là le secret et la seule utilité du commerce. » On trouverait plus avant encore dans le cours du siècle des traces d'idées mercantiles. Par exemple, l'*Esprit des Lois*, 1748, accuse encore leur influence. Rien ne commence, ni ne finit brusquement dans la vie sociale.

que l'augmentation du numéraire produit un surcroît de population. Cela se voit aussi bien dans les campagnes que dans les villes, car l'agriculture a le même besoin de numéraire que l'industrie des manufactures. La monnaie est donc le principe du travail, de la culture et de la population. Les pays riches sont ceux où il existe beaucoup de monnaie ; les pays pauvres sont ceux où elle est très rare. »

L'abondance du numéraire n'est pas seulement une cause de prospérité, elle est la condition sans laquelle il n'y a pas de justice possible dans les relations économiques. « En effet, il y a lutte perpétuelle entre les propriétaires des choses et les détenteurs de l'argent. Les premiers font la loi aux seconds quand les denrées et les marchandises de toute nature sont rares ; et ils subissent, par contre, la loi de leurs adversaires quand elles deviennent communes. Cependant la justice et l'intérêt général veulent que la valeur ou le prix des choses ne dépasse jamais la limite des frais de production. Il n'y a qu'un moyen pour atteindre ce résultat, c'est de faire que la monnaie soit constamment en équilibre avec la quantité des choses, hypothèse qui se réalisera du moment que l'on pourra fournir sur des garanties réelles du numéraire à tous ceux qui en réclameront. »

Le numéraire est donc une richesse qui a le caractère d'en produire d'autres, en tant qu'elle met en valeur des forces productrices qui resteraient sans emploi, et la justice est intéressée à ce qu'il soit abondant.

Mais, en quoi consiste précisément le numéraire? Il y a deux éléments à considérer dans la monnaie : 1° le métal qui la compose ; 2° l'empreinte. Or, le métal est une marchandise comme une autre : un lingot de métal, sans l'empreinte qui en fait une monnaie, ne serait certainement pas accepté en échange d'autres marchandises ou de travail, et ne présenterait pas l'utilité que nous venons de reconnaître à la monnaie. Ce qui en fait un instrument d'échange, ce qui le rend circulable, c'est la garantie de l'État qui l'a doué du pouvoir de représenter pour tous une valeur déterminée. C'est cette garantie qui lui confère sa valeur propre, valeur qui n'est en rien imaginaire, bien que dépendant de l'action de l'État, et qui s'ajoute à la valeur du lingot comme marchandise.

Si l'on pouvait séparer le second de ces deux éléments de l'autre, on pourrait augmenter indéfiniment la quantité de numéraire, puisque ce second élément dépend de la volonté humaine[1]. Malheureusement, on a essayé beaucoup de moyens pour atteindre ce but ; ici, la dénomination de la valeur des monnaies a été élevée ; là, elle a été abaissée, mais jamais on n'a réussi à s'affranchir des limites qu'impose à la valeur fiduciaire de la monnaie la valeur intrinsèque commerciale des lingots qui la composent.

1. Dutot est encore ici plus formel que Law.

Eh bien, ce qui ne peut se faire avec la monnaie métallique, les banques sont parvenues à le faire avec la monnaie de papier. Les billets circulent sur la garantie fournie par la banque, exactement comme le ferait le numéraire en or ou en argent, et même avec supériorité, puisqu'ils rendent les échanges plus prompts et plus faciles, qu'ils ont une valeur plus fixe, qu'ils ne se prêtent pas aussi facilement aux fraudes de toutes sortes et rendent l'exportation inoffensive. Mais ils offrent de plus cet immense avantage que, tandis qu'il en circule pour une somme égale aux dépôts, la banque, usant de son crédit, peut prêter encore pour des sommes considérables, et « plus elle prête, plus elle ajoute au numéraire disponible ». Le problème de l'extension à volonté du numéraire est donc ainsi résolu, et le travail, avec la prospérité qu'il amène, peut, par ce moyen, être multiplié dans une large proportion. C'est ce qu'ont fait les banques d'Amsterdam et de Londres et la banque d'Écosse.

Cette dernière a été, il est vrai, contrainte de suspendre ses paiements. Mais qu'on suppose les gouvernements solidaires des banques, et l'on verra que ces accidents peuvent être prévenus. « *Le crédit est une chose volontaire*[1]. » Il suffit que le Gouvernement émette de petites coupures pour laisser le temps aux espèces de rentrer à la banque, ou qu'il baisse le taux de la

---

1. *Considérations sur le numéraire*; collection des Économistes financiers p. 402.

monnaie autant de fois que cela est nécessaire : la seule annonce de la proclamation de ces mesures refera le crédit, pourvu qu'il y ait dans le royaume le nombre voulu d'espèces en circulation. D'ailleurs, on peut toujours assigner des terres en nantissement des valeurs émises.

Voilà la philosophie du « système » de Law. Il n'y en a pas d'autre dans les Lettres que l'abbé Terrasson écrivit en 1720, à l'instigation de Law, pour la défense du système devant l'opinion alarmée. Il n'y en a pas d'autre dans les ouvrages du Bordelais Melon, qui fut le secrétaire du célèbre spéculateur. Le crédit, pour l'élève comme pour le maître, dépend toujours du gouvernement ; il est « arbitraire »[1].

« *Une bonne banque est celle qui ne paie point*, principe dont on a fait une plaisanterie, mais qui, bien en-

---

1. Même volume : *Essai politique sur le commerce*, pages 801 et 804. Montesquieu, au livre XXII de l'*Esprit des Lois*, a étudié avec perspicacité la monnaie et le change : il est le reflet des derniers partisans du système mercantile, avec cette réserve qu'écrivant après la chute du *système*, il a su se garder des erreurs de Melon et il a flétri dans les *Lettres persanes* (CXLII et CXLVI) les entreprises de Law. Il reconnaît que non seulement le papier, mais la monnaie, est un signe et a une valeur comme signe, distincte de sa valeur comme marchandise. Mais il soutient que la valeur idéale varie avec la valeur réelle et que nulle volonté arbitraire ne peut changer le rapport naturel qui les unit. Ses autres idées économiques sont sans importance ; il a donné seulement, dans quelques chapitres de l'*Esprit des lois*, de bons modèles d'études historiques sur la matière et sous ce rapport il est supérieur aux Physiocrates. Turgot dit avec raison dans ses *Lettres* que Melon et Montesquieu ne peuvent être jugés avec équité que si l'on se souvient qu'ils sont antérieurs à l'essor de l'Économie politique (vers 1755).

tendu, est solidement vrai »; celle qui ne paie point, c'est-à-dire celle à qui le gouvernement garantit le cours forcé. Dutot[1] est aussi enthousiaste pour le « système »; il professe les mêmes idées. La pierre philosophale était découverte[2]. Le moyen était enfin trouvé pour les gouvernements de faire de l'or, de fabriquer de la richesse à volonté, sinon indéfiniment (on sent bien qu'il y a une limite); du moins dans la mesure du besoin, autant qu'il est nécessaire pour mettre le numéraire en équilibre avec la valeur présumée des choses, pour s'assurer une balance du commerce favorable et pour donner de l'emploi à toutes les forces productives disponibles.

On sait comment les propositions de Law, acceptées par le Régent, précipitèrent la banqueroute qu'elles devaient conjurer. La banque d'Angleterre croula elle-même quelques années plus tard, après une période de prodigieuse prospérité. Nous laissons à l'historien le soin de raconter les détails de ces catastrophes. Elles forment l'épilogue de la première phase de l'Économie politique moderne.

---

1. *Réflexions sur le commerce et les finances*.

2. Nous ne pensions pas si bien dire. C'est justement le mot dont se sert Berkeley : une banque nationale est la vraie pierre philosophale. Son *Querist* est un amas de 595 questions formant un traité d'Économie politique du type mercantile le plus pur. Mais on y trouve, outre une très brillante interprétation des idées principales de Law, des vues sociologiques de haute portée, notamment sur le rôle de l'opinion dans les phénomènes économiques et sur les effets de l'imitation. Le *Querist* a été publié de 1735 à 1737.

CHAPITRE II

I. — Les prédécesseurs des Physiocrates.

Revenons de quelques années en arrière et plaçons-nous à la fin du long règne de Louis XIV.

La lutte à outrance pour l'hégémonie de la France contre les nations européennes, sur le terrain économique comme sur les champs de bataille, avait, après de brilllants succès, épuisé les forces du pays[1]. Louis XIV laissait la population des campagnes dans une effroyable misère. Le cœur des honnêtes gens capables de mesurer l'étendue et la profondeur du mal ne pouvait manquer d'en être ému. A l'intérêt, aux droits de la couronne, ils allaient opposer l'intérêt du peuple, les droits de l'humanité. Avant la fin du règne, Boisguilbert et Vauban font entendre un appel éloquent à la pitié en faveur des misérables

---

1. Voy. *Le désordre des finances à la fin du règne de Louis XIV*, par A. Vuitry, de l'Institut, 1885, et le *Vauban*, de la petite bibliothèque économique Guillaumin, avec une *Introduction* de Georges Michel.

écrasés par ce régime de compression et de rapine. Mais ils n'ont d'espoir que dans la royauté elle-même pour la guérison des maux qu'elle a causés ; leur but est de toucher le cœur du roi ; s'ils n'y réussirent point, nous verrons que leurs successeurs, les physiocrates, furent plus heureux auprès de Louis XV et de Louis XVI. C'est là un des traits de l'économie politique de l'époque ; un grand mouvement de sympathie pour les souffrances des humbles est à l'origine de la transformation qu'elle subit. Ce sentiment était sinon inconnu du moins beaucoup plus rare à l'époque précédente.

Vauban avait eu l'occasion de visiter à plusieurs reprises toutes les parties du royaume et avait étudié de près les conditions économiques de la vie populaire. Il soupçonnait que toute cette détresse résultait d'une fausse conception de la richesse ; la richesse, disait-il, n'est pas dans la possession de grandes quantités d'or et d'argent ; elle réside dans l'abondance et le bon marché des denrées nécessaires ; elle réside encore dans le nombre et la valeur des citoyens. L'ouvrier qui produit, le laboureur qui féconde le sol, toute la masse du menu peuple si dédaigné jusque-là sauf par Montchrétien, prirent à ses yeux une importance et une dignité nouvelles. Il comprit que l'intérêt du prince ne pouvait être autre que celui du peuple ; le roi ne fut plus à ses yeux que la tête d'un vaste corps dont aucun organe ne peut souffrir sans

que la vie générale ne soit menacée. Il posa dans sa
Dîme royale[1] comme une sorte d'axiome économique
que si le pouvoir central a le droit d'exiger du peuple
en échange de la protection qu'il lui accorde de quoi
subvenir aux charges de l'État, cette contribution doit
être proportionnée au revenu de chacun et que personne n'en doit être exempt ; que « tout privilège par
conséquent qui tend à l'exemption de cette contribution est injuste et abusif ». L'idée de justice s'introduit ici dans l'économie politique, jusqu'alors entièrement réduite à une Chrématistique nationale sans
âme et sans conscience, à l'art de remplir à tout prix
les caisses de l'État[2]. C'est de ce sentiment d'humanité et de justice que dérive le projet d'impôt unique
proportionnel, la dîme royale, que nous propose
Vauban, et qui n'était point si radical qu'il paraît au
premier abord, atténué qu'il était et mis en harmonie
avec les exigences de la réalité politique par son
auteur même. On sait que la coalition des hommes de
cour et de finance, qui avaient tout à perdre à sa réalisation, obtint sans peine du roi la disgrâce de Vauban
et la condamnation du livre ; on sait que Boisguilbert,
qui joignit ses demandes de réformes aux siennes,

---

1. La *Dîme royale* ne fut imprimée qu'en 1707, mais elle était
complétement terminée dans les premiers jours de l'année 1699.

2. Melon, suivant les principes du système mercantile, propose
au législateur, dans un chapitre spécial, l'étrange problème de
savoir si la substitution de l'esclavage à la domesticité ne serait
pas une mesure à prendre dans l'intérêt de l'État.

subit bientôt le même sort. Mais leurs livres restèrent comme des modèles proposés à l'imitation des économistes.

Ce qui nous y semble le plus digne de remarque, c'est, après l'élan de générosité qui les fit naître, la méthode avec laquelle ils furent composés. La statistique la plus patiente et la plus minutieuse y est mise au service des sentiments les plus élevés. Le premier qui avait su manier cet instrument par excellence de l'Économie politique est un Français du seizième siècle, encore caché pour nous sous le pseudonyme de Froumenteau, qui, dans son *Secret des finances*[1], mêle un peu encore l'imagination à l'arithmétique pour assombrir le tableau des ruines accumulées par les guerres de religion. Montchrétien en avait usé avec discrétion, en littérateur. Mais Boisguilbert et Vauban en font un large emploi et y excellent. La *Dîme royale* s'appuie sur des analyses numériques multipliées et puisées aux sources les plus authentiques. Elle réclame de plus le *dénombrement* annuel de tous les éléments de la richesse publique en France[2]. Elle est

1. *Le secret des finances de France, découvert et départi en trois livres, par N. Froumenteau, et maintenant publié pour ouvrir les moyens légitimes et nécessaires de payer les dettes du roy, décharger ses sujets des subsides imposés depuis trente et un ans et recouvrer tous les deniers pris à sa Majesté*, 1580.

2. Quelques années après, l'abbé de Saint-Pierre écrivait un *Mémoire sur l'utilité des dénombrements*. « Notre politique, lit-on dans ce mémoire, est encore dans l'enfance, puisque nous en sommes à dire que nos ministres, chacun dans leur département,

tellement pénétrée de la méthode des sciences positives qu'elle propose une application partielle de la réforme dans deux ou trois provinces, à titre d'*expérience*. On voit combien ce grand esprit devançait son temps, car l'idée d'une politique expérimentale est pour nous toute récente et reste encore fort contestée.

Les physiocrates ne continuent pas seulement Vauban et Boisguilbert ; ils recueillent les fruits d'une longue série de recherches techniques poursuivies par les économistes anglais depuis le dernier tiers du siècle précédent.

William Petty, 1623-1687. Child avait déjà relevé

devraient avoir soin de procurer au public des renseignements exacts de tout ce qui entre dans la science du gouvernement. L'académie politique (c'était un des projets de l'abbé) devait être chargée de ce soin. Il faut que plusieurs de ces dénombrements soient imprimés au moins tous les cinq ans, afin que, tombant entre les mains des politiques spéculatifs, ils puissent en faire des combinaisons utiles au bien public. Il serait facile à un intendant de savoir combien, année commune, il croît de différents blés dans chaque paroisse de son intendance, et cela par les dîmes, et combien d'habitants. Nous voyons que le Parlement d'Angleterre demande souvent les dénombrements de telles ou telles marchandises qui entrent ou qui sortent du royaume en telles ou telles années, et c'est sur ces fondements solides qu'ils fondent les règlements utiles au commerce de la nation. » L'emploi des statistiques devient général dans les mémoires d'économie politique et dans les études de l'administration elle-même à partir du milieu du siècle. Turgot, écrivant à Josias Tucker, sollicite de lui avec instance l'envoi de renseignements statistiques : toute son œuvre administrative repose sur ce « fondement solide ». L'Angleterre nous avait, en effet, devancés dans cette voie (voir plus loin ce qui est dit de Petty), et l'abbé de Saint-Pierre connaissait à fond tout ce qui se passait chez « nos voisins les Anglais et les Hollandais » dans l'ordre économique.

certains inconvénients du système règlementaire,
qu'on pourrait appeler système de l'égoïsme national
mal entendu. Petty s'en éloigne encore davantage,
bien qu'il n'ait toujours en vue que la grandeur de
l'Angleterre et n'ait recours aux étrangers que par
patriotisme. Sa vie occupe la période où l'Angleterre
poursuit, à travers de sanglantes révolutions, son
affranchissement religieux et politique, fait échec à la
Hollande jusqu'alors reine des mers du nord, refoule
les accroissements de la marine française, s'organise
puissamment pour l'industrie et pour le commerce, et
alors, protégée contre toute concurrence par l'*acte de
navigation*, aspire à nouer des relations d'affaires plus
actives avec les autres nations de l'Europe. Il préconise donc une politique de paix et assigne comme but
unique au pouvoir royal le développement des
ressources du pays. L'instrument par excellence
de cette politique d'expansion économique, c'est, suivant Petty, la statistique, c'est-à-dire le dénombrement
exact des éléments de la richesse nationale. Chargé,
alors qu'il était médecin des armées révolutionnaires[1],
et en raison de ses connaissances mathématiques,

---

1. Petty était venu en France à quinze ans avec une petite provision de marchandises, pour faire ses études à l'Université de
Caen. Il les avait continuées à Paris et en Hollande. Il était ensuite
rentré en Angleterre et avait enseigné la musique et la médecine.
Il s'était fait remarquer par ses inventions mécaniques. Plusieurs
de ses essais parurent en français en même temps qu'en anglais.
Il cite une *Hydrographie* de Fournier, sorte de statistique de la
marine française, ouvrage alors classique.

de reviser une distribution de terres faite aux soldats de Cromwell en Irlande, il avait profité de l'occasion pour tracer une sorte d'*anatomie* de la malheureuse île d'après la méthode des sciences naturelles préconisée par Bacon. De même, dit-il, pour tout pays il est possible d'évaluer ses ressources et de déterminer l'avenir qui lui est réservé, si l'on veut examiner les conditions de son territoire et de ses côtes d'une part, sa population de l'autre avec la proportion des divers métiers : le travail humain et la terre étant les deux facteurs inséparables de toute richesse. C'est ce que Petty appelle l'*arithmétique politique*. Il soutient qu'un pays moins étendu peut nourrir plus d'hommes, posséder plus de richesses, mettre sur pied des forces plus considérables qu'un pays qui l'est d'avantage ; que l'Angleterre par conséquent peut l'emporter sur la France, malgré la moindre surface de son territoire. D'abord, dit-il, Londres, est plus peuplé que Paris, Rome et Rouen pris ensemble ; et cette agglomération de population est la condition la plus favorable pour le développement de l'industrie. « Le gain qui résulte des manufactures est d'autant plus grand que la manufacture est plus grande et meilleure (*sic*). Car dans une cité aussi vaste, les manufactures naîtront les unes des autres et chaque manufacture sera divisée en autant de parties que possible, ce qui rendra simple et facile le travail de chaque artisan ; par exemple, dans la fabrication d'une montre, si un ouvrier fait les roues, un autre le ressort, un autre la gravure du cadran, un autre la boîte, alors la montre sera meilleure et moins chère que si l'ouvrage entier avait été exécuté par un seul. Et nous voyons aussi que dans les villes diverses et dans les différentes rues d'une grande ville, là où tous les habitants appartiennent presque tous à un même commerce, le genre d'objets qu'on tient spécialement en cet endroit est meilleur et à meilleur compte que partout ailleurs. » (*Multiplication dans l'humanité*, p. 35.) Il en est de même dans la campagne ; jusqu'à une limite très éloignée, plus il y a d'hommes sur une terre, plus cette terre produit et plus elle en peut nourrir de nouveaux. C'est pour cela que les terres ont plus de valeur près des villes qu'au milieu des solitudes. Déjà le sol anglais porte, si on défalque les citoyens improductifs (les prêtres), beaucoup plus nombreux en France qu'en Angleterre, autant de population utile que le sol français. Mais on pourrait l'accroître bien davantage. Il suffirait de permettre aux étrangers d'acheter des terres en Angleterre[1]. Avec le produit de ces ventes, un bon nombre de jeunes gens pourraient s'engager dans le commerce et l'intervention de ces capitaux multipliés par les banques doublerait la

---

1. Petty ne craint pas que ces étrangers causent du trouble dans l'État, même s'ils sont d'une religion différente de celle de la majorité, parce qu'il a remarqué que les minorités dissidentes réussissent d'ordinaire parfaitement dans le commerce et sont un nouvel élément de prospérité.

richesse de l'Angleterre. La puissance maritime de l'Angleterre croîtrait d'autant. Dès ce moment (1582), elle est sûre de l'empire des mers. La France ne pourra rivaliser avec elle, parce que des causes durables, comme le défaut de ports, ou absolument permanentes, comme l'insuffisance de sa marine marchande qui tient elle-même à la variété de ses produits, l'empêcheront d'avoir une puissante marine de guerre. A plus forte raison ces résultats seront-ils sûrement obtenus si l'Angleterre se persuade que, loin d'être en décadence, elle a gagné pendant ces 40 dernières années en richesse et en force et que les obstacles qui s'opposent à son agrandissement sont tous faciles à écarter. Il faut qu'elle unifie la législation et l'administration des trois royaumes, qu'elle ne craigne pas l'élévation des impôts qui est un signe, bien plus, qui est une cause de richesse, qu'elle fasse porter ces impôts, non sur la terre seule, mais sur le travail et les produits manufacturiers, qu'elle égalise les circonscriptions administratives, qu'elle s'abstienne d'intervenir par des mesures arbitraires dans la fixation du taux de l'intérêt, et laisse enfin la volonté nationale se manifester librement. C'est en grande partie le programme de la monarchie constitutionnelle établie par la révolution de 1688, un an après la mort de Petty.

Dudley North. — La première affirmation de la doctrine du libre-échange contre le système de la prohibition adopté par la première révolution anglaise, se rencontre dans les *Discours sur le commerce* de Dudley North, publiés en 1691. Il montre que la richesse peut exister indépendamment de l'or et de l'argent, ayant sa source dans l'industrie humaine, appliquée soit à la culture du sol, soit aux manufactures. Les métaux précieux cependant sont un élément de la richesse nationale et remplissent des fonctions importantes. La monnaie peut exister en excès aussi bien qu'en défaut dans un pays, et la quantité de monnaie requise pour les besoins du commerce varie avec les circonstances; les oscillations de son niveau se règlent elles-mêmes spontanément. C'est une erreur de croire que la stagnation des affaires résulte d'un manque de monnaie; elle peut venir d'un engorgement du marché national ou d'un trouble dans le commerce extérieur, ou d'une diminution de la consommation causée elle-même par la pauvreté. L'exportation de l'argent au cours du trafic accroît la richesse nationale loin de la diminuer, parce que le commerce s'alimente d'un échange du superflu. « Le monde entier sous le rapport du commerce est comme une nation ou un peuple où les nations sont comme des personnes. » « La perte du commerce avec une nation n'est pas seulement cette perte même, considérée isolément; c'est une partie correspondante du commerce universel qui périt avec elle, car tout est combiné dans ce grand ensemble. » Au sujet de l'intérêt du capital, North maintient qu'il dépend, comme le prix d'une commodité quelconque, de la proportion de l'offre et de la demande, que le bas intérêt dépend de l'accroissement relatif du capital, et qu'il ne peut être produit par des régulations arbitraires, comme l'ont cru Child et d'autres économistes de son groupe. En général « aucune loi ne peut fixer les prix dans les échanges; ils s'établissent d'eux-mêmes, et quand les lois ont quelque prise sur ces phénomènes, elles entravent le commerce et sont par conséquent nuisibles. » « Nous pouvons dépenser beaucoup de peine pour *enfermer le coucou sur nos terres;* c'est en vain, car aucun peuple n'est devenu riche par des mesures administratives; ce qui enrichit, c'est la paix, l'industrie et la liberté. » On verra bientôt à quel point Adam Smith a profité des idées de Dudley North; Locke semble ne pas l'avoir connu.

Locke. — L'ordre politique établi en Angleterre après la révolution de 1688 supposait l'existence de droits naturels inhérents à chaque individu, antérieurement à toute convention sociale. La théorie du droit naturel, conception semi-biblique, semi-stoïcienne, singulier mélange de foi et de raison, a été exposée, par Locke dans ses *Traités sur le gouvernement civil;* nous la retrouverons tout à l'heure quand nous traiterons de la philosophie politique des physiocrates qui n'en est qu'une copie. Mais Locke a joint à cette

théorie dans son chapitre sur *la Propriété des choses*
un exposé des principes les plus généraux de l'Économie politique que nous devons résumer d'abord.

.. D'après Locke, Dieu a donné en commun la terre
au genre humain. Dans l'état de nature, rien n'est en
propre à personne. Pour qu'un individu puisse utiliser
les productions de la terre, il faut qu'il s'en approprie
une partie. Comment se fait cette appropriation? Par
le travail. Chacun s'appartient en effet à lui-même,
son corps est à lui, l'activité de ses mains est à lui, et
le produit de l'activité de ses mains est à lui, pour la
même raison. « Un homme qui se nourrit de glands
qu'il amasse sous un chêne, ou de pommes qu'il
cueille sur des arbres, dans un bois, se les approprie
certainement par là... Il est visible qu'il n'y a rien
qui puisse les rendre siennes que le soin et la peine
qu'il prend de les cueillir et de les amasser. Son
travail distingue et sépare alors ces fruits des autres
biens qui sont communs ; il y ajoute quelque chose
de plus que la Nature, la mère commune de tous,
n'y a mis, et par ce moyen, ils deviennent son bien
particulier. »

La Raison naturelle et la Révélation qui fondent ce
droit le limitent de la même manière. Si l'on prend
des biens naturels plus qu'il n'est nécessaire pour
son usage, on frustre ses semblables. Si quelqu'un
ramasse des fruits au delà du besoin et que ces fruits
se corrompent, il commet une usurpation sur les

droits du prochain. Une autre limite se rencontre dans le pouvoir d'appropriation lui-même ; le travail ne peut s'exercer que sur une quantité de matière limitée, et par suite, ce que le travail de chaque individu laisse en dehors de ses prises reste nécessairement à tous les autres.

La même loi régit l'appropriation de la terre. Elle est à celui qui la défriche et la cultive, comme l'eau d'un ruisseau est à celui qui la recueille pour la boire. Mais la possession de la terre est soumise aux mêmes conditions que celle des fruits. « Si l'herbe de son clos se pourrit sur la terre ou que les fruits de ses plantes ou de ses arbres se gâtent, sans que cet homme se soit mis en peine de les recueillir, ce fonds, quoique fermé d'une clôture et de certaines bornes, doit être regardé comme une terre en friche et déserte, et peut devenir l'héritage d'un autre. »

« La propriété fondée sur le travail est donc capable de balancer la communauté de la terre. Certainement c'est le travail qui met de différents prix aux choses. Qu'on fasse réflexion à la différence qui se trouve entre un arpent de terre où l'on a planté du tabac et de la canne à sucre, ou semé du blé ou de l'orge, et un arpent de terre qui est laissé commun, sans propriétaire qui en ait soin : et l'on sera convaincu entièrement que les effets du travail sont la plus grande partie de la valeur de ce qui provient des terres. Je pense que la supputation sera bien modeste si je dis que, des productions d'une terre cultivée, neuf dixièmes sont des effets du travail. Je dirai plus. Si nous voulons priser au juste les choses,... nous verrons qu'avec la plupart des revenus, 99 pour 100 doivent être attribués au travail. » (Exemple : toutes les opérations nécessaires pour la production d'un pain, ou la construction d'un vaisseau.)

Le fondement de la propriété est donc la personne humaine et l'activité de l'homme. On tire des mêmes principes l'explication des formes complexes de la propriété comme celle des formes simples.

Ce qui fait l'excès des provisions recueillies par un individu sur le domaine commun, c'est l'impossibilité où il est de les consommer avant qu'elles se corrompent. Si donc il en donne une partie avant ce moment, ou s'il en troque une partie contre des objets moins corruptibles ; si, par exemple, il échange des pommes contre des noix, il cesse d'empiéter sur le droit d'autrui ; l'excès devient un simple surplus (§ XXII). Tel est le résultat de l'emploi de l'argent et du commerce ; ils permettent l'accumulation des richesses en de certaines mains sans que cette accumulation fasse tort au reste des hommes. Ils établissent une inégalité légitime. Le consentement des hommes, en effet, en consacrant l'existence de la monnaie et en permettant le commerce, a légitimé du même coup les conséquences qui ne peuvent manquer d'en sortir (§ XXV).

Ces doctrines eurent un retentissement multiple au cours du dix-huitième siècle ; nous en retrouverons l'écho dans les conceptions de Smith et de Jean-Jacques. A côté de ces vues philosophiques sur l'origine de la propriété, les œuvres de Locke présentent des thèses d'ordre plus proprement économique, soutenues dans trois petits traités parus de 1692 à 1695, dont le plus important porte le titre de *Considérations nouvelles sur l'abaissement de l'intérêt et l'élévation du taux de la monnaie*[1]. L'Angleterre souffrait alors beaucoup de la mauvaise fabrication de sa monnaie d'argent qu'on pouvait impunément rogner, au point qu'elle n'avait plus en moyenne que la moitié de son poids légal. Les transactions étaient paralysées, le prix des denrées montait ; le malaise était profond et le gouvernement ne croyait pouvoir y remédier qu'en élevant par décret le taux de la monnaie ancienne ou en frappant des monnaies nouvelles, de titre inférieur, mais de même nom. Locke, après une campagne active, réussit à lui épargner cette faute, et obtint en 1695 la refonte loyale des monnaies. Il ne réussit pas à empêcher la diminution par l'autorité royale du taux de l'intérêt qui eut lieu après sa mort, sous la reine Anne.

Sur ces deux questions, les solutions de Locke sont libérales. L'or et l'argent, dit-il, sont des commodités

1. Ces petits traités sont introuvables. Nous empruntons ce qui suit à l'excellent ouvrage de M. Fowler, sur Locke.

qui ne diffèrent pas en nature des autres commodités ;
il est impossible d'élever par des actes arbitraires du
gouvernement la valeur des pièces d'or et d'argent,
Vous pouvez, il est vrai, ordonner par un Acte du Parlement que six pence devront dorénavant s'appeler
un schelling, mais rien ne sera changé en réalité,
puisqu'ils n'achèteront tout de même que pour six
pence d'objets consommables. Vous trouverez bientôt
que le nouveau schelling fait sur le marché l'effet des
anciens six pence, et par conséquent, si le gouvernement a pris la différence, il a simplement volé
d'autant ses sujets. Il en est de même de l'intérêt de
l'argent ; le prix du louage de l'argent ne peut, dans
les conditions ordinaires, être réglé par la loi, et, s'il
est réglé de la sorte, sa réduction au-dessous du taux
naturel ou du taux du marché sera préjudiciable aux
intérêts du public. La loi sera éludée, et elle gênera les
affaires inutilement. Elle accroîtra les difficultés du
prêt ; elle déterminera les propriétaires de capitaux à
thésauriser ; elle ralentira la circulation et paralysera
l'industrie comme le commerce. Locke est donc bien
le prédécesseur des physiocrates dans cette série de
considérations qui reposent sur l'existence de lois
naturelles, et particulièrement sur la loi de l'offre et
de la demande, qu'il a nettement formulée. Il les
annonce encore en déclarant que quelle que soit la
main qui verse l'impôt au Trésor, c'est toujours, en fin
de compte, sur le fonds produit par le cultivateur que

cet impôt est levé. Mais en dehors de ces thèses où il combat Child, Locke est comme lui un partisan du système mercantile et de la balance du commerce.

Plaçons en regard de ses doctrines celles de Cantillon qui leur sont symétriques et visent manifestement à les compléter.

Cantillon.— Dans une de ses lettres (1er janvier 1771), Turgot, énumérant ceux qui ont le plus contribué à la formation de l'économie politique, nomme Melon, Montesquieu, Hume, *Cantillon*, Quesnay, et M. de Gournay. Qu'est-ce que Cantillon? on sait que ce fut un négociant d'origine irlandaise [1] (sa famille était l'une des familles nobles du comté de Kerry) qui, ayant déjà prospéré à Londres, vint à Paris quelque temps avant Law, y fonda une banque, et par ses relations dans la haute société jointes à son habileté financière y obtint rapidement un immense crédit. Law flairant en lui un rival, le fit venir, et lui dit : « Si nous étions en Angleterre, il faudrait traiter ensemble et nous arranger; mais, comme nous sommes en France, je puis vous envoyer ce soir à la Bastille, si vous ne me donnez pas votre parole de sortir du royaume dans les vingt-quatre heures. » Cantillon se mit à rêver un moment, puis il répondit :

---

1. Jevons (*Contemporary Revew*, janvier 1881) remarque que le nom est d'origine espagnole et que probablement la famille de Cantillon est de celles qui émigrèrent en assez grand nombre sur la côte occidentale de l'Irlande et dont on voit encore les maisons à Galway, reconnaissables à leur architecture exotique.

« Je ne m'en irai pas, et je ferai réussir votre système. » En effet, dès le lendemain, en achetant une
grande quantité d'actions, il donnait aux cours une
impulsion décisive. Mais au bout de quelque temps, il
réalisa son papier, partit pour la Hollande, et revint à
Londres avec plusieurs millions. En 1733, son cuisi-
nier, un Français, l'y assassina, et mit le feu à sa maison qui fut entièrement brulée. Quand, vingt-deux ans
après (1755), un livre intitulé : *Essai sur la nature du
commerce en général*, parut à Paris, sans nom d'auteur,
avec les fausses[1] désignations suivantes : *traduit de
l'anglais*, imprimé *à Londres chez Fletcher Gyles*, tout
le monde l'attribua à Cantillon[2]. Quesnay, Grimm,
Fréron, Turgot, Condillac, Adam Smith n'ont pas la
moindre hésitation à ce sujet[3].

Comment le manuscrit de l'ouvrage s'est-il trouvé
à Paris; par les soins de qui a-t-il été publié; c'est ce
qu'on ignore absolument. Nous ne pouvons entrer ici
dans une discussion sur l'authenticité de l'*Essai :* nous
croyons avec Jevons qu'il est bien des environs de

1. M. Jevons démontre que le livre n'a pas été imprimé par
Fletcher Gyles, et il trouve avec raison que sa condition matérielle
accuse manifestement son origine française.
2. Son vrai nom est Richard de Castillon.
3. L'exemplaire dont nous nous sommes servi, qui a appartenu
à l'Académie de Bordeaux, porte au-dessous du titre : *par M. Cantillon*, et cette mention est de la main du conseiller de la Montagne,
secrétaire perpétuel de l'Académie depuis 1752, d'ordinaire fort
bien renseigné. Nous devons cette attribution à M. Céleste, le
savant et très obligeant bibliothécaire de la ville de Bordeaux.

l'année 1725[1], qu'il est écrit par un financier très expert, quelque peu philosophe, fort au courant de là littérature économique anglaise[2], ayant vécu à Londres, mais connaissant la France, que par conséquent rien ne s'oppose à ce qu'il soit de Cantillon. Ajoutons que le style a quelque chose de raide et de sec, qui semble provenir de ce que l'auteur s'exprime dans une langue étrangère apprise tardivement : un traducteur français aurait des tournures plus libres et des locutions plus voisines de la langue parlée.

De Cantillon n'a pas écrit d'autre ouvrage. L'*Analysis of Trade*, publié à Londres en 1759, est une traduction impure, à la fois mutilée et surchargée, de l'*Essai sur la nature du commerce* et les *Délices du Brabant* sont une entreprise de librairie dont l'attribution à notre auteur est toute de fantaisie. La question du *Supplément* est plus controversable. Comme Petty, de Cantillon appuie la plupart de ses affirmations sur des statistiques, et il renvoie fréquemment à des tableaux ou à des calculs qu'il aurait donnés dans un *Supplément* annexé à l'*Essai*. Ce supplément n'a jamais été publié. Fréron assure que des contemporains l'ont vu en manuscrit : nous doutons qu'il ait

---

1. Il appartient, par son titre et la nature des questions traitées, à un type d'ouvrages parfaitement reconnaissable pour qui a étudié l'histoire de l'économie politique : c'est celui des contemporains de Law, Melon, Dutot, etc. Mais par ses solutions, il était encore nouveau en 1755.

2. Il cite Locke, Petty et Davenant, le premier, plusieurs fois.

jamais·été complètement rédigé. Il est à remarquer, en effet, que l'auteur y renvoie souvent dans le premier tiers de son ouvrage, puis que, dans les deux autres parties, il n'en est plus question.

L'*Essai* est un ouvrage important qui signale, d'après Jevons, le commencement de l'Économie politique comme science. Il forme le trait d'union entre l'économie anglaise du dix-septième siècle et l'école française du dix-huitième. On vient de voir ce qu'en pensait Turgot. Quesnay lui fait de larges emprunts et reconnaît expressément ce qu'il lui doit dans l'*Encyclopédie* (article GRAINS). Condillac le cite et l'imite ouvertement. Adam Smith s'y réfère, quoique sans exactitude (livre I, chap. VIII). Il a encore de nos jours par son originalité, par sa profondeur simple, une valeur propre. Cherchons à la dégager.

Le trait distinctif de cette synthèse, c'est qu'elle n'implique aucun postulat métaphysique. Il n'y est aucunement question de droit naturel. Elle repose sur une sorte d'histoire *a priori* de l'humanité, et sur l'enchaînement nécessaire des faits économiques.

Les trois parties de l'ouvrage traitent : 1º de la richesse ou de la production; 2º de l'échange ; 3º du commerce international.

Il débute ainsi : « La terre est la source ou la matière d'où l'on tire la richesse ; le travail de l'homme est la forme qui la produit : et la richesse en elle-même n'est autre chose que la nourriture, les commodités et les agréments de la vie. » Ainsi, à côté du travail, de Cantillon admet comme source de la richesse, la terre : c'est même à la terre, comme nous allons le voir, qu'il assigne le principal rôle dans la production de la richesse.

Quelle que soit son origine, que la distribution de la terre ait été réglée par un conquérant ou laissée aux hasards de la lutte entre les premiers occupants, la propriété est toujours individuelle et inégale, et il n'y eut aucun moment où les terres aient été en commun. C'est cette propriété qui est la cause des groupements humains et fonde la société.

Les propriétaires du sol en délèguent la culture sous certaines conditions à des gens qui le cultivent. Ceux-ci doivent résider tout près des champs : d'où les *villages*. Les villages comprendront, outre les cultivateurs, les artisans indispensables. Leur grandeur dépendra de la qualité des terres cultivées aux alentours et du nombre de propriétaires qui viendront y résider.

Certains d'entre eux sont le siège de marchés établis par le seigneur ; ils deviennent des *bourgs*. Le nombre des artisans et des marchands s'y multiplie ; on y vient acheter de plusieurs lieues à la ronde les objets qui ne se trouvent pas dans les villages, les aliments, les semences. Là, par la comparaison des prix, s'établit un cours moyen. L'importance du bourg est proportionnée à celle des villages qui sont de son ressort, soit par rapport à leur produit, soit par rapport à leur population.

Les propriétaires qui ont plusieurs grandes terres se réunissent loin de leurs champs dans une agglomération qu'on appelle une *ville*, où leur présence multiplie les artisans de toute espèce. Les villes capitales s'accroissent de la multitude d'employés et de magistrats nécessaires au gouvernement, mais elles sont de plus la résidence des plus grands propriétaires, et par suite, des artisans les plus habiles, en sorte qu'on peut poser cette loi générale « que la grandeur d'une ville est naturellement proportionnée au nombre des propriétaires des terres qui y résident, ou plutôt au produit des terres qui leur appartiennent ».

Après la propriété, de Cantillon examine le travail. Il établit qu'un artisan doit être payé plus cher qu'un cultivateur, parce que son apprentissage est plus long et comporte des risques. « Le travail des artisans sera nécessairement cher, dit-il, à proportion du temps qu'on perd à l'apprendre et de la dépense et du risque qu'il faut pour s'y perfectionner. » Il sera plus cher encore s'il exige des habiletés exceptionnelles et s'il fait courir des dangers à ceux qui l'exercent. Et de même que la différence des salaires payés aux diverses professions s'établit d'elle-même par le cours naturel des choses, on peut voir que le nombre des artisans se proportionne de lui-même au besoin qu'on en a ;

une plus grande somme de travail disponible suscite des ouvriers, et au contraire, le manque de travail les fait refluer dans les champs ou vers d'autres industries plus rémunératrices.

Ces principes étant posés au sujet de la propriété terrienne et du travail, il est facile d'évaluer le prix de ce que chaque chose coûtera. « *Le prix ou la valeur intrinsèque d'une chose est la mesure de la quantité de terre et du travail qui entre dans sa production, eu égard à la bonté ou produit de la terre, et à la qualité du travail.* » De Cantillon n'élucide pas le premier terme de cette définition, — la quantité de terre — il montre seulement à propos du second que, le prix de certains objets nécessitant plus de travail, une livre de lin par exemple exigeant le travail de quatorze personnes pendant une année pour être transformée en dentelle fine de Bruxelles, le prix de ces objets doit être proportionnellement plus élevé. Mais en fin de compte, que représentent ces frais de production, si ce n'est l'alimentation et l'entretien des ouvriers pendant un temps donné ? Et cette alimentation et cet entretien, avec quelle matière y est-il pourvu, si ce n'est avec le produit d'une quantité de terre correspondante ? Cette quantité varie avec les besoins des artisans, la qualité de la terre et le mode de culture (par exemple l'alimentation d'une peuplade de chasseurs exige une surface de terre beaucoup plus grande que celle d'une peuplade de pasteurs ou de colons) ; mais dans tous

les cas ce rapport existe. Il y a donc lieu de chercher
le rapport de la valeur de la terre à la valeur du
travail, ce que l'auteur appelle le pair, et ce rapport
est suivant lui au minimum du simple au double, la
nourriture d'une famille coûtant toujours plus que ne
produit le travail de son chef. Ce rapport s'exprime
dans le troc par la monnaie ou l'argent : « elle est la
mesure la plus certaine pour juger du prix de la terre
et du travail », c'est-à-dire du plus ou moins de
produit de terre qu'on attribue en chaque pays à ceux
qui travaillent[1].

« Quoi qu'il en soit, qu'on examine les moyens dont
un habitant subsiste, on trouvera toujours en remontant à leur source qu'ils sortent du fond du propriétaire,
soit dans les deux tiers du produit qui sont attribués au
fermier, soit dans le tiers qui reste au propriétaire. »
« Il n'y a que le prince et le propriétaire des terres
qui vivent dans l'indépendance, tous les autres ordres
et tous les habitants sont à gages ou sont entrepreneurs. »

Ils sont toujours rétribués par les propriétaires du
sol, les uns à gages certains, les autres à gages incer-
tains. Ce sont ces mêmes propriétaires, qui par

1. De Cantillon déclare qu'il a puisé cette idée fondamentale
dans un *petit manuscrit* de Petty rédigé en 1685. Ce que de Cantillon doit à Petty, on ne pourrait le savoir exactement que si ce
« petit manuscrit » avait été publié. Mais nous sommes assez
disposé à croire que, comme il est dit au même endroit, Petty
avait semé là quelques idées originales sans les développer et
sans les coordonner.

« leurs humeurs, leurs modes et leurs façons de vivre, déterminent les usages auxquels on emploie les terres dans les États ». Ils le font directement pour celles dont l'exploitation est sous leurs ordres ; ils le font indirectement pour celles qu'ils ont confiées à des fermiers et même pour celles qui ne leur appartiennent pas, parce qu'ils sont les acheteurs prépondérants sur tous les marchés et qu'en vertu de la loi de l'offre et de la demande, les produits les plus demandés sont ceux dont la culture est le plus avantageuse et ne peut manquer de se généraliser aux dépens de celle des produits passés de mode. D'ailleurs, on imite toujours les grands (p. 122) ; de Cantillon est, avec Berkeley, l'un des premiers qui aient attribué à la mode et à l'imitation le rôle qui leur appartient dans les phénomènes économiques. Jouissant de cet empire sur les emplois qu'on fait de la terre, les grands propriétaires sont les arbitres de la multiplication et du décroissement des peuples dans un État, parce que, selon que la terre est employée à la culture des céréales, à l'élevage ou à l'entretien des porcs par exemple, elle nourrit plus ou moins d'habitants. Par une culture intensive, on peut arriver à nourrir une multitude d'habitants sur un sol restreint ; mais tout cela dépend évidemment de la volonté des propriétaires de ce sol. Par le salaire qu'ils attribuent à leurs employés, leur influence s'exerce sur le nombre même des mariages. « Que les proprié-taires de terres aident à entretenir les ménages, il ne faut qu'une génération pour porter la multiplication des hommes aussi loin que les produits des terres peuvent fournir des moyens de subsister. »

Cependant de Cantillon ne méconnaît pas d'autres causes qui peuvent déterminer l'accroissement ou la diminution de la population. Il cite en première ligne le genre de vie des habitants qui peuvent se contenter de dépenser le produit d'un arpent et demi ou vouloir dépenser le produit de cinq ou six arpents. Il faut tenir compte encore, dit-il, de la nature des terres. Les calculs présentés par Petty sur la multiplication géométrique des hommes sont imaginaires. « Les hommes se multiplient comme des souris dans une grange, » mais seulement « s'ils ont moyen de subsister sans limitation ».

Telle étant dans la production de la richesse la part de la terre et de ses détenteurs, que reste-t-il au travail? Le travail de vingt-cinq hommes adultes suffit à en entretenir c'est-à-dire à en nourrir, à en vêtir et à en loger sans aucun luxe cent autres également adultes. Le surplus du travail n'ajoute rien à la quantité des choses nécessaires à la subsistance et à l'entretien des hommes, mais il donne un surcroît d'attrait à la nourriture, à la boisson et à l'usage de toutes choses. On a l'habitude de considérer les États où ce surplus de travail est considérable comme plus riches que les autres. C'est là une simple apparence, si l'on envisage l'État en lui-même ; mais dès qu'on le considère dans ses rapports avec l'étranger, on voit que le produit de ses manufactures pourra lui servir à tirer de l'étranger par le commerce une grande quantité d'or et d'argent, lui permettre d'augmenter son corps de réserve de numéraire et d'objets de consommation, ce qui est la mesure de la grandeur des États. Le numéraire représente la possibilité pour les citoyens de cet État de se procurer le produit d'une surface considérable de terre à l'étranger. Par là le travail sert à l'acquisition d'une valeur réelle, d'une richesse solide, et paraît même l'engendrer. La valeur de l'argent monnayé n'est pas arbitraire ; elle représente la subsistance des ouvriers employés à son extraction et à son affinage : et à son tour « la monnaie ou la mesure commune des valeurs correspond réellement et intrinsèquement en prix de terre et de travail aux choses qu'on en donne en troc ».

Tout cela se fait en vertu du *consentement* ou de l'opinion des hommes. Mais Locke qui a vu le rôle de l'opinion n'a pas pris soin de remarquer qu'elle est elle-même le plus souvent irréfléchie et soumise à des lois naturelles. Ainsi la production, de même que la circulation et le troc des denrées et des marchandises se conduisent par des entrepreneurs, qui portent au hasard leurs capitaux, tantôt sur une industrie, tantôt sur une autre, tantôt sur un genre de commerce, tantôt sur un autre et ne sont avertis de l'opportunité de leurs entreprises que par les résultats obtenus.

11.

Ceux qui ont produit ou transporté sur le marché une denrée dont on ne veut point, ou bien ont produit ou transporté une plus grande quantité de cette denrée qu'on ne jugera à propos d'en consommer, vendent à perte ou ne vendent pas, et font banqueroute. C'est le succès ou la ruine qui détermine les uns ou les autres à persévérer dans leurs entreprises ou à y renoncer. Quand de même il y a trop d'artisans d'une certaine sorte, la misère supprime ceux qui sont en excès, ou les force, soit à changer de profession, soit à émigrer. Les gouvernements ne sauraient intervenir efficacement dans cette distribution du travail.

Dans la seconde partie, l'auteur étudie l'échange et la circulation du numéraire. Il explique d'abord avec plus de précision que nul ne l'avait fait avant lui la *loi des marchés*, qu'il emprunte, de son propre aveu, à Locke, à savoir : que la valeur de toutes choses est proportionnée à leur abondance et à leur rareté et à l'abondance ou à la rareté de l'argent contre lequel on les échange. « Cette proportion se règle par l'*altercation*. Le boucher soutient son prix sur le nombre d'acheteurs qu'il voit ; les acheteurs, de leur côté, offrent moins selon qu'ils croient que le boucher aura moins de débit ; le prix réglé par quelques-uns est ordinairement suivi par les autres. Les uns sont plus habiles à faire valoir leur marchandise, les autres plus adroits à la discréditer. Quoique cette méthode de fixer les prix des choses au marché n'ait aucun fondement juste ou géométrique, puisqu'elle dépend souvent de l'empressement ou de la facilité d'un petit nombre d'acheteurs ou de vendeurs, cependant il n'y a pas d'apparence qu'on puisse y parvenir par aucune autre voie plus convenable. Il est constant que la quantité des denrées ou des marchandises mises en vente, proportionnée à la demande ou à la quantité des acheteurs, est la base sur laquelle on fixe ou sur laquelle on croit toujours fixer les prix actuels des marchés, et qu'en général ces prix ne s'écartent pas beaucoup de la valeur intrinsèque. » Celle-ci, on l'a vu, est proportionnée à la quantité de terre et de travail nécessaires à la production de l'objet échangé.

Le premier aussi, il a cherché à embrasser le phénomène de la circulation sous des vues générales. « C'est une idée commune en Angleterre qu'un fermier doit faire trois rentes : la rente principale et véritable qu'il paye au propriétaire et qu'on suppose égale en valeur au produit du tiers de la ferme ; une seconde rente pour son entretien et celui des hommes et des chevaux dont il se sert pour cultiver la ferme, et enfin une troisième rente qui doit lui demeurer pour faire profiter son entreprise. » Or, ces trois rentes doivent être considérées comme « *les principales sources ou, pour ainsi dire, le premier mobile de la circulation dans l'État* ». Si, en effet, la moitié environ du produit de la terre est consommée à la campagne, ou immédiatement, ou après des échanges en nature, l'autre moitié est vendue aux « entrepreneurs » des villes, comme les bouchers, les boulangers, les brasseurs, etc., pour de grosses sommes ; puis, ces grosses sommes sont dépensées en partie par les fermiers, en partie par les propriétaires et distribuées en menues parcelles aux artisans de toutes sortes, jusqu'à ce qu'elles se reforment peu à peu entre les mains des gros entre-preneurs pour être, par eux, encore une fois payées aux fermiers. La circulation du numéraire est donc comme un réseau de canaux, volumineux d'abord, puis de plus en plus ténus, puis de nouveau plus gros et plus larges, qui partent des cultivateurs et aboutissent à eux après avoir traversé l'infini détail des opérations commerciales et industrielles.

Mais il n'est pas nécessaire que l'argent en circulation dans un État soit égal à cette moitié du produit des terres qui entre dans les échanges ; « pour juger de la quantité de l'argent qui circule, il faut toujours considérer la vitesse de sa circulation. » Plus cette vitesse est grande, moins est grande la quantité de numéraire qui circule. Il s'ensuit que l'argent qui circule dans les États de l'Europe est égal au neuvième du produit des terres, soit au tiers seulement de toutes les rentes annuelles des propriétaires.

Plusieurs causes peuvent retarder la vitesse de la circulation et rendre nécessaire une plus grande quan-tité d'argent circulant simultanément : d'abord le com-merce avec l'étranger où les paiements se font par intermédiaires ; puis le passage de l'argent entre les mains des artisans et hommes de peine qui achètent au comptant avec de la menue monnaie et ne sauraient se contenter de billets, et enfin les économies réalisées ou les réserves faites par précaution contre les cas imprévus, les dépôts des biens des mineurs. Le crédit, la confiance réciproque accélèrent au contraire la circulation et réduisent jusqu'à la proportion qu'on vient d'indiquer la quantité de numéraire circulant. L'argent se distribue dans les diverses parties du royaume d'une manière inégale. Il y en a beaucoup moins dans les campagnes que dans les villes et dans les provinces éloignées que près de la capitale ; c'est ce qui fait que la cherté est beaucoup plus grande dans les villes que dans les campagnes et dans les provinces lointaines qu'aux environs de Londres ou de Paris.

Qu'arrive-t-il dans le cas où la quantité absolue d'or et d'argent circulant dans un État vient à augmenter ? Cette augmentation peut provenir de deux causes : ou bien elle résulte, comme cela s'est produit en Espagne, de la découverte de mines ou bien d'un accroissement des manufactures dont les produits vendus à l'étranger font entrer dans l'État par une balance favorable un surcroît d'espèces monnayées. Dans les deux cas, la consommation augmente, le prix de toutes choses s'élève ; mais les propriétaires, dont les revenus restent les mêmes, sont obligés de restreindre leurs achats et donnent moins à travailler ; des ouvriers et des gens à gages sont forcés d'émigrer ; la population diminue ; on est contraint de s'adresser à l'étranger pour les objets manufacturés dont le prix est devenu exorbitant ; les manufactures nationales sont ruinées par cette concurrence ét tout l'or et l'argent s'en vont au dehors ; la balance du commerce redevient défavorable. Ces phénomènes sont retardés chez les nations maritimes par l'activité du commerce et de l'industrie des transports ; mais ils doivent s'y produire aussi tôt ou tard. Un État, parvenu au plus haut point de richesse, retombe ainsi en peu de temps dans la pauvreté par le cours ordinaire des choses.

De Cantillon estime que pour peu qu'un État « ait du fonds », c'est-à-dire dispose d'une certaine superficie de terres à cultiver, un ministre intelligent peut toujours lui rendre pendant un temps une balance favorable et donner ainsi le signal de l'un de ces *ricorsi* économiques. Les emprunts paraissent y contribuer ; mais c'est un moyen dangereux. Le plus sûr est de multiplier les manufactures. Après cela les phases successives indiquées plus haut suivront leur cours. Par cette confiance dans l'efficacité de l'action gouvernementale et par l'importance qu'il accorde à la balance de commerce, de Cantillon appartient encore en partie au groupe mercantile ; son ouvrage présente un type intermédiaire entre les doctrines de Law et celles de Josias Tucker et de Gournay.

Cette seconde partie se termine par un chapitre intéressant sur le prêt à intérêt pour lequel de Cantillon réclame la liberté ; il montre que le taux du prêt est régi comme tous les phénomènes économiques par des lois ; la loi de l'offre et de la demande est la principale. Puis « l'intérêt est toujours le plus fort à proportion des plus grands risques ». La grande dépense des seigneurs et du prince contribue à le maintenir à un taux élevé, en suscitant des entreprises nombreuses dont les chefs se disputent les capitaux disponibles. La guerre a le même effet. De Cantillon reconnaît que le gouvernement n'a qu'à constater les variations du marché et que son intervention en pareille matière serait inutile.

La troisième partie traite du commerce international. De Cantillon paraît d'abord se refuser à toute solution systématique : « C'est, dit-il, en examinant les effets de chaque branche de commerce en particulier qu'on peut régler utilement le commerce avec les étrangers : on ne saurait le connaître distinctement par des raisonnements généraux. » Mais le critérium de l'auteur est toujours la balance du commerce, et bien qu'il préconise les relations internationales, qu'il recommande aux États de multiplier leurs navires et leurs entreprises de manière à faire le plus grand nombre d'affaires avec l'étranger sans devenir ses tributaires, somme toute, il en revient toujours au vieil adage : vendre des objets manufacturés et n'en pas acheter ; acheter des matières premières et n'en pas vendre. Seulement, et voici ce qui lui est propre, il exprime toujours dans ses supputations le prix des choses en produit de terre ; la terre est pour lui la source et la mesure de toute richesse.

Les derniers sujets abordés sont le change, la variation du prix des métaux, le taux des monnaies, la banque. De Cantillon reconnaît les avantages des banques comme organes accélérateurs de la circulation ; mais il marque quelque défiance à l'égard des banques d'État. Il étudie avec sa conscience et sa pénétration ordinaires cette difficile question du crédit sous ses formes les plus complexes. On ne peut lire ces chapitres pleins de faits et d'idées, mêlés de résumés historiques très substantiels, sans admirer à quel point l'auteur est animé de l'esprit scientifique, comme il a su envisager ces questions dans leur généralité et objectivement, à quel point il est exempt de passion et d'emphase. Nos Physiocrates sont-ils en progrès sur de Cantillon ? on en peut douter. La date à laquelle ce livre fut rédigé (avant 1733) et les relations de son auteur avec Law le placeraient plutôt dans le groupe des ouvrages inspirés par le système mercantile sous sa seconde forme ; mais les idées fondamentales de l'ouvrage : que le mouvement économique est dominé par la production agricole et que l'ordre économique s'établit spontanément par la lutte des intérêts, en font plutôt le prototype des écrits de toute l'École française, bien que le mouvement ait commencé avant sa publication [1] (1755). En réalité, il y eut là comme dans toutes les grandes transformations philosophiques et scientifiques une convergence spontanée vers une même direction, d'esprits qui n'étaient pas en rapport immédiat les uns avec les autres et relevaient d'influences diverses. Celle de Petty paraît avoir été la plus importante de celles qui se sont exercées sur de Cantillon. Mais il est surtout l'interprète d'un ensemble d'idées qui avaient cours en Angleterre à cette époque et qui étaient nées du spectacle et de la pratique d'une activité économique supérieure à tout ce qu'on avait vu jusque-là [2].

Avec **Josias Tucker** (1711-1799), l'économie anglaise s'ouvre définitivement aux idées libérales. C'était un ecclésiastique bien renté, et sa vie ne présente aucun événement digne de remarque. Très curieux des choses économiques, il les étudie en patriote, mais aussi en philosophe, qui ne sépare pas les intérêts de l'humanité de ceux de son pays. Il a correspondu avec Turgot ; ces deux esprits devaient se mettre facilement à l'unisson.

Nous avons vu que, dès l'origine et particulièrement

1. Cette même année, Grimm (correspondance) déclarait que la liberté sans bornes de tout commerce était un axiome, et Grimm fut hostile à l'école des Physiocrates.

2. Nous nous sommes étendu sur l'ouvrage de Cantillon plus que ne l'eussent comporté les proportions de celui-ci, parce que l'*Essai sur la nature du commerce* est peu connu et rare.

pendant le moyen âge, une des principales raisons qui créaient un sentiment contraire aux progrès de l'industrie et du commerce, c'est que ces formes supérieures de l'activité économique semblaient faire tort à la forme primitive, qui était surtout agricole. L'antagonisme s'était perpétué entre les deux ordres de producteurs et les deux classes de citoyens : agriculteurs et commerçants. Du temps de J. Tucker, en raison de l'essor pris récemment par le commerce, la lutte était devenue très vive entre les deux sortes d'intérêts, l'intérêt terrien (landed) et l'intérêt financier (money'd interest). Et l'opposition que la plus grande partie de la nation faisait à l'admission des protestants étrangers, expulsés de leur patrie, tenait à ce qu'on redoutait de les voir grossir l'armée des industriels et des spéculateurs. Dans un de ses premiers ouvrages, écrit à cette occasion et bientôt traduit par Turgot (1754), Tucker invoque en faveur de leur admission des arguments qui ont une portée plus générale et tendent à rétablir l'équilibre entre les deux éléments de la production, la terre et le travail. En dépit des réclamations jalouses de l'agriculture, il préconise la liberté de l'industrie et du commerce, en même temps qu'il appelle de ses vœux l'extension des relations internationales. La population laborieuse, dit-il en substance, est la vraie richesse d'un État. « Le commerce de la Grande-Bretagne n'est-il plus susceptible d'accroissement ? un plus grand nombre de mains, de nouveaux intéressés, des correspondances multipliées, l'industrie, l'économie, la sobriété devenues plus communes, n'augmenteraient-ils pas nos manufactures, notre commerce, notre navigation et nos richesses nationales? » « N'y a-t-il pas une circulation du travail comme une circulation de l'argent? La circulation de l'argent sans travail, n'est-elle pas plus préjudiciable qu'utile à la société, comme la loterie et le jeu nous le prouvent d'une manière trop claire et trop funeste? Un État mal peuplé, est-il aussi favorable à la circulation du travail qu'un État rempli d'habitants qui se donnent les uns aux autres un emploi réciproque[1]? Les monopoles, les privilèges exclusifs, les jurandes, ne sont-ils pas autant d'obstacles à la circulation du travail? Les besoins artificiels des hommes, habilement mis en œuvre et réglés par de sages lois, ne sont-ils pas le grand ressort de la machine du commerce? » Et toujours questionnant[2], il montre que si une branche de la manufacture nationale se trouvait surchargée, ce mal porterait avec lui son remède, parce que cette industrie serait inévitablement désertée comme impro-

____

1. Child avait déjà établi que « le travail d'un homme donne de l'ouvrage à un autre homme. »

2. D'où le titre donné par Turgot à l'ouvrage que nous analysons. *Questions sur le commerce.* Le titre original est : « *Réflexions sur l'opportunité d'une loi pour la naturalisation des protestants étrangers.* Cette rédaction sous forme de questionnaire a été adoptée également par Berkeley dans le *Querist* (le Questionneur), rédigé de 1735 à 1737.

ductive. Il se rit des gens qui comptent sur l'État pour veiller à la répartition des travailleurs entre les diverses industries et pour écarter préalablement les bras qui risquent d'être inutiles. « Si ce manque d'emploi pour les naturels est une raison suffisante contre l'admission des étrangers, ne doit-elle pas autant nous porter à défendre qu'on fasse des enfants avant que ceux qui sont déjà nés soient pourvus d'un emploi ? » Il faut donc avoir confiance dans le jeu des lois naturelles pour la meilleure répartition des bras disponibles.

L'essentiel est que ces bras soient nombreux. Le travail est la vraie richesse, l'argent n'en est que la mesure et le signe. La balance du travail emporte la balance du commerce : « S'il y a en France ou en Suède quarante mille personnes employées à des ouvrages pour l'Angleterre et dix mille seulement en Angleterre qui travaillent pour la France ou la Suède, à laquelle de ces nations la balance sera-t-elle avantageuse ? Ni le nombre des acres de terre, ni celui des maisons, ni la somme des capitaux, ni la quantité de marchandises ne nous permettent d'évaluer les richesses de l'Angleterre ; car tout cela tire sa valeur du nombre des habitants qui possèdent, emploient, achètent, vendent, voiturent et exportent toutes ces choses ou ce qu'elles produisent. »

La multiplication des habitants augmente le revenu

du propriétaire des terres. En sorte que les deux intérêts du royaume, l'intérêt terrien et l'intérêt du commerce, rentrent l'un dans l'autre. « Si le commerce est encouragé, si le nombre des marchands et des manufacturiers augmente, si toutes les chaînes et les entraves qu'on a données au commerce sont un jour brisées, si la circulation devient par la plus vive et les débouchés plus assurés, où les profits qui en doivent résulter iront-ils enfin se rendre, si ce n'est dans la main du propriétaire des terres? » Le vrai critérium de l'intérêt d'une mesure proposée au Parlement ne peut donc être que celui-ci : augmente-t-il ou n'augmente-t-il pas le travail national?

Non content de montrer l'interdépendance des intérêts et des fonctions économiques diverses et les avantages de leur libre jeu, Tucker va plus loin et demande sur quoi repose au fond cette démarcation entre nationaux et étrangers. Celui-là est patriote qui est utile au royaume, et les étrangers qu'il s'agit d'admettre rendraient des services considérables en apportant aux Anglais leurs connaissances techniques et en leur enseignant des procédés nouveaux en toutes sortes de manufactures. Dans ses autres ouvrages, Tucker insiste sur l'interdépendance des intérêts des différentes nations, comme il le fait dans celui-ci sur l'interdépendance des intérêts dans une même nation ; il réclame une liaison économique plus intime non seulement avec l'Irlande, mais avec la France et même avec la Turquie[1].

Vincent de Gournay (1712-1759) n'a point laissé d'écrit original, il a seulement traduit et commenté[2] Culpeper et Child (1752). Mais il a eu sur l'esprit de Quesnay et sur celui de Turgot une action considérable. Il avait fait le commerce à Cadix, puis avait voyagé en Hollande et en Angleterre, s'était pénétré des idées de Jean de With et de Child, et avait surtout beaucoup appris au spectacle des grandes affaires et dans la conversation des premiers commerçants de l'époque. De retour en France, la considération qu'il s'était attirée le désigna pour le poste d'intendant du commerce. C'est en cette qualité qu'il visita la plupart des provinces, ayant comme compagnon pendant deux ans Turgot, son élève et son ami. A Rennes, il suscita la formation, en 1756, d'une société pour le perfectionnement de l'agriculture, du commerce et de l'indusdrie. En province, dans tous les grands centres industriels et commerciaux, à Paris, au sein du bureau royal du commerce et dans le milieu philosophique et

---

1. Voici les titres des ouvrages de J. Tücker : *A brief essay on the advantages and disadvantages witch respectively attend France and G. Britain with regard to trade*, 1750. — *Reflexions on the expediency of opening the trade to Turkey*. — *The elements of commerce and theory of taxes*, 1755. — *The causes of the dearness of provisions assigned with effectual method of reducing the price of them*. En 1775, il soutint que l'Angleterre devait laisser les colonies d'Amérique se séparer d'elle librement.

2. Le commentaire n'a même pas été publié.

économique où allait se produire vers 1753 cette heureuse « fermentation » dont parle Turgot, il se livra en faveur des idées libérales à une propagande active, à une véritable prédication. Il fut vraiment l'initiateur du mouvement économique français. Ses idées étaient hautement cohérentes ; de là le nom de *système* qu'on donna à leur ensemble, et qui passa bientôt, avec un sens défavorable, aux doctrines économiques nées sous son inspiration. Ses théories diffèrent cependant de celles de Quesnay, en ce quelles sont beaucoup moins exclusives et attribuent, dit-on, dans la production de la richesse une importance égale au travail et aux produits du sol. Elles en diffèrent de plus, en ce qu'elles ne sont point mêlées de vues métaphysiques arbitraires. Nous ne pouvons mieux les faire connaître qu'en reproduisant l'analyse que Turgot en a donnée.

« M. de Gournay, dit Turgot, avait fait et vu faire pendant vingt ans le plus grand commerce de l'univers, sans avoir eu occasion d'apprendre, autrement que par les livres, l'existence de toutes ces lois (restrictives) auxquelles il voyait attacher tant d'importance, et il ne croyait point alors qu'on le prendrait pour un *novateur* et un *homme à systèmes*, lorsqu'il ne ferait que développer les principes que l'expérience lui avait enseignés et qu'il voyait universellement reconnus par les négociants les plus éclairés avec lesquels il vivait.

Ces principes, qu'on qualifiait de *système nouveau*, ne lui paraissaient que les maximes du plus simple bon sens. Tout ce prétendu système était appuyé sur cette maxime, qu'en général, l'homme connaît mieux son propre intérêt qu'un autre homme à qui cet intérêt est entièrement indifférent.

De là M. de Gournay concluait que lorsque l'intérêt des particuliers est précisément le même que l'intérêt général, ce qu'on peut faire de mieux est de laisser chaque homme libre de faire ce qu'il veut. Or, il trouvait impossible que dans le commerce abandonné à lui-même l'intérêt particulier ne concourût pas avec l'intérêt général.

Le commerce ne peut être relatif à l'intérêt général ou, ce qui est la même chose, l'État ne peut s'intéresser au commerce qu'à deux points de vue. Comme protecteur des particuliers qui le composent, il est intéressé à ce que personne ne puisse faire à un autre un tort considérable et dont celui-ci ne puisse se garantir. Comme formant un corps politique, obligé à se défendre contre les invasions extérieures, et à employer de grandes sommes dans les améliorations intérieures, il est intéressé à ce que la masse des richesses de l'État et des productions annuelles de la terre et de l'industrie soit la plus grande qu'il est possible...

Quant au premier objet, qui consiste à ce que les particuliers ne puissent se nuire les uns aux autres, il suffit évidemment que le gouvernement protège toujours la liberté naturelle que l'acheteur a d'acheter et le vendeur de vendre. Car l'acheteur étant toujours maître d'acheter ou de ne pas acheter, il est certain qu'il choisira entre les vendeurs celui qui lui donnera au meilleur marché la marchandise qui lui convient le mieux. Il ne l'est pas moins que chaque vendeur, ayant l'intérêt le plus capital à mériter la préférence sur ses concurrents, vendra en général la meilleure marchandise et au plus bas prix qu'il pourra pour s'attirer des pratiques. Il n'est donc pas vrai que le marchand ait intérêt de tromper, à moins qu'il n'ait un privilège exclusif.

Mais si le gouvernement limite le nombre des vendeurs par des privilèges exclusifs ou autrement, il est certain que le consommateur sera lésé et que le vendeur, assuré du débit, le forcera d'acheter chèrement de mauvaises marchandises. Si, au contraire, c'est le nombre des acheteurs qui est diminué par l'exclusion des étrangers ou de certaines personnes, alors le vendeur est lésé; et si la lésion est portée à un point que le prix ne le dédommage pas avec avantage de ses frais et de ses risques, il cessera de produire la denrée en aussi grande abondance et la disette s'ensuivra.

La liberté générale d'acheter et de vendre est donc le seul moyen d'assurer, d'un côté, au vendeur, un prix capable d'encourager la production, de l'autre, au consommateur, la meilleure marchandise au plus bas prix. Ce n'est pas que, dans des cas particuliers, il ne puisse y avoir un marchand fripon et un consommateur dupe...; mais vouloir que le gouvernement soit obligé d'empêcher qu'une pareille fraude n'arrive jamais, c'est vouloir l'obliger de fournir des bourrelets à tous les enfants qui pourraient tomber...

Quant au second objet du gouvernement, qui consiste à procurer à la nation la plus grande masse possible de richesses, n'est-il pas évident que l'État n'ayant de richesses réelles que les produits annuels de ses terres et de l'industrie de ses habitants, sa richesse sera la plus grande possible quand le produit de chaque arpent de terre et de l'industrie de chaque individu sera porté au plus haut point possible? Et que le propriétaire de chaque terre a plus d'intérêt que personne à en tirer le plus grand revenu possible? Que chaque individu a le même intérêt à gagner avec ses bras le plus d'argent qu'il peut?

S'imaginer qu'il y a des denrées que l'État doit s'attacher à faire produire à la terre plutôt que d'autres; qu'il doit établir certaines manufactures plutôt que d'autres; et, en conséquence, prohiber certaines productions, en commander d'autres, interdire certains genres d'industrie dans la crainte de nuire à d'autres genres d'industrie; prétendre soutenir les manufactures aux dépens de l'agriculture, en tenant de force le prix des vivres au-dessous de ce qu'il serait naturellement; établir certaines manufactures aux dépens du trésor public; accumuler sur elles les privilèges, les grâces, les exclusions de toute autre manufacture du même genre, dans la vue de procurer aux entrepreneurs un gain qu'on s'imagine que le débit de leurs ouvrages ne produirait pas naturellement, c'est se méprendre grossièrement sur les vrais avantages du commerce; c'est oublier que, nulle opération de commerce ne pouvant être que réciproque, vouloir tout vendre aux étrangers et ne rien acheter d'eux, est absurde...

Quant au troisième objet qui peut intéresser l'État à double titre, et comme protecteur des particuliers auxquels il doit faciliter les moyens de se procurer par le travail une subsistance aisée, et comme corps politique intéressé à prévenir les troubles intérieurs que la disette pourrait occasionner, cette matière a été si clairement développée dans divers ouvrages que je m'abstiens d'en parler ici.

Il suit de cette discussion que, sous tous les points de vue par lesquels le commerce peut intéresser l'État, l'intérêt particulier, abandonné à lui-même, produira toujours plus sûrement le bien général que les opérations du gouvernement, toujours fautives et nécessairement dirigées par une théorie vague el incertaine.

M. de Gournay en concluait que le seul but que dût se proposer l'administration était : 1° de rendre à toutes les branches de commerce cette liberté précieuse que les préjugés des siècles d'ignorance, la facilité du gouvernement à se prêter à des intérêts particuliers, le désir d'une perfection mal entendue, leur ont fait perdre ; 2° de faciliter le travail à tous les membres de l'État, afin d'exciter la plus grande concurrence dans la vente, d'où résulterait nécessairement la plus grande perfection dans la fabrication et le prix le plus avantageux à l'acheteur ; 3° de donner en même temps à celui-ci le plus grand nombre de concurrents possibles, en ouvrant au vendeur tous les débouchés de sa denrée, seul moyen d'assurer au travail sa récompense et de perpétuer la production, qui n'a d'autre objet que cette récompense[1]. »

Ce « système » différait donc nettement de celui que Quesnay allait mettre au jour. Il reposait sur un seul principe : la clairvoyance des intérêts et, sans aucun mélange de la morale avec l'économie, il aboutissait à des conclusions pratiques sagement libérales. Supprimons par la pensée Quesnay et les Physiocrates : il n'en restera pas moins qu'en 1751, à Paris, une doctrine économique était enseignée, aussi cohérente que celle des maîtres anglais, et que le propagateur de cette doctrine était déjà investi des fonctions publiques les plus propres à la faire prévaloir.

Turgot. — C'est ce que confirment les premiers écrits de Turgot. Nous ne parlons pas de ses beaux discours prononcés en Sorbonne et qui eussent servi

----

1. *OEuvres de Turgot*, collection Guillaumin, vol. I, p. 270 et suivantes.

de cadres à un riche développement des sciences historiques et sociales si la politique de l'absolu n'avait tout envahi. L'économie politique ne profita qu'indirectement de ces grandes vues. Nous faisons seulement allusion à deux œuvres de jeunesse : la lettre à l'abbé de Cicé, où Turgot combat victorieusement l'erreur fondamentale de l'école de Law, et l'opuscule au sujet du prêt à intérêt. Par ces deux ouvrages, surtout par le premier, Turgot frayait la voie aux doctrines nouvelles. Sa réfutation de la thèse de l'abbé Terrasson, dernière forteresse du mercantilisme : « que l'argent monnayé ne reçoit sa valeur que de l'empreinte », est un modèle d'argumentation. Et quant au second, on ne comprend pas, après l'avoir lu, que la légende désigne Bentham comme ayant le premier combattu les interdictions ecclésiastiques au sujet de l'intérêt de l'argent. Quand l'école des Physiocrates se forma, Turgot, bien que lié avec la plupart de ses membres et d'accord avec eux sur les principes, chercha à garder envers elle une attitude neutre; il ne manqua pas une occasion de reprocher à ses affiliés leur « air de secte » et leur esprit de coterie; il fit tous ses efforts pour garder sa liberté d'opinion en présence de l'entraînement général. Pendant quelque temps, il put paraître fidèle à l'enseignement qu'il avait reçu avec Smith dans le cénacle où Quesnay rendait ses oracles. Ce n'est que quelques années après (1766), qu'il eut l'occasion d'exposer l'ensemble de ses principes et qu'il laissa voir certaines tendances qui l'écartaient de ses maîtres.

Nous reviendrons à Turgot quand le moment sera venu.

Mirabeau (Victor, marquis de Mirabeau, surnommé l'*Ami des hommes*). Les ouvrages du marquis de Mirabeau confirment encore ce que nous avons dit de Gournay. Le *Mémoire sur les États provinciaux*, le premier et le plus substantiel de ses écrits économiques et politiques, parut sans nom d'auteur en 1750. Il y demandait l'établissement d'États particuliers dans toutes les provinces pour le vote et la répartition des impôts, sur le modèle de ce qu'on appelait les *Pays d'États*. Il y donnait un aperçu de la constitution des quatre grandes provinces qui avaient plus ou moins conservé leurs privilèges, le Languedoc, la Bretagne, la Bourgogne et la Provence, et s'attachait à démontrer la supériorité de ce mode d'administration sur le gouvernement absolu des intendants. Il n'était pas, à proprement parler, l'inventeur de ces idées, qu'il avait puisées dans les écrits de Fénelon, de Vauban, de Boisguilbert; mais il les rajeunissait en les reproduisant. A ce mémoire succéda l'ouvrage qui a fondé sa réputation et dont le titre s'est confondu avec son nom : l'*Ami des hommes ou Traité de la population* (les trois premières parties); comme cet ouvrage fut publié en 1756 et que son auteur mit très probablement plus d'une année à le composer, il a été, sans aucun doute, rédigé avant l'apparition des premiers articles de Quesnay et ne doit rien à l'École. Or, nous y trouvons les principales des idées adoptées par les Physiocrates. Ce passage justement célèbre le caractérisera suffisamment pour notre dessein. « L'État est un arbre ; les racines sont l'agriculture, le tronc est la population, les branches sont l'industrie, les feuilles sont le commerce et les arts. C'est de ses racines que l'arbre tire le suc nourricier ; elles jettent une infinité de rameaux et de chevelus imperceptibles qui tous attirent la substance de la terre ; cette substance devient sève, le tronc se renforce et jette une quantité de branches, qui prospèrent en proportion de la vigueur du tronc et sembleraient pouvoir se passer des racines dont l'opération et le travail sont si éloignés qu'ils en sont presque inconnus. Le suc alimentaire finit sa course par la production des feuilles qui sont la partie de l'arbre la plus brillante et la plus agréable. Cette partie est la moins solide et la plus exposée aux coups de l'orage ; le hâle suffit pour la dessécher et la détruire. Si les racines conservent leur vigueur, la sève répare bientôt le désordre, de nouvelles feuilles poussent de toutes parts, et remplacent celles qu'une influence maligne avait desséchées ; mais si quelque insecte ennemi a piqué les racines dans les entrailles de la terre, vainement attendrait-on que le soleil et la rosée vivifiassent ce tronc desséché, c'est aux racines qu'il faut porter le remède, leur donner les moyens de s'étendre et de se rétablir ; sinon l'arbre périra. » On le voit, cette idée qu'il y a dans le corps social des fonctions qui s'accomplissent toutes seules, sans l'intervention du pouvoir central, que la vie économique est essentiellement spontanée comme l'absorption et la nutrition des plantes, remplaçait partout celle du mécanisme gouvernemental. « Les mœurs, disait encore Mirabeau, sont les cordes de l'instrument politique dont les lois ne sont que des sons. » Il n'est pas surprenant que le marquis ait préconisé la décentralisation politique en même temps que la liberté économique. Il adopta le credo des Physiocrates et l'accusa d'erreur sur les points où il s'en était écarté : mais ses multiples projets de réforme eurent une heureuse influence sur la politique et l'administration françaises dans ces années de bonne volonté générale qui précédèrent la révolution. Parmi les problèmes spéciaux de l'économie politique, c'est celui de la population qui le préoccupe le plus. Il semble qu'en cette matière, comme pour le reste, il ne doive presque rien aux Anglais qui l'avaient traitée, et qu'il se soit placé moins au point de vue du droit naturel comme Locke et Quesnay, qu'au point de vue du droit positif et historique comme Vauban et Montesquieu. Partisan de l'autonomie provinciale et des améliorations graduelles, il jugea sévèrement

Turgot qu'il trouvait trop centralisateur et trop radical. Il est vrai que son tempérament n'était guère d'accord avec ces doctrines[1]. Mais on voit quel courant d'idées saines s'était formé en France avant la constitution de l'École des *Économistes*, et quelle large extension avaient ces idées, puisqu'elles avaient gagné les représentants les plus autorisés de la noblesse dans les provinces les plus reculées.

1. Ses principaux écrits sont, avec ceux que nous avons cités: la 4ᵉ partie de l'*Ami des hommes*, 1758, terminée par un questionnaire adressé aux académies de province sur le climat, le territoire, la population, les différents produits agricoles, l'état des rivières, des canaux et des chemins, les usages ruraux, le commerce, le nombre et le progrès des villes, la distribution et l'emploi des richesses, vaste programme, comme on le voit, de *statistique* et de *démographie; Théorie de l'impôt*, 1760; *Lettres sur les corvées;* — *Philosophie rurale ou Économie générale et politique de l'agriculture, réduite à l'ordre immuable des lois physiques et morales qui assurent la prospérité des empires,* 1763.

II. — Les Physiocrates[1].

C'était l'Économie artificielle, celle qui attendait le développement de la richesse de l'action toute-puissante des gouvernements, qui avait conduit peu à peu la France à l'état de détresse où elle se trouvait. Il devait se produire dans l'opinion, effrayée et indignée de tant de maux, une réaction en faveur de la richesse naturelle et de l'Économie fondée sur les lois de la nature. Malheureusement ce que les auteurs du temps entendaient par la nature n'était autre chose qu'une conception idéale et arbitraire, qui n'avait rien de commun avec la réalité historique : une philosophie chimérique gâte les mémorables travaux des *Économistes* français du dix-huitième siècle.

Cette philosophie est d'origine anglaise. Locke (1632-1704) avait, pour combattre l'absolutisme des Stuarts, adopté les doctrines que le Hollandais Grotius

1. Les principaux ouvrages des Physiocrates ont paru dans divers recueils, l'*Encyclopédie* (articles de Quesnay, *fermiers* et *grains*, 1756, 1757), le *Journal d'agriculture*, de 1751 à 1768, les *Éphémérides*, de 1768 à 1782 : voyez sur cette période le volume des Physiocrates dans la collection des Économistes et le très bel ouvrage de Léonce de Lavergne : les *Économistes français du dix-huitième siècle*, 1870. La réputation de ce livre ne nous paraît pas à la hauteur de son mérite. Dans notre désir d'aller d'abord aux textes, nous avons rédigé ce chapitre avant de l'avoir lu et nous le regrettons.

(Hugues de Groot[1]) avait exprimées dans son livre *Du droit de la guerre et de la paix*. Contre les théoriciens du pouvoir absolu[2] qui prétendaient que le pouvoir avait été transmis depuis Adam jusqu'aux rois modernes, de chef de famille en chef de famille, Locke invoquait un droit naturel qui consacrait à ses yeux la liberté et l'égalité des citoyens et les mettait au-dessus des entreprises des tyrans. « Pour comprendre, disait-il, le pouvoir politique et le dériver de sa vraie source, nous devons considérer dans quel état sont naturellement tous les hommes : or c'est un état de parfaite liberté, liberté d'ordonner leurs actions et de disposer de leurs possessions et de leurs personnes comme bon leur semble, dans les limites de la loi de nature, sans en demander permission à personne, sans dépendre de la volonté d'aucun autre homme ; c'est aussi un état d'égalité dans lequel tout pouvoir et toute juridiction est réciproque, nul n'ayant plus que son voisin, car s'il est quelque chose d'évident, c'est que des créatures de même espèce et de

1. Grotius, réfugié en France, y avait composé ce livre, qui fut publié à Paris en 1625, et l'avait dédié à Louis XIII dont il recevait une pension. Ses idées sont elles-mêmes empruntées aux stoïciens qui, comme on l'a vu plus haut (page 60), professaient l'antériorité d'un droit de nature par rapport au droit positif inscrit dans les codes. Jupiter (Dieu) en était le garant et le prince l'interprète.

2. Filmer est le plus important, il avait écrit le *Patriarcha* (1680) au fond pour défendre la monarchie absolue des Stuarts, comme Locke écrit son *Traité du gouvernement civil* en 1690, pour justifier la Révolution de 1688.

même rang, également nées pour jouir de tous les mêmes avantages naturels et faire usage des mêmes facultés doivent aussi être toutes égales entre elles sans subordination ni sujétion. » En France, Bodin (v. p. 121) avait déjà tenu un langage semblable ; mais le dix-huitième siècle ignorait ses précurseurs du seizième, et c'étaient Locke, Shaftesbury, Hutcheson, c'était la philosophie anglaise et écossaise qui enthousiasmait tous les esprits : les préliminaires philosophiques de Quesnay, de Dupont de Nemours et de Mercier de la Rivière sont, on va le voir, une transcription de Locke.

Les Physiocrates font reposer l'ordre moral et politique sur l'ordre naturel. Mais qu'est-ce que la nature ? Pour nous, c'est l'ensemble des choses en tant que régies par des lois nécessaires. Pour Quesnay, la nature est l'ensemble des desseins de Dieu pour la conservation et le bonheur de notre espèce. Et ces desseins, nous n'avons qu'à regarder en nous-mêmes pour les voir ; ils sont écrits dans notre raison. Dès lors, tout ce qui paraît vraisemblable à l'auteur du système est déclaré d'institution naturelle ou divine. Avant toute société, il y a pour l'homme, selon tous les maîtres de l'École, un droit et un devoir, le droit de s'emparer de tout ce qui lui est avantageux et le devoir de travailler à cette prise de possession ; ce qui peut paraître bizarre, car comment y aurait-il un droit en dehors des relations sociales, et comment appeler devoir ce qui n'est que l'effet des impulsions vitales les plus aveugles? La société apparaît ; les Physiocrates reconnaissent avec raison qu'elle est l'œuvre de la nature et que tout homme naît dans un groupe social ; mais alors pourquoi parler de droits antérieurs à l'état social? C'est qu'on veut mettre les droits naturels en dehors et au-dessus des institutions historiques, et réduire les lois positives à de simples *déclarations*[1], à la constatation des rapports prétendus éternels et immuables en tant que dérivés de la nature des choses. Ces lois éternelles sont : la propriété de soi-même ou la liberté, la propriété mobilière et la propriété foncière. Les Physiocrates décrivent un état social où ces lois sont respectueusement observées. Où, quand cet âge d'or apparaît-il? A l'origine des sociétés et plus près de nous chez les Indiens et les Ostiakes, chez les sauvages en un mot! Mais l'ordre naturel est troublé. Des gouvernements se fondent ; au nom de l'intérêt public, on foule aux pieds l'intérêt individuel ; l'âge d'or fait place à une période qui dure encore, où les rois substituent des prescriptions arbitraires aux lois de la nature. L'ordre ne sera rétabli que quand l'autorité tutélaire, investie d'un pouvoir absolu, reconnaîtra qu'elle est instituée uniquement pour préserver la liberté et la propriété de tous les indi-

---

1. De là la déclaration des droits de l'homme ; le législateur n'est pas « législacteur », il ne *fait* pas les lois, il les reconnaît.

vidus[1], quels qu'ils soient, et remettre en vigueur le droit primitif. Elle y réussira sans peine; il lui suffira de faire enseigner partout le cathéchisme des Physiocrates. L'instinct de s'emparer des choses avantageuses sera tenu facilement dans les limites du droit par la diffusion des « lumières ». Chacun verra en toute évidence que l'intérêt public coïncide avec l'intérêt individuel. « L'instruction publique » prouvera *par arithmétique* au dernier citoyen « qu'il n'y a pas de véritable profit à empiéter sur les droits de ses semblables et il s'en souviendra toute sa vie comme de la manière de compter son argent ». Le roi gouvernera « comme gouverne la raison, par l'évidence de l'intérêt commun ». Et de nouveau, comme du temps où il n'y avait pas de gouvernement, les hommes seront heureux[2].

Ce fatras métaphysico-historique était dans le goût du temps, il contribua plus peut-être au succès des Physiocrates que leurs justes revendications en faveur de l'agriculture et de la liberté du commerce. On ne

---

1. « La société est faite pour les particuliers, elle n'est instituée que pour protéger les droits de tous en assurant l'accomplissement de tous les devoirs mutuels, » Turgot : *Lettres sur la Tolérance*, édit. Guillaumin, p. 686 et 687. Dupont de Nemours dit que dans la succession des états sociaux, le désordre commence quand s'établit l'empire de cette maxime : que l'intérêt public doit l'emporter sur l'intérêt individuel.

2. Voir surtout pour l'exposition de ces principes le *Discours de l'éditeur* que Dupont de Nemours a placé en tête des écrits de Quesnay, p. 19 de la collection des principaux économistes, vol. des Physiocrates.

le comprenait pas, et pour cause, mais il en ressortait confusément et il devait en rester ces idées vraies que l'organisation économique n'est pas l'œuvre exclusive du pouvoir, qu'elle se fait en bonne partie d'elle-même et par le cours naturel des choses, par une évolution lente et progressive, que les hommes ne sont pas toujours mal inspirés quand ils se laissent guider par leurs intérêts, pourvu qu'ils sachent comprendre les relations étroites qui unissent l'intérêt individuel avec l'intérêt général, que la morale et le droit sont d'accord avec les conditions nécessaires de l'existence des sociétés ; que l'intérêt du pouvoir est le même que celui des citoyens, et que, si certaines fonctions sociales ont avant tout besoin de liberté, d'autres, comme l'instruction et la défense des faibles contre les forts, des pauvres contre les riches, gagnent à devenir de véritables services publics entre les mains d'une autorité respectée ; que même tout bon gouvernement est le propagateur de la culture intellectuelle et l'organe indispensable des réformes réclamées par l'opinion. L'optimisme des Physiocrates, excessif d'ailleurs, leur donnait le sentiment d'harmonies sociales qui échappaient aux philosophes révolutionnaires comme Rousseau ; au lieu de présenter leurs théories sur l'origine naturelle du droit, de manière à scandaliser le clergé, ils préféraient se faire dans ses rangs des auxiliaires comme l'abbé Baudeau, l'abbé Morellet et l'abbé de Condillac ; au lieu de menacer la royauté, ils essayaient de se concilier son appui ; Quesnay était, sans rien perdre de sa dignité, l'hôte de Versailles ; il suscitait chez Louis XV lui-même un tel enthousiasme que le *Tableau économique* fut imprimé sous les yeux du prince avec cette épigraphe : « Pauvres paysans, pauvre royaume ; pauvre royaume, pauvre roi ! » Le ministère de Turgot nous montre l'accord momentané du plus hardi des réformateurs avec le représentant timoré de la monarchie traditionnelle, et nous prouve que dans l'École économiste on eût mieux aimé tirer parti des institutions historiques que les détruire. Se contenter du possible, mais faire tout ce possible pour le bien public était sa maxime. Par une contradiction qui n'est qu'apparente, puisque Mercier de la Rivière proclamait hautement la nécessité d'un pouvoir fortement armé pour l'exécution des lois, Turgot n'hésite pas à mettre la force publique au service de la doctrine du laissez faire et du laissez passer. C'était reconnaître que les monopoles et les préjugés ne cèdent pas toujours au seul ascendant de la raison.

Si, après avoir indiqué l'esprit général de l'École, nous entrons dans le détail de ses vues sur la production et la distribution de la richesse, nous verrons qu'en somme la prétendue science nouvelle n'était que l'ensemble des réclamations suscitées par les besoins du pays, réclamations poussées à l'extrême par le sentiment des obstacles à vaincre et le tour systématique propre à l'esprit du temps.

Nous avons vu que la propriété personnelle, étant une nécessité, est aussi un droit primitif; mais la propriété mobilière, c'est-à-dire celle des objets utiles saisis par la personne ou confectionnés par elle n'est ni moins nécessaire ni moins fondée en justice; la propriété foncière, enfin, est établie sur la nécessité dont elle est aux deux premières propriétés qui, sans elle, deviendraient nulles : « dès qu'il y aurait plus d'hommes que de subsistances, le besoin les mettrait dans le cas de s'entr'égorger, et alors il n'existerait plus ni propriété mobilière, ni propriété personnelle, ni société » (Mercier de la Rivière). Et la propriété mobilière (outils, graines et aliments) est nécessaire pour mettre la terre en valeur. Voilà la base de tout le système. Toute richesse est un objet matériel utilisable et tous les objets utilisables sont directement ou indirectement des productions de la terre. « La terre est l'unique source des richesses, et c'est l'agriculture qui les multiplie. » Le travail de l'agriculteur, en effet, est seul générateur, seul productif; celui de tous les autres travailleurs est stérile. Quand l'agriculteur s'est nourri du fruit de son travail pendant une année, il lui reste, en vertu du pouvoir de multiplication des substances végétales ou des animaux domestiques, un excédent de valeur qui va se joindre à la masse des richesses déjà existantes; quand l'ouvrier ou le commerçant se sont alimentés pendant le même temps, grâce à leur salaire, ils n'ont fait que transformer leur travail en une quantité de richesse équivalente à leur consommation ; et, à moins qu'ils n'aient consommé moins qu'il ne leur est nécessaire, il ne leur reste aucun excédent ; ils n'ont donc rien produit. C'est parce que l'agriculteur a trouvé bon de ne pas fabriquer ses outils lui-même ou de ne pas aller chercher lui-même ses denrées, parce qu'il a consenti à partager avec eux quelque chose de la richesse qu'il a créée, qu'ils ont pu vivre ; ils sont des salariés. Il est possible que ce salaire fasse vivre un plus grand nombre d'hommes là où les manufactures se multiplient et pourvu qu'elles trouvent des débouchés à l'étranger ; mais la preuve que le numéraire ainsi obtenu n'est pas une richesse, c'est que la multiplication des artisans est toujours limitée à la quantité de denrées alimentaires produites par l'agriculture dans une nation donnée[1].

La classe des producteurs véritables doit donc être l'objet de toute la sollicitude du pouvoir. Le premier devoir de celui-ci est d'assurer aux possesseurs légi-

---

1. La raison qu'en donne Quesnay, vol. cité p. 190, est sophistique. Si par le commerce un surcroît de numéraire est obtenu, on pourra payer plus d'ouvriers et ceux-ci provoqueront, si le commerce est libre, l'arrivage d'une quantité croissante de denrées alimentaires des pays qui les produisent. Par conséquent. ce n'est pas, comme il le dit, la production agricole annuelle *dans une nation* qui limite le salaire des industriels. Quesnay est l'incohérence même.

times la propriété des biens fonds et des richesses
mobilières nécessaires à leur exploitation. « La sûreté
de la propriété est le fondement de l'ordre économique
de la société. » Le gouvernement ne doit pas favoriser
à grands frais les travaux de l'industrie « qui ne sont
qu'un objet dispendieux et non une source de revenu[1]»;
il doit réserver toutes ses dépenses pour les besoins
de l'agriculture, favoriser la multiplication des bes-
tiaux, creuser des ports et des canaux, construire des
routes, vulgariser l'instruction agricole et économique
avant tout. D'ailleurs l'agriculture a besoin avant tout
d'être libre : « que chacun soit libre de cultiver dans
son champ telles productions que son intérêt, ses
facultés, la nature du terrain lui suggèrent pour en
tirer le plus grand produit possible ». Elle a besoin
aussi de pouvoir faire circuler librement ses produits
tant à l'intérieur qu'à l'extérieur. La production
augmente avec le débit. Plus de taxes ni d'interdictions de province à province, plus de douanes frappées
sur n'importe quel objet, à plus forte raison sur le
blé et sur les « denrées du crû ». Laissez faire ;
laissez passer[2]. Les citoyens, instruits par les écoles
publiques et l'expérience, sauront porter d'eux-
mêmes leurs capitaux vers l'agriculture plutôt que
dans les entreprises industrielles, restreindre la
consommation des produits agricoles (surtout celle de

1. *Maximes générales du gouvernement*, p. 88.
2. Le mot est probablement de Gournay.

la viande), grouper leurs propriétés pour diminuer les frais généraux d'exploitation, bref, se mouvoir spontanément de telle sorte que les vraies richesses aillent toujours en augmentant.

En revanche, la terre étant la seule source de richesse doit seule supporter l'impôt. Mais, ici, plusieurs distinctions sont à faire. Si nous considérons l'ensemble des choses utiles que procure l'exploitation d'une terre, c'est-à-dire le produit brut, nous y trouvons deux parties bien distinctes ; l'une, qui sert à indemniser le cultivateur, l'autre qui reste, cette indemnité une fois payée, à la disposition du propriétaire. Or, pour que le cultivateur 1° ne perde pas dans l'exploitation, 2° puisse la renouveler au cours des années suivantes — les mauvaises comprises, — il faut qu'il trouve, dans ce qu'il reçoit du revenu, d'abord de quoi se nourrir lui et sa famille, ensuite le remboursement de ses avances, enfin les fonds nécessaires à l'exploitation ultérieure. Sans quoi, faute de capitaux, la culture s'arrêtera et la source de la richesse se tarira aussitôt. L'État n'a donc rien à réclamer sur ces divers éléments. Le fermier, en d'autres termes, doit être exempt d'impôts. Sur quoi portera l'impôt ? Sur ce qui reste et qui est versé au propriétaire sous forme de fermage. L'État lui garantit la possession de sa terre, l'État est donc le copropriétaire du *produit net* ou de la rente territoriale. C'est sur cette rente qu'il lèvera l'impôt. Le produit net ou le surplus du revenu que produit la terre, les frais de culture une fois défalqués, constitue la part disponible de la richesse, part avec laquelle sont payées les dépenses de l'État et rétribuées toutes les autres industries[1].

L'impôt indirect est condamnable en ce qu'il fait peser les charges publiques sur les artisans qui ne produisent rien. Le seul impôt rationnel est l'impôt direct, avec le produit net pour base ; il doit être unique et proportionnel.

Il n'est pas désirable que la population s'accroisse indéfiniment. Son augmentation est limitée par la quantité de subsistances disponible ; elle ne peut se multiplier sans inconvénient qu'après que les subsistances se sont accrues. Dans un État réglé conformément au système, ce bon ordre ne peut manquer d'être observé. Alors il y a des inégalités ; elles sont inévitables, parce que, si les droits sont égaux, les avantages ne peuvent l'être, dépendant des facultés qui sont inégales. Mais il n'y a pas d'extrême misère, et tous, selon leur condition, sont heureux.

Il n'est pas désirable non plus que le prix des denrées s'avilisse. Il y a pour chaque chose un *bon prix*, un prix naturel résultant du libre jeu de l'offre et de la demande, avantageux à la fois au vendeur et

1. L'analyse que nous avons donnée de l'ouvrage de Cantillon, permet à nos lecteurs d'apprécier combien les Physiocrates lui ont fait d'emprunts.

à l'acheteur. Au-dessus de ce taux, la perte est supportée par le consommateur, au-dessous par le producteur ; c'est l'intervention inopportune de l'État; ce sont les entraves mises au commerce extérieur et intérieur qui causent ces écarts.

Le commerce extérieur est exactement aussi avantageux que le commerce intérieur, pas plus. Il doit arriver qu'une nation prospère voie diminuer ses transactions avec l'étranger et tende à se suffire à elle-même. La meilleure politique internationale est celle qui est fondée sur le droit naturel; les nations sont, par rapport les unes aux autres, comme des personnes. « Les sociétés particulières, écrit Mercier de la Rivière, ne sont véritablement que différentes branches d'un même tronc dont elles tirent leur substance, que différentes classes de la société naturelle, générale et tacite qui a présidé à leur institution... Chaque nation n'est ainsi qu'une province du grand royaume de la nature ; aussi seraient-elles toutes gouvernées par les mêmes lois qui, dans ce qu'elles ont d'essentiel, seraient parfaitement semblables, si toutes ces nations s'étaient élevées à la connaissance du juste et de l'injuste absolus, à la connaissance de cet ordre immuable par lequel l'auteur de la nature s'est proposé que les hommes fussent gouvernés dans tous les lieux et dans tous les temps, et auquel il a attaché leur meilleur état possible[1]. »

____

1. *L'ordre naturel et essentiel des sociétés politiques*, p. 526.

Il suffit de rapprocher les doctrines des Physiocrates des institutions contemporaines pour voir que la plupart de ces doctrines ont eu avant tout une valeur relative et de circonstance, comme protestations contre les abus du régime monarchique. Ainsi, quand ils proclament la liberté personnelle, la liberté du travail, la liberté du commerce, quand ils demandent l'unité absolue de l'impôt, ils s'élèvent en réalité contre les entraves qui, sous l'ancien régime, arrêtaient de toutes parts l'essor de l'activité individuelle, contre la tyrannie des corps de métiers, contre les prohibitions qui paralysaient le commerce, contre la multiplicité infinie des taxes et des monopoles qui avaient poussé comme une forêt à l'ombre du pouvoir absolu. L'idée d'une législation universelle, émanée de la raison divine, contenait au fond un double vœu en faveur de la simplification des codes et la cessation de l'état de guerre entre les nations européennes. Mais on ne peut refuser à la première école économiste française digne de ce nom la gloire d'avoir donné à ses travaux un caractère déjà scientifique : les Physiocrates ont cru à l'existence de rapports naturels et nécessaires entre les phénomènes économiques, ils ont curieusement recherché les répercussions de chacun de ces phénomènes sur les parties même éloignées du corps social; ils ont eu l'idée d'une marche historique régulière, d'une évolution des institutions juridiques. Ils ont embrassé dans un

ordre systématique l'ensemble de leurs théories et des
faits invoqués pour les établir. Ce système était artificiel, il est vrai, il prêtait aux diverses parties de leur
doctrine un lien déductif, un enchaînement à priori
qu'aucune doctrine du réel ne comporte ; ses auteurs
avaient le tort grave de le présenter comme s'appli-
quant à tous les temps et à tous les lieux ; mais il
était le prélude des synthèses plus compréhensives et
plus positives qui suivirent. Les œuvres de Dupont
de Nemours, de Mercier de la Rivière, de le Trosne,
de Turgot surtout empruntent à cet arrangement
géométrique un air de simplicité, de clarté, de cohé-
sion qui séduisit les contemporains et rendit la
« science nouvelle » presque populaire.

III. — Les adversaires des Physiocrates.
Retour au Platonisme.
La politique révolutionnaire : Rousseau et Mably.

Les « Économistes » qui préconisaient la liberté industrielle et commerciale eurent naturellement à combattre les représentants attardés du système mercantile ou de la règlementation à outrance. De là les débats retentissants que suscita la question du libre commerce des blés et où figurèrent en première ligne du côté des partisans de la restriction l'abbé Galiani et Necker. Mais l'importance théorique de ces discussions est médiocre. Quelle que fût la valeur d'hommes comme Forbonnais, attaché par conviction jusqu'en 1800 au système prohibitif, la « science nouvelle » luttait ici contre le passé; son triomphe n'était plus qu'une question de temps. Au contraire, bien que les doctrines socialistes n'aient que peu attiré au dix-huitième siècle l'attention du public éclairé, leur naissance mérite d'être signalée, parce que la doctrine du laissez faire et du laissez passer devait trouver en elles au siècle suivant son plus redoutable adversaire.

Les Économistes relèvent de Locke. Rousseau et Mably s'inspirent plus spécialement de Platon. Les premiers se sont montrés préoccupés de fonder en droit la propriété individuelle; mais ce n'est que pour la rendre plus sûre en fait et prêter une base solide à l'édifice économique. Les seconds veulent avant tout réorganiser la société selon la justice, et la richesse leur paraît, comme aux anciens, un obstacle à la vertu. Nous retrouvons en eux la veine antiéconomique que nous avons vue sortir du Platonisme, que nous avons ensuite rencontrée dans la philosophie chrétienne, que le seizième et le dix-septième siècle nous ont enfin montrée encore une fois dans les utopies de Morus et de Campanella.

Le christianisme n'avait pas cessé d'ailleurs de proclamer théoriquement l'injustice fondamentale de la richesse. Bossuet, au milieu des splendeurs de la cour de Versailles, professait la pure doctrine de l'Évangile lorsqu'il disait dans le *Sermon sur la dignité des pauvres dans l'Église :* « Dieu m'a envoyé, dit le Sauveur, pour annoncer l'Évangile aux pauvres. *Evangelisare pauperibus misit me.* Il ne souffre les riches que pour assister les pauvres. C'est pourquoi dans l'ancienne Église, on mettait tout en communion de peur de se rendre coupable de la nécessité de quelqu'un... Car, quelle injustice, mes frères, que les pauvres portent tout le fardeau et que tout le poids des misères aille fondre sur leurs épaules ! S'ils s'en plaignent et s'ils en murmurent contre la Providence divine, Seigneur, permettez-moi de le dire, c'est avec quelque couleur de justice, car étant tous pétris d'une même masse et ne pouvant y avoir grande différence entre de la boue et de la boue, pourquoi verrons-nous d'un côté la joie, la faveur, l'affluence, et de l'autre la tristesse et l'extrême désespoir, l'extrême nécessité et plus encore, le mépris et la servitude ? Pourquoi cet homme si fortuné vivrait-il dans une telle abondance et pourrait-il contenter jusqu'aux désirs les plus inutiles d'une curiosité étudiée, pendant qu'un misérable, homme toutefois aussi bien que lui, ne pourra soutenir sa propre famille, ni soulager la faim qui le presse ? » Dans le *Sermon sur les dispositions relativement aux nécessités de la vie*, on retrouve l'écho du même enseignement : « Les murmures des pauvres sont justes. Pourquoi cette inégalité des conditions ? Tous étant formés d'une même boue, nul moyen de justifier ceci, sinon en disant que Dieu a recommandé les pauvres aux riches et leur a assigné leur vie sur leur superflu. *Ut fiat equalitas*, comme dit saint Paul » (Corinthiens, VIII, 14). Et revenant au socialisme chrétien des premiers temps, Bossuet, dans son *Traité sur l'usure*, proscrivait le prêt à intérêt et imposait au riche l'obligation de mettre entre les mains du pauvre sans rémunération l'argent dont celui-ci pouvait avoir besoin.

Fénelon décrit dans le *Télémaque* (1699) une ville

idéale, Salente, et entre dans le détail de son organisation économique. Après avoir déclaré que la liberté
du commerce y est absolue, Fénelon expose que
l'entrée des marchandises de luxe y est sévèrement
interdite. Les industries de luxe, les parures d'or et
d'argent en sont également bannies. Les artisans,
auparavant occupés aux travaux considérés comme
inutiles, sont appliqués à l'agriculture. Celle-ci attire
toute la sollicitude du prince ; les campagnes sont le
cœur du royaume. « Une grande ville fort peuplée
d'artisans occupés à amollir les mœurs par les délices
de la vie, quand elle est entourée d'un royaume
pauvre et mal cultivé, ressemble à un monstre dont la
tête est d'une grosseur énorme et dont tout le corps,
exténué et privé de nourriture, n'a aucune proportion
avec la tête. C'est le nombre du peuple et l'abondance
des aliments qui font la vraie force et la vraie richesse
d'un royaume » (éd. Didot, p. 131). Des primes
accordées aux familles nombreuses et l'allégement des
impôts favoriseront la multiplication de la population
agricole ; mais elle doit être elle-même préservée d'un
excès de richesse et de l'amollissement qui en résulterait, par la limitation des propriétés. « Il faut régler,
dès à présent, l'étendue de terre que chaque famille
pourra posséder... Chaque famille étant nombreuse et
ayant peu de terre, aura besoin de la cultiver par un
travail sans relâche. C'est la mollesse et l'oisiveté qui
rendent les peuples insolents et rebelles. Ils auront

du pain, à la vérité, et assez largement; mais *ils n'auront que du pain* et des fruits de leur propre terre, gagnés à la sueur de leur visage (p. 75). » — Cette organisation économique, où l'État dispose de la propriété et règlemente souverainement l'industrie et le commerce, est évidemment socialiste. Les conceptions de Fénelon se placent au confluent des enseignements chrétiens et des traditions antiques (Socrate et Platon); elles annoncent à la fois les doctrines des Physiocrates par la faveur réservée à l'agriculture, et les doctrines de Rousseau et de Mably par les tendances socialistes que nous venons de relever. On sait avec quelle douleur Fénelon comme Labruyère voyait la misère où la guerre et les impôts avaient réduit de son temps une partie de la population française, et qui était d'autant plus digne de compassion qu'à côté s'étalait le luxe de la cour. Il lui semblait comme aux premiers Pères de l'Église que les riches étaient responsables de la misère qui les environnait. Toute propriété individuelle, en effet, est nécessairement exclusive. A mesure que le dix-septième siècle vieillit, il se préoccupe davantage des moyens à employer pour assurer à tous une plus juste répartition des avantages sociaux. La pitié de Fénelon annonce la *sensibilité* des philosophes. Le grand courant de sympathie et de pitié qui entraînait le dix-huitième siècle devait se heurter à l'inégalité des conditions comme à un scandale.

J.-J. Rousseau. — Dès 1753, c'est-à-dire alors que le mouvement économique commençait à peine à se déssiner, une académie de province[1] (celle de Dijon), répondant sans aucun doute à des inquiétudes naissantes, mit au concours le sujet suivant: Quelle est l'origine de l'inégalité parmi les hommes et si elle est autorisée par la loi naturelle? La « question sociale » était posée. Jean-Jacques Rousseau se présenta pour la résoudre. Il y revint quelques années après dans le *Contrat Social* où le droit de propriété et l'égalité tiennent encore une grande place parmi les problèmes purement politiques. Il y revint surtout dans l'article *Économie politique* que l'Encyclopédie lui demanda.

Rousseau ne peut pas croire que Dieu, auteur de la société humaine comme de toutes choses, ait pu vouloir l'inégalité des conditions, combler de biens un

1. A ce moment il y avait dans presque toutes les grandes villes de France, à Dijon, à Amiens, à Bordeaux notamment, des sociétés scientifiques, qui, sous des noms divers, s'occupaient de questions économiques et publiaient des mémoires accompagnés de statistiques. Plusieurs de ces travaux étaient fort estimables. Ceux de l'académie d'Amiens, par exemple, publiés sous la même reliure que les *Questions sur le Commerce* de Josias Tucker (1753), offrent un réel intérêt. Dans un mémoire encore manuscrit lu par de Bacalan en 1764 à la Société royale des sciences de Bordeaux, on trouve un exposé assez net de la théorie des débouchés. Dans la même collection figurent de très curieux mémoires sur la fixation des dunes de Gascogne et le repeuplement des forêts des Landes. Si nous avons pu étudier les ouvrages d'économie politiques anglais Mun, Child, Petty, Tucker et de Cantillon, c'est que le vieux fonds des livres ayant appartenu à la Société royale des sciences a été versé à la Bibliothèque municipale de Bordeaux au commencement du siècle.

petit nombre, et condamner les autres à la misère.
Pour décharger en quelque sorte la Providence de
cette responsabilité, il imagine (d'après Platon) et
place à l'origine de l'humanité un état de choses
parfait, un âge d'or qu'il appelle l'état de nature.
L'homme naturel n'a qu'un très petit nombre de
besoins que la nature satisfait amplement. « Je le vois
dit-il, se rassasiant sous un chêne, se désaltérant au
premier ruisseau, trouvant son lit au pied du même
arbre qui lui a fourni son repas, et voilà ses besoins
satisfaits. » La propriété individuelle est inutile là où
tous trouvent dans la libre jouissance des biens
fournis avec profusion par la nature une ample satisfaction de leurs besoins. La propriété n'est donc pas
de droit naturel ; elle n'entre point dans le plan primitif de la Providence : on ne la trouve point, pas
plus que l'inégalité qu'elle implique, chez les sauvages
actuels qui sont restés par exception dans l'état de
nature, par exemple chez les Caraïbes. Malheureusement, pour des raisons assez mystérieuses, l'état de
nature n'a pu durer. Poussés par des besoins plus
exigeants, les hommes se sont établis sur une portion
du sol, l'ont cultivée et ont réclamé la possession
exclusive du champ fécondé par leur travail. L'inégalité des forces et des talents ne peut manquer dès lors
d'entraîner l'inégalité des fortunes. Les coups de force
tentés par les violents, les ruses ourdies par les habiles
pour l'exploitation des faibles, les prestiges déployés en

vue de s'assurer une supériorité sociale devenue source de profits, mirent entre les hommes des distances de plus en plus grandes. « Enfin l'ambition dévorante, l'ardeur d'élever sa fortune relative, moins par un véritable besoin que pour se mettre au-dessus des autres, inspire à tous les hommes un noir penchant à se nuire mutuellement, une jalousie secrète, d'autant plus dangereuse que, pour faire son coup plus en sûreté, elle prend souvent le masque de la bienveillance ; en un mot, concurrence et rivalité d'une part, de l'autre, opposition d'intérêts, et toujours le désir caché de faire son profit aux dépens d'autrui ; tous ces maux sont le premier effet de la propriété et le cortège inséparable de l'inégalité naissante. » De là, la nécessité d'établir par contrat un ordre légal où chacun abdique sa liberté et aliène ses possessions entre les mains de la communauté, à condition qu'il sera protégé dans sa liberté et dans ses biens par la force de tous. La propriété est donc non de droit naturel mais de droit civil ; elle est un fait social ; elle dérive de la volonté collective ; elle n'est, en dehors de la consécration légale, qu'une possession physique en quelque sorte, précaire et toujours contestable[1].

Mais, dès lors, l'État a le droit de régler en vue du bien public l'usage de cette propriété qu'il garantit. « L'institution des lois qui règlent le pouvoir des

1. Article : *Économie politique.*

particuliers dans la disposition de leur propre bien n'appartient qu'au souverain[1]. » L'égalité dans les droits et l'autorité ne saurait subsister longtemps là où règne l'inégalité dans les rangs et les fortunes. Les mœurs simples préviennent les procès ; le luxe au contraire « corrompt à la fois le riche et le pauvre, l'un par la possession, l'autre par la convoitise ; il vend la patrie à la mollesse, à la vanité ; il ôte à l'État tous ses citoyens pour les asservir les uns aux autres et tous à l'opinion ». « C'est donc une des plus importantes affaires du gouvernement de prévenir l'extrème inégalité des fortunes, non en enlevant les trésors à leurs possesseurs, mais *en ôtant à tous les moyens d'en accumuler*, ni en bâtissant des hôpitaux pour les pauvres, mais en garantissant les citoyens de le devenir[2]. »

L'éducation contribuera à produire ces heureux effets. C'est elle qui contraindra l'amour-propre à sortir de ses limites et qui, en le mêlant à l'amour du *moi* commun, le purifiera, Quant à l' « Économie politique », en tant qu'administration des finances, voici

---

1. *Contrat social*, chap. IX.

2. *Contrat social*, chap. IV et chap. XI, première note. « Voulez-vous donner à l'État de la consistance ? Rapprochez les degrès extrêmes autant qu'il est possible. Ne souffrez ni des gens opulents ni des gueux. Ces deux états naturellement inséparables sont également funestes au bien commun ; de l'un sortent les fauteurs de la tyrannie, de l'autre les tyrans ; c'est toujours entre eux que se fait le trafic de la liberté publique ; l'un l'achète et l'autre la vend. » Article : *Économie politique*, partie III.

par quels principes elle doit être dirigée. Que le
fonds principal des revenus de l'État soit le produit
d'une quantité considérable de terres que le contrat
social lui réservera. Il vaudrait mieux qu'il pût se
passer d'argent. « Donnez de l'argent et bientôt vous
aurez des fers. Ce mot de *finance* est un mot d'esclave ;
il est inconnu dans la cité. » Pour cela, il faut que
l'État soit petit ; les grands États sont faits par la
conquête et pour la conquête ; ils ont besoin d'une
armée permanente, d'artillerie et de fortifications,
sources de dépenses auxquelles le domaine public ne
pourra subvenir. Peut-être aux yeux de Rousseau ces
petits États ont-ils aussi plus de facilité pour se
confédérer et sortir de l'état de nature par un contrat.
Les grandes âmes, disait-il, sont cosmopolites ; nous
savons que les problèmes de cet ordre le préoccu-
pèrent, et il est de l'essence du socialisme radical de
combattre l'idée de patrie. Quoi qu'il en soit, là où
l'État ne peut se passer de contributions financières,
Rousseau veut qu'il les fasse servir au triomphe de la
vertu et à l'effacement des inégalités. Que l'impôt
épargne la terre, qu'il s'écarte des denrées de première nécessité, de peur de produire la disette
d'hommes, la pire de toutes. Qu'il frappe à la frontière et à l'intérieur les objets de luxe. « Qu'on éta-
blisse de fortes taxes sur la livrée, sur les équipages,
sur les glaces, lustres et ameublements, sur les étoffes
et la dorure, sur les cours et jardins des hôtels, sur

les spectacles de toute espècee, sur les professions oiseuses, comme baladins, chanteurs, histrions ; en un mot, sur cette foule d'objets de luxe, d'amusement et d'oisiveté, qui frappent tous les yeux et qui peuvent d'autant moins se cacher que leur seul usage est de se montrer. » Ce n'est pas assez d'imposer les riches plus que les pauvres ; « l'imposition doit être en raison composée de la différence de leurs conditions et du superflu de leurs biens[1] » ; en d'autres termes, l'impôt ne doit pas être proportionnel mais progressif. L'État en somme est comme quelqu'un qui aurait devant lui des vases inégalement remplis et qui puiserait sans scrupule dans les plus pleins pour relever le niveau des autres.

Mably. — Même quand il va jusqu'à demander que l'État « assure la subsistance » des citoyens par l'établissement des greniers publics, Rousseau ne croit en rien compromettre la propriété individuelle. Il recommande même à l'État de favoriser la transmission héréditaire et la stabilité des fortunes. Mably est plus radical ; il nie la propriété même. Ses livres ne sont qu'une paraphrase de la *République* de Platon. Il reproche aux Économistes de ne s'occuper que des intérêts matériels de l'homme ; « ce sont les vertus qui servent de bases au bonheur des sociétés, les champs viendront après ». Le principal objet de la

---

1. Article : *Économie politique*, partie III.

politique, suivant lui, est « d'empêcher que les passions ne sortent victorieuses du combat éternel que notre raison est condamnée à soutenir contre elles. Son but est de tenir les passions courbées sous le joug ». Le vice fondamental, « c'est ce monstre à deux corps, composé d'avarice et de prodigalité, qui ne se lasse jamais d'acquérir ou de dissiper ». Pour le tenir en bride, il faut empêcher l'inégalité des biens et forcer tout le monde à vivre dans une condition modeste. Un seul moyen se présente, c'est de rendre la propriété commune ; en d'autres termes, de l'abolir tout à fait. Mably décrit comme Rousseau un temps de félicité où les biens étaient communs, où les tâches étaient distribuées selon les aptitudes, où chaque famille recevait des magistrats sa part de subsistances[1]. La gravité de ces doctrines n'échappe point à nos lecteurs.

Elles établissent pour nous un lien entre les utopies du seizième siècle (voir page 116) et les théories socialistes du nôtre ; à ce titre, elles devaient être mentionnées : mais elles furent, il faut le dire, peu remarquées des contemporains ; et l'école individualiste et libérale ne continua pas moins à se développer puissamment. Le nom d'Adam Smith marque son apogée.

---

1. D'après Janet : *Histoire de la science politique*, chap. IX. Mably a écrit : *Entretiens de Phocion*, 1753 ; *De la Législation ou des principes des lois*, 1776 ; *Doutes proposés aux économistes sur l'ordre naturel et essentiel des sociétés politiques*, 1768.

CHAPITRE III

LA RÉPUBLIQUE ÉCONOMIQUE UNIVERSELLE
LIBÉRALISME ET INDIVIDUALISME.
DÉVELOPPEMENT DE LA RICHESSE POUR ELLE-MÊME
PAR LE TRAVAIL. ADAM SMITH

I. — Prédécesseurs d'Adam Smith en Italie, en France et en Angleterre.

A mesure qu'on réfléchissait davantage sur les vraies sources de la richesse, on devait s'apercevoir que les produits du sol ne sont mis au jour et rendus utilisables que par le travail de l'homme. C'est à cette conclusion que s'acheminent plus ou moins rapidement les divers économistes qui précèdent Adam Smith ; c'est à ce titre qu'ils peuvent être considérés comme ses précurseurs.

Italie. — Délaissées pendant la première moitié du dix-huitième siècle, les études économiques prirent en Italie une vigueur peu commune pendant la seconde moitié, où les gouvernements du nord de la péninsule eurent besoin de seconder le réveil spontané de la prospérité publique dans leurs États. Bandini avait pris les devants en 1737 par son discours sur la maremme de Sienne (publié seulement en 1775). Genovesi (1712-1767), pour lequel fut fondée en 1755, à Naples, sous le nom de chaire de commerce et de mécanique, la première chaire d'économie politique, encore attaché aux principes de l'école mercantile, s'écarte cependant de son programme en ce qu'il demande la liberté du commerce des grains et repousse la réglementation de l'intérêt de l'argent. Il innove en ceci surtout : qu'il regarde le travail comme le capital de toutes les nations, de toutes les familles, de toutes les conditions, et déclare que, tout douloureux qu'il est, il faut l'aimer comme la loi de toute activité et la source de tout bien. « Il n'y a pas, dit-il, d'autre moyen de *faire de l'argent* que le travail honnête. » C'était un réformateur profondément pénétré de l'esprit du siècle. Galiani se mêla activement à la querelle sur le commerce des blés, y dépensa beaucoup d'esprit et s'appliqua à démontrer contre les physiocrates, trop absolus dans leurs conclusions libérales, que les restrictions peuvent convenir à un pays, tandis que la libre circulation peut convenir à un autre. La critique était opportune. Dans le premier ouvrage qui parut sous son nom (et qui, peut-être, est dû aux inspirations directes du marquis de Rinuccini et de Bartolomeo Intieri), *Cinq Livres sur la monnaie* (1750), Galiani étudie avec sagacité les nombreuses ramifications du sujet et particulièrement la valeur ; il montre que la valeur résulte de la rareté, de l'utilité, de la quantité de travail et de temps dépensée pour la production, et ramène à ces lois la valeur, trop méconnue alors, des aptitudes intellectuelles de l'homme. Beccaria (1738-1794) professa à Milan, alors que son traité *Des délits et des peines* (1764) l'avait déjà rendu célèbre, un cours d'économie politique, publié plus tard (1804). On y trouve marquées de sa manière sentencieuse des affirmations dépourvues de développements, mais dont l'originalité par rapport aux doctrines des physiocrates n'est pas douteuse. Il comprenait avant Adam Smith et enseignait l'importance de la division du travail, le rôle du temps et de la capacité intellectuelle dans la production, la vraie fonction des capitaux productifs. Pendant ce temps, Pietro Verri, son ami de jeunesse (1728-1797), esprit plus délié, plus pénétrant peut-être, bien que de plus modeste allure, cherchait dans plusieurs ouvrages importants et particulièrement dans les *Méditations* (1771), à systématiser à nouveau les notions courantes sur l'économie politique. Sa loi fondamentale des échanges : « que le prix est en raison inverse du nombre des vendeurs et en raison directe de celui des acheteurs » encourt plus d'une objection ; mais il fait une critique décisive de l'opinion des physiocrates sur la stérilité du travail industriel : « la reproduction, dit-il, naît des manufactures comme du travail des champs. Tous les phénomènes de l'univers, qu'ils soient produits par la main de l'homme ou par les lois universelles de la physique, nous donnent l'idée non d'une *création* actuelle, mais uniquement d'une *modification* de la matière. Rapprochement et séparation sont les seuls éléments que l'esprit humain découvre dans l'analyse de l'idée de reproduction; et il y a tout aussi bien reproduction de *valeur* et de *richesse*, quand la terre, l'air et l'eau se transforment en grains dans les champs, que quand, par la main de l'homme, la sécrétion d'un insecte se transforme en velours ou que quelques petits morceaux de métal s'organisent de façon à former une montre. » Il soutient que le travail industriel, comme celui de l'agriculteur, non seulement emploie de la matière et entraîne une consommation, mais aussi laisse un bénéfice, constitue une augmentation de richesse; et même, d'après lui, l'industriel s'enrichit et enrichit la nation beaucoup plus vite que l'agriculteur. L'ouvrage de Verri eut un succès considérable. Condillac, précepteur de l'infant de Parme, et qui suivait de très près le mouvement intellectuel de l'Italie, a emprunté presque textuellement à Verri sa réfutation de l'erreur fondamentale des physiocrates. Son *Essai sur le Commerce et le Gouvernement* parut quatre ans après les *Méditations sur l'Économie politique* (en 1775), et la *Richesse des nations* d'Adam Smith ne vit le jour qu'en 1776. Que celui-ci ait connu les écrits de Condillac et s'en soit inspiré, cela est peu probable. Mais il a pu connaître ceux de Verri. La coïncidence de ces travaux divers montre du moins que la *Richesse des nations* est la dernière expression d'un mouvement d'idées très étendu, qui avait gagné, de proche en proche, le continent tout entier [1].

France. — En France, à mesure que l'école des physiocrates se développe, elle néglige de plus en plus les spéculations hasardeuses sur le droit naturel pour s'occuper des phénomènes économiques envisagés en eux-mêmes et de leurs lois. Bref, l'économie politique tend à se rendre indépendante de la morale; position qui n'est pas définitive, nous le verrons plus tard, mais que la science de la richesse devait reprendre pour se constituer. Par là, les Physiocrates de la dernière heure se rapprochent d'Adam Smith.

Turgot avait combattu les économistes financiers de l'école de Law et adopté les principes libéraux de Gournay avant la formation de la « secte » des physiocrates. Au moment où celle-ci était le plus en faveur auprès du public, l'intendant de Limoges eut l'idée assez singulière de condenser en quelques pages les doctrines économiques consacrées, à l'usage de deux jeunes Chinois qui retournaient dans leur pays après

1. Pecchio : *Histoire de l'Économie politique en Italie*, Paris, 1830. E. Bouvy : *Le comte Pietro Verri*, Paris, 1889,

un court séjour en France. Telle était la confiance de ces esprits généreux mais quelque peu chimériques dans l'évidence de leurs doctrines et l'unanimité des intelligences humaines ! Il se trouva que l'exposé des principes rédigé par Turgot était sur plusieurs points en dissentiment avec le *credo* de l'École. Ce dissentiment est encore mieux marqué si l'on rapproche les *Réflexions sur la formation et la distribution des Richesses* des autres œuvres de Turgot, ses *Discours en Sorbonne*, sa *Géographie politique* et son *Discours sur l'Histoire universelle*, de manière à reconstituer autant que possible l'ensemble de ses idées.

D'abord, au lieu de ramener toute l'activité sociale à l'activité économique et de faire de celle-ci le centre de l'histoire et de la politique, il replace les fonctions de production et d'échange à leur rang dans l'économie du corps social où la religion, les mœurs, les lettres, les sciences, les beaux-arts jouent un rôle non moins important.

Ensuite il ne se laisse pas entraîner par la conception d'un droit naturel primitif à placer une sorte d'âge d'or à l'origine de l'humanité. Il s'était livré dès l'âge de vingt-trois ans à des études historiques approfondies et il en avait emporté cette conviction que les premières populations humaines n'étaient rien moins que pacifiques et vertueuses. Ce n'est pas qu'il crût à un progrès continu et uniforme, comme certaines de ses formules les plus citées pourraient le faire croire ; il admettait, par exemple, que le progrès moral n'est pas rectiligne et croyait à une transformation graduelle de la criminalité sanglante en criminalité astucieuse [1]. Mais du moins il savait que les sociétés ont suivi une marche déterminée dans leur développement économique comme dans leur développement religieux, philosophique, artistique et scientifique, et il cherchait à en fixer les étapes en se tenant aussi près que possible de l'histoire réelle.

Cette préoccupation, il la partage avec les plus grands esprits anglais du dix-huitième siècle, Hume et Smith.

Dire que la méthode de Turgot est plus historique, c'est dire quelle est moins à priori que celle des Physiocrates. « Les hommes en tout ne s'éclairent, disait-il, que par le tâtonnement de l'expérience [2]. » Il s'est manifestement efforcé de faire marcher de front dans ses études économiques la raison et l'histoire plus exactement que ne l'ont fait ses contemporains.

Il méconnaît cependant plus qu'eux, si c'est possible, les différences que l'histoire a établies entre les diverses nations. Mercier de la Rivière pense que le même droit doit régir parallèlement chaque État, parce que chaque législation est une dérivation du droit naturel primitif. Turgot renverse les barrières et se déclare citoyen du monde. On trouve dans sa

1. *Réflexions, etc.*, vol. I, p. 18.
2. *Discours en Sorbonne*, vol. II, p. 595.

correspondance cette phrase étonnante venant d'un ancien ministre : « Quiconque n'oublie pas qu'il y a des États politiques séparés les uns des autres et constitués diversement, ne traitera jamais bien aucune question d'économie politique. »

Enfin Turgot insiste plus que les Physiocrates ne l'avaient fait sur deux lois connexes : la division du travail et l'inégalité des conditions. Les occupations des hommes ne peuvent, en effet, différer en nature sans différer en dignité, sans que les unes ne se subordonnent aux autres. C'est ce qu'il établit solidement dès le début de ses *Réflexions*. « Si la terre, dit-il, était tellement distribuée entre tous les habitants d'un pays, que chacun en eût précisément la quantité nécessaire pour le nourrir, et rien de plus, il est évident que, tous étant égaux, aucun ne voudrait travailler pour autrui ; personne aussi n'aurait de quoi payer le travail d'un autre, car chacun n'ayant de terre que ce qu'il en faudrait pour produire sa subsistance, consommerait tout ce qu'il aurait recueilli et n'aurait rien qu'il pût échanger contre le travail des autres. Quand cet état aurait pu exister, il n'aurait pu être durable : chacun ne tirant de son champ que sa subsistance, et n'ayant pas de quoi payer le travail des autres, ne pourrait subvenir à ses autres besoins, du logement, du vêtement, etc., que par son propre travail ; ce qui serait à peu près impossible, *toute terre ne produisant pas tout*, à beaucoup près... Bientôt l'expé-

rience apprendrait à chacun quelle est l'espèce de production à laquelle sa terre serait la plus propre, et il se
bornerait à la cultiver, afin de se procurer les choses
dont il manquerait par la voie des échanges avec ses
voisins, qui, ayant fait de leur côté les mêmes réflexions
auraient cultivé la denrée la plus propre à leur champ
et abandonné la culture de toutes les autres. — Les
denrées que la terre produit pour satisfaire aux différents besoins de l'homme ne peuvent y servir, pour la
plus grande partie, dans l'état où la nature les donne.;
elles ont besoin de subir différents changements et
d'être préparés par l'art : il faut convertir le froment en
farine et en pain ; tanner ou passer les cuirs ; filer les
laines, les cotons ; tirer la soie des cocons ; rouir, til-
ler les chanvres et les lins, en former ensuite différents tissus, et puis les tailler, les coudre pour en
faire des vêtements, des chaussures, etc. Si le même
homme qui fait produire à sa terre ces différentes
choses et qui les emploie à ses besoins, était obligé de
leur faire subir toutes les préparations intermédiaires,
il est certain qu'il réussirait fort mal. La plus grande
partie de ces préparations exige des soins, une attention, une longue expérience, qui ne s'acquiert qu'en
travaillant de suite et sur une grande quantité de matières. Prenons pour exemple la préparation des cuirs.
Quel laboureur pourrait suivre tous les détails nécessaires pour cette opération qui dure plusieurs mois et
quelquefois plusieurs années ? S'il le pouvait, le pour-

rait-il sur un seul cuir? Quelle perte de temps, de place, de matières qui auraient pu servir en même temps ou successivement à tanner une grande quantité de cuirs! Mais quand il réussirait à tanner un cuir tout seul; il ne lui faut qu'une paire de souliers; que ferait-il du reste? Tuera-t-il un bœuf pour avoir une paire de souliers? Coupera-t-il un arbre pour se faire une paire de sabots? On peut dire la même chose de tous les autres besoins de chaque homme, qui, s'il était réduit à son champ et à son travail, consumerait beaucoup de temps et de peine pour être très mal équipé à tous égards et cultiverait très mal son terrain.— Le même motif qui a établi l'échange de denrée à denrée entre les cultivateurs de diverse nature a donc dû amener aussi l'échange de la denrée contre le travail entre les cultivateurs et une autre partie de la société, qui aura préféré l'occupation de préparer et de mettre en œuvre les productions de la terre à celle de les faire naître. Tout le monde gagnait à cet arrangement, car chacun en se livrant à un seul genre de travail y réussissait beaucoup mieux. Le laboureur tirait de son champ la plus grande quantité de productions possible et se procurait bien plus facilement tous ses autres besoins par l'échange de son superflu qu'il ne l'eût fait par son travail; le cordonnier, en faisant des souliers pour le laboureur, s'appropriait une partie de la récolte de celui-ci. Chaque ouvrier travaillait pour les besoins des ouvriers de tous les autres genres, qui, de leur côté, travaillaient tous pour lui ». Mais dans cette réciprocité de services où le travail de chacun est indispensable à tous, tous ne jouissent pas des mêmes avantages. Le laboureur a du superflu ; l'ouvrier ne reçoit qu'un minimum. « En tout genre de travail, il doit arriver et il arrive, en effet, que le salaire de l'ouvrier se borne à ce qui lui est nécessaire pour sa subsistance. » L'ouvrier, qui n'a que ses bras, est donc en fait, sinon en mérite, subordonné au propriétaire des terres. Les conditions sont inévitablement inégales et cette inégalité doit croître avec le développement de la richesse. Turgot, on le voit, pressent que la division du travail et la concurrence des travailleurs ont pour conséquence ce qu'on devait appeler la loi d'airain, c'est-à-dire la réduction au minimum des salaires. Aucun Physiocrate n'avait jeté sur ces horizons un regard aussi clairvoyant[1].

Par tous ces traits, Turgot s'éloigne des Physiocrates et se rapproche d'Adam Smith et de son école. Les *Réflexions*, publiées en 1766, ont été envoyées à Londres, à Josias Tucker, quatre ans après et traduites en anglais. Il est probable que Smith les a connues.

Condillac est lui aussi un dissident. Le Trosne[2] le

1. Nous avons transcrit un assez long passage des *Réflexions* pour que le lecteur ait l'impression de la manière de l'auteur. Toutes les grandes fonctions et les grandes lois économiques sont ainsi introduites graduellement, les plus complexes après les plus simples, et le dessin général de cette histoire schématique est d'une merveilleuse clarté.

2. *De l'Intérêt social*, 1777.

reprend sur les points où il est infidèle à l'orthodoxie de l'école, et ce sont précisément ceux par où il devance la pensée du célèbre philosophe écossais. Fait intéressant à relever : Condillac se trouve, sur ces mêmes points, d'accord avec de Cantillon, le précurseur ou le premier des Physiocrates, dont la doctrine avait été modifiée par l'école au cours de son développement. Il admirait vivement son très remarquable *Essai sur le commerce* et avouait lui avoir fait de nombreux emprunts. Il suit d'ailleurs, dans son exposé, la même marche générale que son modèle.

Comme dans son analyse des facultés de l'âme humaine, Condillac essaie de suivre par voie d'hypothèse les phases successives du développement économique. Il croit que les hommes ont adopté, sous le rapport de la richesse, trois genres de vie : la vie grossière, qui est celle des sociétés primitives ou des sauvages ; la vie simple, qui est celle des sociétés arrivées à l'état d'équilibre et douées d'une organisation normale ; enfin, la vie molle, qui est celle où le luxe apparaît et où, les besoins factices s'étant multipliés, l'ordre économique naturel est de plus en plus méconnu.

1° La première partie de cette étude est consacrée à définir les phénomènes économiques essentiels, envisagés dans leur simplicité primitive. La valeur d'abord : selon Condillac elle résulte du rapport des choses aux besoins de l'homme ; elle est en raison de l'utilité. Or il y a deux sources d'utilité, le sol et le travail. « La terre, avait dit de Cantillon, est la source ou la matière d'où l'on tire la richesse ; le travail de l'homme est la *forme* qui la produit. » — « Lorsque la terre, dit Condillac, généralisant cette seconde idée, se couvre de productions de toutes espèces, il n'y a pas d'autre matière que celle qui existait auparavant, il y a seulement de nouvelles formes, et c'est dans ces formes que consiste toute la richesse de la nature. Les richesses naturelles ne sont donc que différentes transformations. Dans ces transformations, nous trouvons les productions que la nature a préparées pour être la matière première des arts. Or les arts font prendre à cette matière différentes formes plus ou moins utiles. Ils la rendent donc propre à de nouveaux usages ; ils lui donnent donc une nouvelle valeur » (chap. IX). « L'industrie (ou le travail) donne de la valeur à quantité de productions qui, sans elle, n'en auraient pas. Il est donc démontré que l'industrie est aussi, en dernière analyse, une source de richesses » (chap. VIII). Le commerçant lui-même concourt à la formation de la richesse : il fait de rien quelque chose. Nous voilà bien loin des théories des Physiocrates sur la stérilité du travail et du commerce. — Après la valeur, le prix est l'estimation que nous faisons de la valeur ou du degré d'utilité que les choses ont pour nous, ou ce qui revient au même, l'estimation des sacrifices que nous sommes décidés à faire pour les obtenir. — L'échange détermine le prix des choses. Celui-ci varie sous l'action de deux causes : 1° l'abondance et la rareté ; 2° la concurrence. Et c'est moins l'abondance ou la rareté réelles, ajoute finement Condillac, c'est l'idée qu'on se fait de l'une ou de l'autre, vraie ou fausse, qui augmente ou abaisse le prix. Aucune chose n'a un prix absolu, parce que rien n'est plus variable que l'idée que nous nous faisons de la valeur, ou l'intensité du désir que nous avons de posséder des objets utiles quelconques. C'est précisément parce que le prix qu'on accorde aux diverses catégories d'objets n'est pas le même pour tous que l'échange est possible : chacun, en effet, cherche à vendre ses produits le plus cher possible, mais il convoite quelque objet qui lui manque, et auquel il tient plus qu'à ses produits. Il pense donc donner moins et recevoir plus, et l'autre contractant est dans le même cas. Ils s'obligent donc l'un l'autre, se rendent service l'un à l'autre. On dira plus tard que toute transaction est un échange de services. Condillac analyse avec la même sagacité la fonction des marchés et des villes, le rôle de la monnaie et du crédit. Il fonde le droit de propriété sur l'occupation première et sur le travail. L'inégalité lui paraît justifiée par l'inégal succès du travail, ou l'inégale puissance des talents. Mais l'inégalité des conditions n'entraîne pas l'écrasement du faible, elle est corrigée par la solidarité industrielle ; tous, en effet, ont besoin les uns des autres. « Quand, à certains égards, la dépendance est mutuelle, tous sont forcés de céder les uns aux autres et personne ne peut abuser du besoin qu'on a de lui. Ainsi les intérêts se rapprochent, ils se confondent, et quoique les hommes paraissent tous dépendants, ils sont tous indépendants[1]. » L'ordre s'établit de lui-même dans le monde industriel, sous la loi de solidarité du travail, comme il s'établit spontanément dans le monde du commerce sous la loi de l'offre et de la demande[2].

2° La population que l'auteur examine peut, sans sortir de l'ordre, quitter la vie grossière pour inaugurer un régime de production plus intense et de plus ample prospérité. Tant qu'elle ignore le luxe, elle vit heureuse. On reconnaît ici l'influence de Rousseau. « Ce pays (grand comme l'Europe) est rempli de hameaux, de villages de bourgs, de villes. C'est une multitude de cités libres, qui se gouvernent à peu près par les mêmes lois et qui, se souvenant de leur origine, se regardent comme une seule famille, quoiqu'elles forment déjà plusieurs peuples. » Mais cette vaste agglomération de cités, unies par la liberté du commerce, livrées au travail, enrichies par lui, et dont la population est par lui sans cesse accrue,

1. P. 338, Éd. Guillaumin.
2. Locke paraît avoir le premier formulé cette loi, dégagée par Bodin; elle fut ensuite empruntée à Locke par de Cantillon et les Physiocrates.

ressemble bien plutôt à l'Europe industrielle, telle que se la figurera Adam Smith, qu'à la confédération de républiques austères rêvée par Rousseau.

3° Mais le luxe apparaît et l'on entre dans la troisième période. Les peuples se divisent et se font la guerre. La liberté politique périt. La liberté du travail et du commerce est entravée par mille obstacles : impôts[1], douanes, péages, maîtrises et jurandes, compagnies privilégiées, monopoles, fixations arbitraires du taux des monnaies, police des grains, emprunts gouvernementaux; « l'esprit de finance » envahit toutes les parties de l'administration. « Alors le désordre est au comble : la misère croît avec le luxe ; les villes se remplissent de mendiants, les campagnes se dépeuplent et l'État, qui a contracté des dettes immenses, semble n'avoir encore des ressources que pour achever sa ruine[2]. »

Condillac admet donc que, livré à lui-même, le développement de la richesse par le travail comporterait une extension indéfinie, mais il croit que des causes morales le tiennent nécessairement en échec, parce que « les nations sont comme les enfants, et que ce n'est pas la raison qui les fait changer, c'est le caprice ou l'autorité ». Cette restriction n'est pas conforme à l'esprit plus résolument optimiste de la doctrine

---

1. Par une contradiction flagrante avec ses principes, Condillac veut que l'impôt ne pèse que sur les propriétaires du sol.
2. Page 444.

d'Adam Smith[1]. Mais n'oublions pas qu'au même moment d'autres penseurs français professaient la plus entière confiance dans la raison humaine. Parmi eux Turgot, nous l'avons vu, avait depuis longtemps proclamé sa foi dans le progrès indéfini des sociétés. Cette même foi inspirait en 1772 le beau livre du marquis de Chastellux, *la Félicité publique*, trop peu connu et digne d'être placé en regard de *la Richesse des Nations*, si l'on en croit M. Léonce de Lavergne, qui en cite d'ailleurs d'admirables passages. On peut dire que cette foi était le premier article du *credo* de l'École philosophique. Or, Adam Smith fut l'ami de Turgot et des principaux collaborateurs de l'*Encyclopédie* comme il fut celui de Quesnay et des Physiocrates[2].

Angleterre. — Avant tous, cependant, les inspirateurs de Smith, furent son maître Hutcheson, dont les cours sur la philosophie morale contenaient une partie économique, et son ami Hume, le plus grand penseur du dix-huitième siècle, qui, dès 1752, avant qu'il fût question des Physiocrates[3], avait écrit ses mémorables essais sur le Commerce, le Luxe, la Monnaie, l'Intérêt et la Balance du Commerce.

1. Voir la *Richesse des Nations*, livre III, chap. I.
2. Son voyage à Paris a eu lieu en 1762. Il y resta neuf mois.
3. Il semble d'ailleurs que ses essais ont été publiés et connus en France trop tard pour que les Physiocrates les mettent à profit.

Hume (1711-1776) fut, on le sait, un philosophe, mais un philosophe critique. Les conceptions aventureuses de ses prédécesseurs, touchant l'état de nature et l'établissement artificiel de la société par voie de contrat, subissent avec lui pour la première fois un contrôle sévère : il démontre le néant de ces hypothèses.

« Si chaque génération d'hommes disparaissait en une fois et qu'une autre lui succédât tout d'un coup comme cela a lieu pour les vers à soie et les papillons, la nouvelle race, en admettant qu'elle fût assez réfléchie pour choisir son gouvernement (ce qui n'est certainement pas le cas pour les hommes), pourrait volontairement et par consentement général établir sa propre forme de constitution sans tenir compte des lois et des précédents qui ont prévalu chez ses ancêtres. Mais comme la société humaine est un flux perpétuel, comme à toute heure il y a un homme qui sort de ce monde et un autre qui y entre, il est nécessaire, pour sauvegarder la stabilité du gouvernement, que la nouvelle génération se conforme à la constitution établie et suive de près le chemin que ses prédécesseurs, suivant eux-mêmes les traces de leurs propres devanciers, lui ont frayé antérieurement. Quelques innovations doivent nécessairement se produire dans toute constitution humaine, et c'est une chose heureuse quand le génie éclairé de l'époque dirige ces innovations dans le sens de la raison, de la liberté et de la justice, mais quant à des innovations violentes, aucun particulier n'a qualité pour en faire, et il est même dangereux à un parlement d'en tenter de telles : on doit en attendre plus de mal que de bien » (*Essai sur le contrat*, p. 452, éd. anglaise). Impossible de nos jours, le *contrat* l'a été encore davantage peut-être à l'origine des sociétés. Hume fait ressortir abondamment et avec verve cette impossibilité, et la théorie du contrat se trouve ainsi écartée avec celle du droit naturel du chemin d'Adam Smith. L'âge d'or économique et juridique des Physiocrates n'est plus, pour les Écossais, qu'une chimère.

Du même coup, au lieu d'être sollicité comme Condillac à considérer l'état actuel du monde économique comme une régression, comme une chute, Hume, et Smith à sa suite, seront plutôt tentés d'accorder que, depuis l'origine, les choses se sont améliorées graduellement et qu'elles s'amélioreront encore dans l'avenir. De là un acquiescement explicite de l'un et de l'autre à la théorie du progrès soutenue en France par Turgot et Condorcet.

Comment se fait cette marche de l'humanité vers un état meilleur? Grâce à l'effort de volontés plus ou moins conscientes sans doute, mais non arbitrairement non plus. La volonté humaine a ses lois comme le reste des choses dans la nature; elle est soumise à l'universel déterminisme. Hume s'abstient de tracer

un tableau de fantaisie des premières périodes de
l'humanité ; comme plusieurs de ses compatriotes
(Fergusson entre autres), il s'applique à reconstruire
pièce à pièce, d'après des documents attentivement
recueillis et contrôlés, le passé des peuples ayant eu
une littérature ; dans un long essai sur la *population
des peuples de l'antiquité*, il discute le préjugé qui
attribuait aux cités anciennes une population beaucoup
plus considérable qu'aux nations modernes, préjugé
contraire, comme on le voit, à la théorie du progrès.
Hume est un historien en même temps qu'un philosophe : il étudie le développement des sociétés dans
son ensemble comme un tout concret et organique.
Il ne sépare jamais la production de la richesse des
autres fonctions sociales et considère le développement de la prospérité économique comme lié dans
chaque société par des rapports nécessaires au progrès
des connaissances, des arts et des institutions politiques. Pour la première fois les affinités de
l'Économie avec la science sociale sont entrevues.
Adam Smith profitera de ces vues nouvelles.

La richesse ne consiste pas en espèces monnayées.
Hume critique avec vigueur le système mercantile ;
même il se laisse entraîner par une réaction alors
générale contre les idées de Law, de Melon et de Dutot
à condamner les formes supérieures du crédit, les
banques, les emprunts publics, la multiplication des
valeurs de portefeuille : exagération manifeste dont

son ami fut préservé par une compétence toute spéciale dans les matières économiques [1].

La richesse n'est pas non plus dans la seule fécondité du sol. « La terre produit tout ce qui est nécessaire à l'homme, mais l'art et l'industrie doivent se joindre à la nature pour qu'il puisse faire usage de toutes ses productions. » En réalité, c'est la quantité de travail dont un peuple est capable qui fournit la meilleure mesure de sa prospérité. Mais cette quantité dépend du nombre de la population elle-même. Du nombre, en effet, dépendent et la puissance productive, et l'activité commerciale, et la force militaire elle-même, par conséquent tous les éléments de sécurité et de bonheur. Écoutons Hume lui-même exposer cette conception éminemment naturaliste et optimiste, si différente de celle des Physiocrates.

« En général, nous devons remarquer que la question du nombre comparatif des hommes dans tels siècles ou dans tels royaumes entraîne de très grandes conséquences et communément détermine la supériorité de police, de mœurs et de gouvernement des divers États ; car, comme il y a dans tous les individus de l'un et de l'autre sexe un désir et un pouvoir de génération plus actifs qu'ils ne sont universellement exercés, ce qui les contrarie ne peut être que la condi-

1. *Essai sur le Crédit public*, édition Guillaumin, p. 75-77. Il se refuse même à suivre les économistes que nous venons de citer et de Cantillon, dans leurs études sur la circulation des richesses.

tion malheureuse des sujets, qu'un gouvernement sage étudie dans ses causes et ne manque jamais d'améliorer. Tout homme d'ordinaire, qui croit pouvoir entretenir une famille, veut en avoir une. En partant de ce principe sur la propagation, l'espèce humaine ferait plus que doubler à chaque génération, si chacun se mariait aussitôt qu'il parvient à l'âge de puberté. Avec quelle promptitude les hommes ne multiplient-ils pas dans toute colonie et dans tout nouvel établissement où il est aisé de pourvoir aux besoins d'une famille, et où l'on n'est pas gêné et assujetti, comme sous les gouvernements établis depuis longtemps? L'histoire nous parle souvent des pertes qui ont emporté la troisième et la quatrième partie d'un peuple; cependant après une génération ou deux on ne s'apercevait plus de la destruction et la société se trouvait remontée à son premier nombre. Les terres qui étaient cultivées, les maisons bâties, les denrées communes, et les richesses acquises mettaient ceux qui avaient échappé en état de se marier immédiatement et d'élever des familles qui prenaient la place de celles qui avaient péri[1]. C'est par une raison semblable que tout gouvernement sage, juste et doux, en rendant la condition de ses sujets sûre et aisée, sera toujours plus abondant en peuple, aussi bien qu'en commodités et en

---

1. Où il y a place pour plus de peuple il augmentera toujours : les provinces d'Espagne qui envoient le plus de peuple aux Indes sont les plus peuplées. (*Note de Hume.*)

richesses. Un pays, à la vérité, dont le climat et le sol sont propres pour les vins, sera naturellement plus peuplé qu'un qui ne produit que du blé ; celui-ci le sera aussi plus qu'un autre dont les pâturages feraient l'unique richesse. Mais en supposant toutes choses égales, on doit s'attendre naturellement qu'où se trouve le plus de bonhenr et de vertu avec le gouvernement le plus sage, il doit y avoir aussi la population la plus nombreuse [1]. »

On aurait tort d'inférer de ce passage que Hume méconnaît l'importance de la moralité dans la vie politique ; mais il croit que le luxe, conséquence nécessaire de la satisfaction des premiers besoins et des progrès de l'industrie, n'est pas nécessairement un danger pour la moralité. Le luxe, en effet, stimule l'activité sous toutes ses formes. En même temps que les arts mécaniques, on voit toujours prospérer les arts libéraux et la science même. Il favorise la sociabilité ou la sympathie, source principale de la moralité [2]; il introduit mille délicatesses dans les rapports des hommes entre eux en même temps que dans le genre de vie des individus. « Les connaissances, l'industrie et l'humanité sont donc liées ensemble par une chaîne indissoluble, et la raison s'unit avec l'expérience pour démontrer qu'elles sont l'apanage des siècles renommés

---

1. *Essai sur la population.* p. 107,
2. Voir l'*Essai sur le luxe,* trad. franç. p. 28 et l'*Essai sur le principes de la morale,* édition anglaise, p. 215.

pour le luxe et la délicatesse. » L'honneur vient relever dans les sociétés raffinées les courages que le bien-
être aurait amollis. Le profit réalisé par les citoyens
nourrit en eux l'esprit d'indépendance; ce sont les
cités commerçantes qui deviennent des républiques;
il n'y a pas d'antagonisme entre la richesse et la
liberté. Hume ouvre par ces considérations un avenir
sûr au progrès économique; étranger aux craintes
rétrogrades de Rousseau et de Condillac, très persuadé
que c'est une chimère de vouloir ramener les hommes
à un régime frugal qui ne convient qu'aux sociétés
embryonnaires, il invite les forces productives de
toutes les nations à prendre leur essor et propose
comme but premier aux gouvernements le développement de la prospérité matérielle des nations : nous
reconnaissons là l'esprit moderne qui va circuler largement dans l'œuvre d'Adam Smith.

Hume est même supérieur à Smith sur plusieurs
points. D'abord il ne se laisse pas aller, comme son
ami, à restreindre outre mesure l'action de l'État. Il
avait exercé pendant longtemps des fonctions diploma-
tiques. C'est un homme de gouvernement. Il ne croit
pas qu'il y ait des mesures à prendre contre la sortie
du numéraire hors des frontières nationales; le numéraire, par le cours naturel des choses, doit revenir à
son point de départ et, entre les nations qui trafiquent
normalement les unes avec les autres, il s'établit, selon
lui, un niveau des valeurs comme entre les vases

communicants : « on peut expliquer ce phénomène sans avoir recours à l'attraction physique ; en effet, l'attraction morale qui tire son origine des intérêts et des passions des hommes est au moins aussi puissante et aussi certaine [1] ». Mais l'État a mainte occasion d'intervenir dans les phénomènes économiques ; il doit protéger les manufactures naissantes ; il doit surtout s'opposer de toute sa force aux causes qui pourraient restreindre l'accroissement de la population. — Ensuite, et cette différence est capitale, Hume ne critique pas du même point de vue que Smith la multiplication des taxes qui avaient rendu jadis l'Angleterre, plus que toute autre nation, inhospitalière au commerce étranger. Il ne s'estime pas citoyen du monde ; il ne croit pas que chaque pays doive tendre au développement de la richesse pour elle-même ; c'est en somme à la prospérité de sa patrie qu'il ramène, comme à leur fin, ses conseils les plus larges en fait de politique étrangère. « Non seulement comme homme, dit-il, *mais comme sujet anglais*, je souhaite de voir fleurir le commerce en Allemagne, en Italie et même en France [2]. » Évidemment dans ce fait de la

---

1. *Essai sur la balance du commerce*, p. 90. Trad. française.
2. *Essai sur la jalousie commerciale*, p. 112 ; conférez l'*Essai sur la balance du commerce* où il combat les idées que Gee (Joshua) avait soutenues depuis 1713 dans son journal *The British merchant*, et résumées en 1730 dans son livre sur le commerce de l'Angleterre. Ce dernier ouvrage a eu quelque faveur, même en France, où il a été traduit par le frère de Montesquieu, le baron de Secondat.

solidarité économique des nations civilisées qu'il montre en pleine lumière, c'est le parti qu'en peut tirer l'Angleterre qui le touche le plus. On peut donc reconnaître que Hume, inférieur à Smith pour la précision et la liaison de ses idées en économie politique, non seulement a sur lui cet avantage d'être venu le premier et de lui avoir frayé le chemin, mais s'est assuré une place originale à côté de lui en restant au point de vue de la politique nationale, tandis que Smith incline tout au moins vers le cosmopolitisme à la française.

II. — Adam Smith.

Les règles que doivent suivre les gouvernements et les individus en matière financière ne peuvent guère s'appuyer que sur des lois qui ont présidé dans le passé au développement de la richesse. C'était donc par un heureux instinct que les Physiocrates étaient poussés à étudier l'origine des institutions économiques fondamentales. Ils avaient tort seulement de retracer cette histoire sans prendre la peine de s'enquérir des sources et d'en faire une véritable mythologie des droits naturels. Rousseau avait procédé de même pour son tableau de l'état de nature. Condillac avait émis des hypothèses un peu plus vraisemblables, mais c'étaient toujours des hypothèses. Seul, Turgot avait donné à ses conceptions un fondement historique. De plus, tous mêlaient plus ou moins leur idéal pratique à l'exposition et à l'interprétention des faits passés (État de nature de Rousseau, vie simple de Condillac). Adam Smith, l'ami de Hume, se plaça comme lui au point de vue de l'histoire positive, et bien qu'en dissentiment avec lui sur l'existence de Dieu et l'immortalité de l'âme, qu'il admet, il ne fait aucune difficulté de concevoir le monde, la société humaine y comprise, comme régi par des lois naturelles. Professeur de philosophie morale, il donna un livre qui fonda sa réputation : la *Théorie des sentiments moraux;* mais son projet le plus cher était de composer une vaste *Histoire de la civilisation,* où il eût présenté de front, à l'exemple de Turgot, le développement des lettres, des arts et des sciences avec celui des sociétés mêmes. Ses *Considérations sur l'origine - et la formation des langues,* son *Histoire de l'astronomie...* son *Histoire de la logique et de la métaphysique des Anciens,* ne sont que des témoins épars de la vaste construction qu'il avait commencé à édifier, construction qui eût porté le caractère de l'époque, sans aucun doute, et où, comme on le voit par les fragments qui nous en restent, les idées *a priori,* les vues systématiques, les généralisations hâtives et ambitieuses eussent tenu une trop grande place, mais à tout prendre, plus riche de matériaux tirés de l'observation et de l'expérience qu'aucune de celles qui l'avaient précédée et partant mieux assise et plus solide.

Or, *les Recherches sur la nature et les Causes des richesses des nations* ont fait à l'origine partie du même plan. Adam Smith a voulu retracer d'abord la marche à la fois rationnelle et historique des phénomènes économiques dans les sociétés humaines. L'étude de ce qui a été et de ce qui est a précédé chez lui la recherche de ce qui doit être; les *lois* naturelles du développement des richesses ont attiré son attention avant les *règles* à suivre pour leur production et leur emploi. Ensuite, renonçant à son plan trop vaste d'une histoire de la civilisation, il acheva son étude spéciale sur la richesse, en donnant dans un second volume les règles de l'art correspondant. C'est seulement, en effet, au début du second volume que se trouve son unique définition de l'Économie politique, où l'on voit qu'elle est un *art* pour lui : « l'Économie politique, considérée comme une branche des connaissances du législateur et de l'homme d'État, se propose deux objets distincts : le premier, de procurer au peuple un revenu et une subsistance abondante, ou pour mieux dire, de le mettre en état de se procurer lui-même ce revenu ou cette subsistance abondante ; le second objet est de fournir à l'État ou à la communauté un revenu suffisant pour le service public : elle se propose d'enrichir à la fois le peuple et le souverain. » Il résulte de cette division de l'œuvre d'Adam Smith, qu'il a conçu et réalisé pour la première fois la distinction entre la partie spéculative de l'Économie politique, qui retrace les lois du développement de la richesse, et à ce titre relève de la *science sociale*, et la partie pratique qui enseigne l'*art* de produire la richesse et de l'utiliser.

C'est par cette vue qui, à notre avis, domine toutes les recherches de cet ordre, qu'il a mérité le titre de fondateur de l'Économie politique. Celui-là fonde une science qui la conçoit dans son indépendance et en trace les lignes essentielles : or, ses prédécesseurs avaient mêlé les spéculations économiques avec les spéculations sur le droit et sur la morale, et avaient constamment altéré la peinture des institutions économiques du passé en y substituant l'exposé des vœux qu'ils formaient pour l'organisation économique de l'avenir, conformément à leur idéal moral et politique. Smith étudie la richesse séparément des autres faits sociaux et, dans ce domaine des intérêts ainsi délimité, il distingue avec soin les lois de l'histoire des règles pratiques[1]. C'est là un service considérable pour lequel la postérité n'aura jamais trop de gratitude, car la connaissance des lois de la nature ne peut fournir une règle sûre à l'action que si elle est obtenue par un examen désintéressé (objectif), indépendamment de tout système pratique arbitrairement préféré.

Plus tard, quand l'économie politique se sera développée librement sur son propre fonds, il y aura lieu de la subordonner à l'art supérieur de la conduite ; on mettra l'intérêt à sa place dans l'ensemble des mobiles humains par rapport au devoir, à l'amour de la patrie et de l'humanité. Pour Adam Smith, la question de ces rapports ne se pose pas ; comme les Physiocrates, il est optimiste. Il a foi dans la Providence. Les lois qui président à la formation et à la répartition de la richesse, œuvre d'un Dieu bon, qui a voulu le bonheur de l'homme et le maintien des sociétés, ces lois lui

---

1. Il parle aussi des sociétés rudimentaires, des sauvages beaucoup plus pertinemment que les économistes français du dix-huitième siècle.

paraissent très belles et pleines d'harmonies cachées.
Le monde moral est régi par les lois de la sympathie ;
il l'a montré dans sa *Théorie des sentiments moraux ;*
c'est un sentiment naturel qui assure, dans cet ordre
de faits, l'accord et l'équilibre. Le monde des intérêts
ne peut pas non plus, selon notre auteur, avoir été
livré au désordre ; il y a un sentiment naturel qui en
fait le lien et en fonde la stabilité : ce sentiment est le
désir primordial qu'ont tous les hommes d'améliorer
leur condition, d'être plus heureux en se procurant
des moyens d'existence plus larges. L'amour du luxe
et la témérité dans les entreprises entraînent des
pertes funestes ; mais l'action de ces passions dissipa-
trices est intermittente et accidentelle, tandis que
l'instinct d'acquérir et de posséder pour vivre plus à
l'aise est calme et continu ; il agit à tout instant pendant presque toute la vie de chacun de nous.

Il suffit et au delà à réparer les pertes. « Source
primitive de l'opulence publique et nationale aussi
bien que de l'opulence privée, ce principe a souvent
assez de puissance pour maintenir, en dépit des
folies du gouvernement et de toutes les erreurs de
l'administration, le progrès naturel des choses vers
une meilleure condition. Semblable à ce principe
inconnu de vie que portent avec eux les êtres animés,
il rend souvent à la constitution de l'individu la
santé et la vigueur, non seulement malgré la maladie,
mais même en dépit des absurdes ordonnances du

médecin[1]. » De là un progrès incessant qui s'opère de lui-même, pourvu que les gouvernements ne s'avisent pas de vouloir le seconder.

Mais, si la richesse se développe, l'accord par cela même devient plus facile entre tous, l'ouvrier reçoit de plus hauts salaires et son travail, plus énergique, satisfait davantage celui qui l'emploie[2], le commerce s'étend sur un marché de plus en plus vaste et met la concorde entre les États comme entre les particuliers[3]. L'effort naturel de tous vers le bien-être ne met donc en péril ni la paix sociale, ni la moralité qui est faite de sympathie : les intérêts sont naturellement solidaires comme les esprits sont sympathiques, et tout le monde trouve son compte dans le progrès commun.

Cet optimisme n'empêche pas Adam Smith de voir que, tandis que la richesse s'élève dans certains pays, elle décroît dans d'autres, et qu'alors les classes laborieuses y sont condamnées à de cruelles souffrances : même dans un pays stationnaire, il y a des crises douloureuses. Mais il n'est pas embarrassé pour expliquer tout cela. Toute perturbation dans le régime économique des sociétés civilisées vient, pense-t-il, de l'ingérence des gouvernements[4]. Les pouvoirs publics ne sauraient toucher à l'admirable mécanisme établi par

---

1. *Recherches sur la nature et les causes de la richesse des nations.* Édition Garnier, 1843. Livre II, chap. III, p. 429.

2. Livre I, chap. VIII, vol. I, p. 112.

3. Livre IV, chap. III, vol. I, page 88 et chap. V, p. 126.

4. Livre I, chap. VIII, vol. I, page 100.

la nature pour la production et la distribution des richesses, sans y porter le désordre et la ruine. De là une tendance dans tout l'ouvrage à restreindre l'action gouvernementale. Or, si les producteurs et les commerçants d'une nation donnée peuvent se passer, ou peu s'en faut, du concours des pouvoirs publics, il en sera de même de tous les producteurs et de tous les commerçants des nations environnantes ; dès lors, les frontières n'auront plus de raison d'être et le monde civilisé tout entier formera un seul atelier et un seul marché. Sous l'action des lois naturelles, toutes les populations doivent atteindre, un jour ou l'autre, dès que l'effet de ces lois bienfaisantes, étant compris, cesse d'être entravé, le même degré de prospérité et toutes les populations civilisées doivent former alors une masse homogène dont les parties seront d'autant plus solidaires que leur développement économique sera plus avancé[1]. Dès lors, les armées permanentes deviennent inutiles ; la justice est rendue dans chaque ville ou chaque bourg, les entreprises d'intérêt public sont aux mains de grandes compagnies : toutes les fonctions gouvernementales se résorbent au sein des organes élémentaires ; c'en est fait des nations. Ce rêve d'une république économique universelle n'est

---

[1]. Livre I, chap. iii, vol. I, page 26. Voir aussi au livre III, chap. vi, vol. I, p. 517 : « Que le marchand n'a pas de patrie, » et au livre V, chap. ii, vol. II, p. 533 : « Que le propriétaire de capitaux est citoyen du monde. »

pas développé par Smith, mais il est au fond de son optimisme antigouvernemental.

Tels sont les traits essentiels de sa doctrine ; indiquons-en brièvement les parties principales :

Partie spéculative. Les trois premiers livres (premier volume) sont donc, comme nous l'avons dit, consacrés à l'étude des *lois* du développement de la richesse, ou des *causes* qui expliquent son accroissement dans les nations civilisées. Si le titre de l'ouvrage porte aussi : « Recherches sur la *nature* des richesses, etc. », c'est que nécessairement l'auteur doit exposer les éléments de la richesse et les différentes formes qu'elle revêt dans son développement, en même temps qu'il en détermine les lois. Mais à aucun moment, dans cette partie, il ne recherche ce qui devrait être ; son seul souci est de découvrir ce qui a été et ce qui est, et de rattacher les faits à leurs antécédents nécessaires ou conditions. C'est un travail exclusivement scientifique.

La richesse d'une nation est le produit annuel de la terre et du travail. Le travail est le plus important de ces deux facteurs. « Le *travail annuel* d'une nation est le fonds primitif qui fournit à sa consommation annuelle toutes les choses nécessaires et commodes à la vie ; et ces choses sont toujours, ou le produit immédiat de ce travail, ou achetées des autres nations avec ce produit. Selon que ce produit ou ce qui est acheté avec ce produit se trouvera être dans une proportion plus ou moins grande avec le nombre des consommateurs, la nation sera plus ou moins bien pourvue de toutes les choses nécessaires et commodes dont elle éprouvera le besoin; » elle sera plus ou moins riche.

La puissance productive peut augmenter de deux façons : 1° en énergie, 2° en étendue.

Elle croît en énergie quand les parties d'une même opération se divisent en autant de tâches séparées, exécutées par des mains différentes. Adam Smith développe avec ampleur pour la première fois le thème de la division du travail posé par Platon, repris par Petty et Beccaria[1]. Il montre que cette division augmente l'énergie productive par la dextérité et l'habileté qu'elle fait acquérir à l'ouvrier, et aussi par l'épargne de temps qu'elle lui permet de faire. Les avantages de cette organisation se manifestent jusque dans le travail intellectuel, car la naissance des sciences et des arts a dépendu de la spécialisation d'une classe d'hommes à ce genre d'activité. L'invention des machines est elle-même un effet de la division du travail. Maintenant cette division reconnaît une cause à son tour; cette cause réside dans l'échange. L'intérêt respectif des contractants les pousse à s'abandonner leur superflu l'un à l'autre : de là la possibilité pour chacun d'eux de poursuivre en paix une seule tâche et d'y acquérir les talents qui résultent d'un long exercice. Plus donc les échanges

1. Voir plus haut, pages 29, 169, 213.

se sont étendus, plus la division du travail a pu s'accroître; en d'autres termes, elle a toujours été en raison de l'extension du marché. D'où cette loi, vérifiée par l'histoire, que tout ce qui tend à agrandir le marché et à faciliter les échanges dans une nation, favorise le progrès de cette nation vers l'opulence. La monnaie est l'instrument d'échange par excellence. Adam Smith en étudie l'évolution dans un chapitre remarquable pour le temps. N'en retenons que ceci : qu'elle se rattache au grand principe de la division du travail, parce que chaque homme ne faisant qu'une tâche et ne pouvant obtenir qu'un produit, a le plus grand intérêt à posséder une marchandise qui puisse facilement s'échanger avec les produits des autres, et cette marchandise est la monnaie. De là l'auteur procède à l'examen de la question de la valeur : il distingue la valeur d'usage et la valeur d'échange; la première étant celle de l'eau, par exemple, qui est indispensable à la vie, mais ne se vend généralement pas; la seconde étant celle du diamant qui ne répond à aucun besoin vital, mais a une valeur vénale considérable. Observant de plus près la valeur d'échange, Adam Smith soutient que quelle que soit la nature du produit acheté, c'est le travail d'autrui que l'on se procure en l'achetant; de même que le prix qu'on en donne représente la quantité de travail que le vendeur peut exiger en échange de cet objet. « Ce n'est donc pas avec de l'or ou de l'argent, c'est avec du

travail que toutes les richesses du monde ont été
achetées originairement ; et leur valeur pour ceux
qui les possèdent et qui cherchent à les échanger
contre de nouvelles productions est précisément égale
à la quantité de travail qu'elles les mettent en état
d'acheter ou de commander[1]. »

Examinons les différents éléments du prix des marchandises ; nous verrons qu'ils se ramènent tous à
une certaine somme de travail ou qu'ils sont en fonction des progrès du travail.

Il y a d'abord la *rente* de la terre, c'est-à-dire le produit du sol, selon qu'il est plus ou moins fertile, plus ou
moins avantageusement situé, défalcation faite du travail dépensé dans la culture. Mais la rente, bien qu'elle
se distingue du revenu du travail de l'agriculteur, est
en raison directe de la puissance productive du travail général dans une société donnée. C'est le travail
d'abord qui met la terre en valeur. Ensuite, plus il y a
de travail utile disponible dans la société, plus est
grande la part qui en revient à la terre, soit sous
forme de bras qui la cultivent, soit sous forme de
capitaux servant à l'exploitation. Enfin, quand la
grande quantité de produits manufacturés avilit le
prix de ces produits, l'agriculteur peut, avec le revenu
de sa terre, se procurer un plus grand nombre de
commodités, ce qui équivaut à un rehaussement de ce
revenu.

1. Livre I, chapitre V, I, 39.

Il y a ensuite le *salaire*, c'est-à-dire le revenu du travailleur. Le nombre des salariés augmente avec la puissance productive du travail, car, plus il restera de revenu disponible, soit à l'entrepreneur, soit à l'ouvrier indépendant, après que leurs besoins seront satisfaits et que les instruments comme la matière du travail auront été acquis, plus l'un et l'autre enrôleront d'auxiliaires. Le taux des salaires augmentera de son côté quand l'organisation industrielle réalisera de nouveaux progrès, ou qu'il y aura de nouveaux capitaux à employer. Il ne baissera que quand la richesse et l'industrie seront stationnaires, à *fortiori* quand elles seront en déclin. Adam Smith pose, en présence de ces hypothèses, la question alors nouvelle des rapports entre le capitaliste et l'ouvrier, montre en termes satisfaisants l'antagonisme de leurs intérêts, et pèse les chances qu'auront les deux partis dans la lutte engagée.

Il y a enfin le *profit*, c'est-à-dire le bénéfice qui reste à celui qui a loué un capital, terre, usine ou valeur quelconque, quand il a payé la *rente* au propriétaire et le *salaire* aux ouvriers. Il est surtout en fonction de la nature de travail; il varie, en effet, suivant que l'emploi est aisé ou pénible, propre ou malpropre, honorable ou méprisé, suivant que l'apprentissage en est facile ou difficile, accessible ou dispendieux, suivant qu'il présente ou non des interruptions (exemple, les mortes-saisons pour les maçons), suivant le degré de confiance exigible de ceux qui le pratiquent, suivant enfin les chances de succès qu'il présente. Le travail est donc le grand régulateur du prix des choses.

Revenons à notre point de départ ; nous avons dit que la puissance productive peut augmenter non seulement en énergie, mais en étendue. Nous venons de voir qu'elle croît en énergie quand le travail se spécialise, et qu'il se spécialise davantage à mesure que l'échange est plus actif.

Quand croît-il en étendue ?

. Il croît en étendue en raison, premièrement, de la plus grande accumulation des capitaux.

Le capital est la condition préalable nécessaire à la la division du travail : « un tisserand ne peut pas vaquer exclusivement à sa besogne spéciale s'il n'y a quelque part, soit en sa possession, soit en celle d'un tiers, une provision faite par avance, où il trouve de quoi subsister et de quoi se fournir des outils de son métier et de la matière de son ouvrage, jusqu'à ce que sa toile puisse être, non seulement achevée, mais encore vendue. Et il est évident qu'il faut que l'accumulation précède le moment où il pourra appliquer son industrie à entreprendre et à achever cette besogne. » Mais d'autre part, quand le travail se divise, il suscite l'invention de machines qui suffisent à effectuer les opérations de détail maintenant simplifiées. La fabrication des machines demande de nouveaux capitaux.

De plus, la production étant beaucoup plus considérable, bien que chaque ouvrier fasse plus de besogne qu'auparavant, le nombre des ouvriers augmente sans cesse : de là un appel de plus en plus énergique de capitaux ou d'avances nécessaires à leur rétribution.

Ce capital est une partie des richesses accumulées. Celles-ci se divisent en deux groupes : 1° les fonds destinés à l'actuelle ou prochaine consommation de ceux dans les mains desquels ils se trouvent ; 2° les fonds réservés à la production de nouveaux revenus, ou le capital.

Il y a deux sortes de capitaux. Le capital fixe produit un revenu sans changer de maître ; il comprend toutes les machines et instruments de travail ; tous les bâtiments et constructions destinés à une exploitation quelconque ; les travaux et améliorations faits à la terre pour la rendre plus productive ; les talents et l'habileté que certains membres de la société ont acquis à force de temps et de dépense, en réalisant ainsi sur eux-mêmes le travail accumulé qui a pourvu à cette dépense. Le capital circulant est celui qui ne peut produire un revenu à son possesseur qu'autant que celui-ci l'échange. Il comprend : l'argent de la circulation ; les provisions de vivres existant entre les mains tant des producteurs que des marchands et gardées tant par les uns que par les autres pour être revendues avec profit ; les matériaux pour logement, vêtement, ameublement, ornement ou décoration, plus ou moins manufacturés, qui sont entre les mains des ouvriers occupés à les mettre en œuvre et à les rendre tout à fait consommables; enfin l'ouvrage terminé et propre à la consommation qui est dans les magasins et boutiques des marchands pour être vendu ou dans les voitures et navires pour être transporté.

Entre le fonds de consommation, le capital fixe et le capital circulant, il y a des rapports incessants que nous devons brièvement indiquer. D'abord les capitaux tant fixes que circulants n'ont pas d'autre destination que d'entretenir et d'augmenter le fonds de consommation, puisque c'est celui-ci qui nourrit, habille et loge la population d'un pays. Les gens y sont riches ou pauvres selon que ce fonds est approvisionné avec abondance ou parcimonie. D'autre part, le capital circulant peut être considéré comme un fleuve à deux branches dont le contenu se verserait incessamment dans le fonds de consommation d'un côté, et dans le capital fixe de l'autre : les vivres, vêtements, ouvrage fait de toute espèce, passent en effet des magasins de vente dans les mains des consommateurs; mais en même temps toutes les machines utiles et instruments d'industrie, et les matières manufacturées, fer, bois, pierres taillées, etc., sont consacrés, soit à l'établissement, soit à l'entretien des objets ou édifices qui composent le capital fixe.

Adam Smith est le créateur de ces théories; dans la belle étude qu'il consacre à la partie du capital cir-

culant qui consiste en argent et en papier-monnaie ; il
utilise, en même temps que ses observations personnelles sur les banques qu'il avait vues fonctionner
sous ses yeux, les recherches de Law et de son école.
Il reproduit une ingénieuse idée de l'abbé Terrasson,
disciple de Law, quand il dit : » Une guinée peut être
regardée comme un billet au porteur sur tous les
marchands du voisinage, payable en une certaine
quantité de choses propres aux besoins et aux commodités de la vie[1]. » Il reconnaît le merveilleux pouvoir
du crédit qui, en faisant accepter comme espèces des
promesses de paiement pour une somme supérieure
aux espèces en caisse, libère pour le commerce à
l'étranger une quantité équivalente d'argent monnayé
et accélère d'autant la circulation, partant la production. Mais il en connaît le péril et marque aussi à
quelles conditions les banques prospères qu'il a
observées ont maintenu leur crédit intact.

Les capitaux s'accumulent d'autant plus vite et
augmentent d'autant plus l'étendue du travail que la
proportion entre les consommateurs productifs et les
consommateurs non productifs est plus grande en
faveur des premiers. Sous ce rapport, il y a, par
exemple, une grande différence entre les villes de
résidence, sièges de parlements, et les villes industrielles et commerçantes ; entre les pays orientaux et

_____
1. Vol. I, p. 351.

les pays européens ; entre le genre de vie des populations féodales et celui des nations modernes. Le
degré de richesse auquel une société est parvenue
influe aussi beaucoup sur la quotité des capitaux accu-
mulés chaque année. Un pays pauvre consomme
presque tout son revenu ; un pays riche en emploie
une grande partie à augmenter son capital. Mais par
cela même, dans la période de richesse croissante, le
taux des salaires et des produits, bien que s'élevant
d'une manière absolue, diminue par rapport au
capital, qui tend toujours à prendre la plus grosse
part. C'est là l'effet de la prévoyance et de l'économie ;
tout capital a son origine dans cet instinct d'épargne
qui est le grand ressort toujours tendu de l'activité
économique et la cause première du développement
de la richesse.

Le genre d'emploi auquel sert un capital met plus
ou moins de travail en activité et par conséquent
contribue plus ou moins à ce que le travail gagne en
étendue. Un capital ne peut s'employer que de quatre
manières : à faire produire la terre et à l'améliorer,
c'est-à-dire à multiplier les produits bruts, à entretenir des ouvriers de manufactures, à acheter en gros
pour revendre soit en gros, soit en détail. La grande
loi qui régit ce groupe de faits, c'est que de lui-même,
par le cours des choses, le capital va à l'emploi le
plus avantageux pour l'industrie nationale, parce
qu'il va à l'emploi le plus avantageux pour l'intérêt

privé. Nous n'insisterons pas sur cette loi qui avait été déjà posée par les Physiocrates.

Tandis que les deux premiers livres sont consacrés à décrire les organes qui concourent à la formation de la richesse et à déterminer les lois de leur fonctionnement, le troisième (et dernier de cette première partie) renferme l'histoire de l'évolution de ces organes. Adam Smith montre comment les types divers de production apparaissent les uns après les autres. « Suivant le cours naturel des choses, la majeure partie du capital d'une société naissante se dirige d'abord vers l'agriculture, ensuite vers les manufactures, et en dernier lieu vers le commerce étranger. » Quand une fois les organes supérieurs sont nés, ils réagissent sur les inférieurs ; les villes exercent une grande influence sur les campagnes, l'industrie sur l'agriculture. Toute cette étude est pénétrée du sentiment des harmonies sociales, si profond chez Adam Smith, mais elle est surtout intéressante en ce qu'elle est la première application de la théorie de l'évolution à un groupe important de phénomènes sociaux.

Partie pratique. — Les causes du développement de la richesse étant connues, que faut-il faire pour le développer ? Adam Smith examine successivement et critique les deux systèmes qui avaient été proposés avant lui, le mercantilisme et le système agricole. Il ne retient rien du premier, mais approuve dans le

second, sans réserve, le principe de la liberté. En
effet, pour son compte, il n'a aucun conseil à donner
aux gouvernants au sujet de l'administration du
monde de l'agriculture, de l'industrie et des affaires.
Le cours naturel des choses amène nécessairement,
selon lui, le progrès dans cet ordre de faits; l'ingérence des gouvernements n'a fait que retarder ou
arrêter ce progrès; il faut donc le laisser se faire paisi-
blement et régulièrement.

Dans le système de la liberté naturelle, le souverain
n'a que trois devoirs à remplir : entretenir une armée,
rendre la justice, pourvoir aux travaux publics qui
ne sauraient être entrepris par les particuliers. Ces
fonctions supposent certaines dépenses; Adam Smith
ne se résigne pas facilement à reconnaître que
quelques-unes de ces dépenses doivent être exclusivement à la charge de l'État : il passe condamnation
pour l'armée; même il montre la grande supériorité
des armées régulières sur les milices locales; mais
pour la justice, il constate qu'en aucun temps et
dans aucun pays elle n'a été administrée gratuitement;
il propose de faire payer les dépenses qu'elle entraîne
aux parties sous forme de quelque taxe. Quant aux
travaux publics, il revient sur ce qu'il avait accordé
au début : « Une grande route, un pont, un canal
navigable, par exemple, peuvent le plus souvent être
construits et entretenus avec le produit d'un léger
droit sur les voitures ou les bateaux qui en font

usage ; un port, par un modique droit de tonnage du
vaisseau qui y fait son chargement et son déchar-
gement ; l'enseignement peut être rétribué par les
élèves. » On voit la tendance : décharger l'État de
tout ce qui peut être obtenu du concours des particuliers. L'individualisme d'Adam Smith n'est pas dou-
teux, mais on ne trouve chez lui aucune des formules
absolues, familières aux Physiocrates ; son but, en
restreignant les attributions du pouvoir souverain, est
de faire fonctionner les services nécessaires au public
le mieux possible, au meilleur marché. Il compte
beaucoup pour résoudre ces sortes de problèmes pratiques sur les effets de la libre concurrence.

L'État n'eût-il qu'à assurer la sécurité de la nation
en assurant l'inviolabilité de son sol et en protégeant
son commerce sur les rives lointaines, il a besoin,
pour subvenir à ces dépenses, de sommes considérables. Il les trouve dans le revenu de son domaine,
dans le produit de l'impôt et parfois dans des
emprunts. Bornons-nous à indiquer le système préconisé par Adam Smith pour les impôts.

Tout système d'impôt doit obéir à ces quatre règles
générales. Il doit frapper également tous les revenus ;
l'État est comme une association privée où chacun
contribue aux frais de régie au prorata des avantages
qu'il retire de l'entreprise commune. La taxe doit
être certaine et non arbitraire. L'époque du paiement,
le mode du paiement, la quantité à payer, tout cela

doit être clair et précis. Tout impôt doit être perçu à l'époque et selon le mode que l'on présumera les plus commodes pour le contribuable. Enfin, il doit être conçu de manière qu'il fasse sortir des mains du peuple le moins d'argent possible, au delà de ce qui entre dans le trésor de l'État; en d'autres termes, les frais de perception en doivent être réduits au minimum.

Quelle partie de la fortune publique l'impôt doit-il frapper, capital, rente, profits ou salaires? Adam Smith ne songe pas à imposer le capital, grand instrument de la régénération de la richesse. Il admet qu'on demande une partie de l'impôt à la rente, mais rejette également l'impôt unique préconisé par les physiocrates et la dîme de Vauban. Il condamne comme inégal l'impôt sur les jeux et les portes et fenêtres. Le profit, c'est-à-dire la différence entre l'intérêt payé par l'entrepreneur et le fermier au propriétaire, et le bénéfice brut, ne lui paraît pas pouvoir être avantageusement taxé, parce que, privé de cette compensation de ses risques, l'entrepreneur renoncerait à faire valoir le capital au grand détriment de la richesse publique. L'intérêt du capital, ou le revenu annuel diminué du profit et séparé de la rente, lui paraît une excellente matière à taxation, bien que difficile à évaluer. Adam Smith refuse, enfin, de frapper les salaires, parce qu'il croit que les salaires dépendent de l'état général de la fortune publique, et que, selon que cet état est progressif, stationnaire ou déclinant, ils se maintiennent au minimum sans lequel l'ouvrier ne pourrait subsister.

La part de la richesse que l'impôt peut le plus utilement atteindre est, selon Adam Smith, le fonds de consommation, c'est-à-dire que les impôts indirects lui paraissent les moins sensibles, étant volontaires, en même temps que les plus justes, étant proportionnels aux ressources; mais à une condition, c'est que les objets de première nécessité soient épargnés et que les objets de luxe soient frappés des plus lourdes taxes.

Adam Smith, le grand ennemi des restrictions apportées à la liberté du commerce, fut, pendant ses douze dernières années, commissaire des douanes à Édimbourg. Dans son grand ouvrage, il lui arrive d'accéder à des transactions sur les plus essentiels de ses principes. Ainsi, il admet que certaines compagnies pour le commerce d'outre-mer jouissent d'un monopole, et recommande même de se servir de l'impôt pour rendre presque obligatoires certaines tenures de terre et engager les propriétaires à cultiver eux-mêmes leur domaine. C'était un esprit tempéré et redoutant les allures révolutionnaires. Celui qui aime l'humanité, disait-il, « quand il ne peut vaincre par la raison et la persuasion les préjugés enracinés des peuples, n'essaie point de les étouffer par la force »; il *essaie d'affaiblir l'abus* jusqu'à ce qu'il cède devant le droit. Rien n'est plus propre, à ses yeux, à affaiblir les abus, que la vérité, non cette vérité altière qui parle au nom d'un système géométrique, mais la vérité qui résulte d'observations accumulées et repose sur la connaissance approfondie de l'histoire. Quand on le lit, après avoir lu ses prédécesseurs, même Condillac, on a l'impression qu'il appartient à une autre époque; on sent qu'un pas décisif a été franchi; on sort du domaine de la chimère pour entrer dans celui de l'expérience. On s'explique ce sentiment quand on pense que ce petit coin de terre où Smith a vécu, — l'Écosse, — formait, à ce moment, le milieu intellectuel le plus cultivé, le plus ouvert aux idées, le plus exempt d'entraînement et de parti pris qui fût dans toute l'Europe, et que c'est lui qui a produit, en même temps que le plus grand économiste, le plus positif, le plus rassis, le plus moderne des philosophes du dix-huitième siècle, Hume, l'ami inséparable de Smith.

III. — Successeurs d'Adam Smith.

A. Directs : L'École de Manchester.

L'importante distinction que fait Adam Smith entre
la partie théorique de l'Économie politique (étude des
organes et des fonctions servant à l'alimentation et à
l'entretien du corps social) et la partie pratique (étude
des règles que doit suivre une société donnée pour la
production, la circulation et la répartition de la
richesse), ne se maintient pas chez ses successeurs[1],

[1] Nous ne pouvons que signaler à l'attention de ceux qui
voudraient approfondir l'histoire que nous esquissons, les noms
de Condorcet et de Lavoisier qui, dans les dernières années de
l'ancien régime et pendant la Révolution même, consacrèrent à
l'économie politique quelques essais trop vite interrompus. Le
premier exprime heureusement la méthode statistique, que le
second appliqua dans toute sa rigueur. « Si on passe maintenant,
dit Condorcet, à la théorie qui doit diriger l'application de ces
principes et servir de base à l'*Art social*, ne voit-on pas la nécessité d'atteindre à une précision dont ces vérités premières ne peuvent être susceptibles dans leur généralité absolue?... L'application du calcul des combinaisons et des probabilités à ces mêmes
sciences promet des progrès d'autant plus importants qu'elle est à
la fois le seul moyen de donner à leurs résultats une précision
presque mathématique et d'en apprécier le degré de certitude ou
de vraisemblance. Les faits sur lesquels ces résultats sont appuyés
peuvent bien, sans calcul et d'après la seule observation, conduire
quelquefois à des vérités générales; apprendre si l'effet produit
par une telle cause a été favorable ou contraire; mais si ces faits
n'ont pu être ni comptés ni pesés, si ces effets n'ont pu être soumis
à une mesure exacte, alors on ne pourra connaître celle du bien
ou du mal qui résulte de cette cause..., etc. » *Progrès de l'esprit
humain*, dixième époque.

elle ne réapparaît que plus tard dans la seconde partie du dix-neuvième siècle. Dans son école, les uns, comme Ricardo, ont une prédilection pour les recherches abstraites; les autres, comme Malthus, pour les études pratiques; mais ils négligent de distinguer soigneusement les unes des autres comme le maître l'avait fait, et la science retombe dans l'empirisme d'où il s'était efforcé de la dégager.

Au moment où Smith écrivait, les machines commençaient à jouer un rôle de plus en plus considérable dans la production industrielle, et celle-ci avait déjà reçu de ce fait une vigoureuse impulsion. On peut même croire que la surabondance des produits manufacturés offerts par l'Angleterre au commerce européen ne fut pas étrangère à la vivacité avec laquelle Smith ressent le besoin d'une liberté de plus en plus large accordée aux transactions internationales. Il n'était cependant pas sans inquiétude sur l'extension croissante de l'industrialisme. Il voyait poindre l'antagonisme entre les capitaux concentrés par la grande industrie dans les mains d'un petit nombre et la main-d'œuvre nécessiteuse, asservie par la division du travail aux chefs des grands ateliers. Il était amené, par là, à chercher comment l'essor de la production manufacturière pourrait être ralenti; il cherchait le remède aux maux naissants dont il pressentait l'aggravation prochaine dans le développement de l'agriculture, dans la restriction du luxe; enfin dans

la modération volontaire des patrons vis-à-vis des
instruments humains du travail. Mais l'équilibre déjà
menacé allait être rompu définitivement par les découvertes de la science appliquée à l'industrie. Vers la
fin du siècle, la machine à vapeur et le métier à tisser
faisaient leur apparition, et c'était en Angleterre que
ces nouveaux engins de la production se répandaient
tout d'abord, apportant à l'industrie de ce pays un
moyen de multiplier, de spécialiser et de perfectionner
le travail hors de proportion avec les moyens antérieurement connus. De là, la nécessité, pour les économistes anglais, de persévérer dans leurs doctrines
libre-échangistes, d'autant plus passionnément que la
Révolution française revenait aux restrictions et aux
prohibitions du système mercantile. Mais de là aussi
l'obligation pour eux de s'interroger sur les causes et
sur les remèdes des misères affreuses engendrées par
le développement foudroyant du régime industriel,
avec les puissantes concentrations de capitaux et
l'écrasement de la population ouvrière qui en sont la
suite. Dès lors, la question de la répartition des
richesses, négligée jusque-là pour celle de la production et du travail, prend le premier rang dans les
préoccupations des économistes.

Malthus (1766-1834) était un pasteur du comté de
Cambridge. La révolution française ne lui avait inspiré
que de l'horreur. Née d'une foi sans bornes dans la
raison humaine et la perfectibilité indéfinie de notre

race, elle lui paraissait fournir par son apparent avortement la réfutation définitive des doctrines impies des philosophes. Non, il ne suffisait pas de laisser l'humanité à elle-même pour qu'elle fût heureuse et progressât indéfiniment. Et quand Godwin soutenait que les souffrances des peuples venaient des fautes des gouvernements, Malthus, jusqu'alors confiné dans les soins de son ministère, prenait la plume pour le réfuter; et avec son expérience froide et désenchantée, avec sa pitié méprisante pour l'imprévoyance des pauvres, il disait : « Si ces gens-là sont misérables, c'est qu'ils se marient trop tôt et qu'ils ont trop d'enfants. »

La population ne peut croître que si les subsistances croissent dans la même proportion. Or la population se multiplie selon une proportion géométrique, les subsistances s'accumulent selon une proportion arithmétique. Il arrivera donc nécessairement, ou que l'augmentation de la population sera contenue par des causes préventives, ou que, ayant dépassé le niveau des subsistances disponibles, elle sera brutalement arrêtée par la suppression de l'excédent. Une grande partie du livre de Malthus[1] est remplie par l'exposé des causes diverses qui vont au devant des effets de la loi impitoyable. Il étudie de ce point de vue, en précurseur de Darwin, les mœurs des popula-

---

1. *Essai sur le principe de la population*, 1799.

tions sauvages et relève les usages les plus bizarres, les vices les plus scandaleux, les misères les plus abjectes, tendant simultanément à la restriction de ce perpétuel surplus. La littérature des voyages, déjà très riche en Angleterre, lui fournit à ce sujet une multitude de faits extrêmement curieux, qui nous montrent la nature partout occupée en quelque sorte à mettre des digues devant le flot montant de la population. Cependant dès que les subsistances recommencent à surabonder, la population recommence à croître et la famine est trop souvent forcée d'intervenir en dernier ressort pour couper court à la pullulation des races.

Chez les plantes et les animaux, l'obstacle répressif, la destruction par la famine, est d'application constante. Chez l'homme, les obstacles préventifs sont souvent le produit de dispositions prises à son insu par la nature même, comme lorsqu'elle institue l'esclavage, la guerre, les suppressions d'enfants ordonnées par la coutume, ou les vices qui déshonorent certaines peuplades. Mais, en outre, il y a place dans l'humanité pour une restriction volontaire fondée sur la vue distincte du sort réservé aux enfants dans une population à court de subsistances. Le célibat ou le mariage tardif est ici un acte de raison et de vertu. Voilà, en fin de compte, le grand moyen proposé par Malthus pour lutter contre les maux résultant d'un excès de population fréquent dans les populations modernes.

Tout autre remède est chimérique. Condorcet avai

aperçu le problème. « Il existe, avait-il dit, une cause
nécessaire d'inégalité, de dépendance et même de
misère, qui menace sans cesse la classe la plus nombreuse et la plus active de nos sociétés[1]. » Et il compte,
ou ses partisans comptent, comme Godwin, pour
pallier ces maux, sur la perfectibilité indéfinie de
l'espèce, sur la prolongation de la vie humaine et sur
le respect croissant des droits de la personne. Mais,
dit Malthus, rien ne nous autorise à croire à la perfectibilité indéfinie des organismes. Si les éleveurs modi-
fient les races, ils ne le peuvent faire que dans les
limites étroites que leur impose la nature. La vie,
humaine d'autre part n'est certainement pas plus
longue qu'autrefois ; que si elle doit se prolonger.
indéfiniment, le principe de la population trouve ici,
de l'aveu de Condorcet lui-même, une application
d'autant plus décisive. Enfin, en supposant les
entraves gouvernementales abolies et l'âge d'or de
retour, le besoin ne peut manquer un jour ou l'autre
de faire entendre sa voix contre laquelle aucun droit
ne prévaut. « Un homme qui naît dans un monde déjà
occupé, si sa famille n'a pas les moyens de le nourrir
ou si la société n'a pas besoin de son travail, cet
homme n'a pas le moindre droit à réclamer une portion quelconque de nourriture, et il est réellement de
trop sur la terre. Au grand banquet de la nature, il

____

1. Collection des Économistes, *Physiocrates*, p. 26, et *Tableau
des progrès de l'esprit humain*, dixième époque.

n'y a point de couvert mis pour lui. La nature lui commande de s'en aller et elle ne tarde pas à mettre elle-même cet ordre à exécution. »

Le gouvernement anglais, en organisant en grand la charité, n'a fait qu'encourager la paresse. En créant des hôpitaux pour les enfants, il a donné à la loi de la population une sanction nouvelle, car ces enfants assistés meurent presque tous entre les mains mercenaires qui les nourrissent. C'est le contraire que le gouvernement doit faire : propager par l'instruction, d'abord, les principes restrictifs, ensuite décréter qu'il refusera toute assistance aux enfants issus au bout d'un an de mariages légitimement contractés, et aux enfants illégitimes, ce qui forcera tout homme incapable de nourrir sa progéniture de s'abstenir de la paternité. — La confiance de Malthus en ses déductions allait jusque-là.

On voit cependant quelle brèche de telles conceptions faisaient dans le système optimiste et libéral enseigné par A. Smith. Ricardo ne le compromet pas moins d'autre part alors qu'il ne songe lui aussi qu'à le compléter.

Ricardo (1772-1823). — Plusieurs fois millionnaire à 25 ans, auteur de sa propre fortune, on ne peut dire qu'il fût dépourvu d'esprit pratique; mais son esprit, rompu aux combinaisons financières, se plaisait à concevoir les phénomènes économiques sous leurs formes les plus abstraites. C'est un dialecticien parfois subtil, peut-être plus prompt à généraliser qu'il ne conviendrait dans l'étude de faits aussi complexes et s'accordant trop facilement les hypothèses les plus favorables à l'essor de ses raisonnements. Si cette tournure d'esprit n'était pas la plus sûre pour toucher juste, c'était sans aucun doute, la plus propre à séduire et à entraîner : il eut un succès considérable.

Il débuta par une campagne de presse dont le but était d'obvier à la dépréciation subie par le papier de la banque d'Angleterre sous le régime du cours forcé. Il calma, par une analyse exacte des faits de la circulation, les inquiétudes de l'esprit public et conseilla de déclarer les billets convertibles non en espèces mais en lingots de poids et de pureté étalonnés; c'est le système employé de nos jours pour la garantie des billets de la banque de France. Il combattit ensuite pour une sage extension de la liberté commerciale dans le commerce des grains; il montra que, même au fort de sa lutte récente avec Bonaparte, le blé n'avait pas manqué à l'Angleterre et qu'on pouvait avoir confiance dans les lois naturelles pour l'approvisionnement en tout temps des marchés anglais. Mais plus que les services qu'il n'a cessé de rendre à son pays par une intervention active dans les questions d'économie pratique, un ouvrage théorique le recommande à l'attention de l'historien des doctrines économiques; c'est son livre sur les *Principes de l'Économie politique et de l'Impôt*. En réalité, sous ce titre inexact c'est une étude générale sur la répartition des richesses que Ricardo présentait à ses contemporains.

On se rappelle les distinctions faites par A. Smith entre les divers éléments du prix : *rente, salaire* et *profit* (p. 107). Ricardo recherche dans quelle proportion ces trois éléments varient l'un par rapport à l'autre au cours du développement de la richesse. Et il soutient que les salaires et les profits vont toujours en diminuant, tandis qu'au contraire la rente s'élève. Persuadé de la vérité des conclusions de Malthus en ce qui concerne la loi de la population, frappé comme lui de la multiplication rapide de la classe ouvrière, il assure que celle-ci doit offrir ses bras à un prix de plus en plus modique, et que la seule limite de cette dépréciation est la somme strictement nécessaire pour l'alimentation de l'ouvrier et de sa famille. « Le travail, en effet, ainsi que toutes les choses qu'on peut acheter et vendre et dont la quantité peut augmenter ou diminuer, a un *prix naturel.* » Ce prix naturel du travail, c'est le salaire « qui fournit aux ouvriers en général le moyen de subsister et de perpétuer leur espèce sans accroissement et sans diminution ». Il est vrai que les progrès même de la population et l'avilissement de l'argent, en augmentant le prix des subsistances, tendent à accroître le salaire; mais les satisfactions accessibles n'en restent pas moins identiques si elles ne deviennent pas moindres. D'autre part, le salaire augmentant relativement, le profit doit diminuer : l'entrepreneur et le fermier voient ainsi leurs bénéfices de plus en plus restreints. Seul, le propriétaire du sol peut compter sur un accroissement indéfini de revenus. En effet, le progrès de la population détermine la mise en culture de terres de plus en plus médiocres; comme il faut que le cultivateur vive, le coût de leur exploitation met le blé à un prix élevé, et ce prix, qui est le même pour le produit plus abondant des terres supérieures, constitue à leur propriétaire un avantage considérable. C'est la rente. Sans travailler comme l'ouvrier, sans risquer de capitaux comme l'entrepreneur, par le seul fait de la mise en culture de terres de plus en plus improductives, le propriétaire de bonnes terres devient de plus en plus riche.

On devine quel parti les socialistes devaient tirer des déductions de Ricardo. En tout cas, l'horizon qu'il ouvrait à l'activité humaine n'avait rien d'encourageant : des propriétaires de plus en plus opulents et des ouvriers de plus en plus pauvres, quelle perspective! Et comme on devait peu s'attendre à voir ces conséquences sortir de la doctrine optimiste des Physiocrates et d'Adam Smith! Il ne faut pas nous étonner d'entendre Sismondi (1819), Villeneuve de Bargemont et plus tard Blanqui, pousser des cris d'alarme en présence des conséquences douloureuses attribuées aux lois naturelles par les plus autorisés de leurs interprètes, Malthus et Ricardo.

Ces protestations étaient fondées. A l'origine, l'école libérale avait, nous l'avons vu, protesté, elle aussi, contre les abus de l'ancien régime et les sacrifices excessifs que le système réglementaire exigeait des populations, surtout en France. C'est un élan de pitié qui l'avait poussée à invoquer les droits de l'individu, comme une sauvegarde contre les vexations de l'administration fiscale. Elle avait cru trouver dans la liberté un remède à des maux profonds. Mais peu à peu, l'amélioration du sort des travailleurs par l'accroissement de la richesse avait cessé d'être son but, et elle avait visé exclusivement à l'accroissement de la richesse, persuadée, en vertu de son optimisme fondamental, que l'accroissement de la production ne pouvait, dans aucun cas, nuire à l'homme, instrument de la production. Maintenant que, grâce aux découvertes de la science, la machine industrielle avait atteint une puissance productive inconnue des siècles précédents, l'école se souciait peu que la population laborieuse, partie intégrante de ce mécanisme, fût surchargée et décimée. « Si l'Angleterre réussissait à faire accomplir tout l'ouvrage de ses champs et tout celui de ses villes par des machines à vapeur, et à ne pas compter plus d'habitants que la république de Genève, tout en conservant le même produit et le même revenu qu'elle a aujourd'hui, devrait-on la regarder comme plus riche et plus prospère ? M. Ricardo répond positivement *oui*. Pourvu, dit-il, que son revenu net et réel, et que ses fermages et profits soient les mêmes, qu'importe qu'elle se peuple de dix ou douze millions d'individus? Quoi donc! la richesse est tout et les hommes ne sont rien! » « En lisant certains économistes, on croirait, dit un écrivain du même groupe (Droz), que les produits ne sont pas faits pour les hommes, mais que les hommes sont faits pour les produits! » Sismondi et de Villeneuve-Bargemont s'efforçaient donc avec raison de ramener les études économiques à leur fin dernière qui est la multiplication de la race humaine et l'amélioration de son sort par l'accroissement de la richesse. Par là, ils étaient d'accord avec les premiers socialistes. De V.-Bargemont présente un programme de réformes qui a été repris presque littéralement par les socialistes catholiques de nos jours. Mais, en général, les économistes orthodoxes restèrent insensibles à ces critiques et à ces plaintes, et Dunoyer aima mieux chercher les causes de la crise industrielle dans l'imprévoyance et l'inertie des ouvriers que dans l'oubli « des principes de justice, de morale, d'humanité et de charité » signalé par de Bargemont.

J.-B. Say (1767-1832), appartient au groupe des disciples encore fidèles d'Adam Smith. Il ne fait dans son traité d'Économie politique que reproduire la doctrine du maître sous une forme qu'il estime plus originale et qui est certainement plus claire. Le livre eut un large cours. Il mit en lumière la *Théorie des* *débouchés* dont J.-B. Say est considéré comme l'inventeur, bien que Hume l'ait entrevue, et qui se réduit à ceci : que, en général, qui vend ne peut s'abstenir d'acheter ; que, par conséquent, les produits étrangers importés sur un territoire y suscitent des produits destinés à l'exportation, en sorte que les produits se paient avec des produits. Il confirme ainsi le cosmopolitisme industriel et commercial impliqué dans la doctrine du maître. « Une nation, par rapport à la nation voisine, est dans le même cas qu'une province par rapport à une autre province, qu'une ville par rapport aux campagnes : elle est intéressée à la voir prospérer, et assurée de profiter de son opulence. » Dans le même esprit optimiste, J.-B. Say défend le système industriel contre des adversaires qui n'en comprenaient pas, à dire vrai, toutes les ressources. Il soutient que les machines favorisent le développement de la population en abaissant le prix des produits et en permettant, par les économies qu'elles réalisent, d'élever progressivement les salaires. Enfin, il cherche à compléter la doctrine classique en ouvrant, après les chapitres consacrés à la production, à l'échange et la répartition des richesses, un chapitre nouveau sur la *consommation:* Les consommations les mieux entendues, suivant lui, sont celles qui satisfont des besoins réels, celles qui sont lentes plutôt que celles qui sont rapides, celles qui choisissent de préférence les produits de la meilleure qualité, celles qui sont faites en commun, enfin celles qu'avoue la saine morale. Aucune de ces règles ne sortait du thème exclusif de l'école, qui était l'augmentation de la richesse, et considérait le problème de la population comme résolu par l'affirmation des harmonies naturelles, le grand postulat du système.

Le traité de J.-B. Say est de 1803 ; Garnier traduisit Adam Smith en 1805. A la même époque Bentham, qui avait déjà, 20 ans après Turgot (1797), réclamé la liberté du prêt à intérêts, reprit et développa la doctrine du laissez faire et du laissez passer qu'il poussa jusqu'à ses plus extrêmes conséquences. Il revendiquait le titre de radical comme homme politique et comme économiste. Pour lui, l'économie est une science pure où « il y a beaucoup à apprendre et peu à faire ». Il essaya de fonder cette « science » sur le principe unique de l'intérêt du plus grand nombre, ce qui lui eût donné l'unité dont elle manquait, mais il continua à mêler avec ces vues utilitaires, les maximes individualistes à priori des Physiocrates. Dans son enthousiasme pour la méthode qu'il assignait à la science économique, il alla jusqu'à professer que la même méthode devait convenir à la morale, et tandis que c'est la science des intérêts qui devait se subordonner à la science des devoirs, il réduisit simplement la morale à l'économie en ramenant le devoir à un calcul d'intérêts. Il est vrai, que selon lui, l'intérêt général coïncidait exactement avec l'intérêt individuel ; mais on peut se demander si cette simplification à outrance n'aboutit pas à la confusion ; la nature humaine et l'organisme social sont très complexes et il vaut mieux subordonner leurs fonctions les unes aux autres que les asssimiler témérairement.

Stuart Mill, disciple de Bentham, reprit en Angleterre au milieu du siècle ce rôle d'interprète et de clarificateur de la doctrine désormais classique, joué au début en France par J.-B. Say. Son ouvrage : *Les principes d'Économie politique avec quelques-unes de leurs applications à la philosophie sociale*, avait pour but de remplacer la *Richesse des nations*, qui dans plusieurs parties avait vieilli et d'y corriger de nombreuses imperfections. Mais au fond, Mill n'invente guère ; il répète Ricardo. Il est strictement orthodoxe. Pourtant les vues sociales qu'il a empruntées à A. Comte s'accordent mal avec les dogmes de l'école du laissez faire et du laissez passer. Nous le verrons tout à l'heure. Aussi sont-elles plutôt juxtaposées à ces dogmes, dans l'œuvre de Mill, que fondues intimement avec eux.

Si ce corps de doctrines, qui, dans son ensemble, remonte aux Physiocrates, avait pu, chez Mill, résister à l'action dissolvante des idées positives, il devait à plus forte raison recevoir de la philosophie spiritualiste récemment restaurée en France une consolidation nouvelle. Tel fut, en effet, le rôle de la philosophie éclectique enseignée par Cousin et ses disciples à partir de 1825. Son établissement annonce en France pour l'orthodoxie économique une période de prospérité et de tranquille possession, retardée un instant par la première explosion du socialisme contemporain, mais que les sanglantes journées de juin 1848 affermirent définitivement.

B. Successeurs indirects d'Adam Smith.

1° Retour aux Physiocrates. — Les Éclectiques français. L'École philosophique nouvelle affirmait hautement l'existence d'un Dieu bon, ou d'une Providence et l'immortalité de l'âme. Elle prêtait par là un appui à cette doctrine économique selon laquelle les lois naturelles de la production et de la distribution des richesses étaient faites pour le bonheur de l'homme, et qui fondaient la propriété et la liberté sur des droits primitifs, innés, indiscutables. La métaphysique de Quesnay et de Dupont de Nemours, laissée au second plan par Smith, est remise en vigueur. On réédite les Physiocrates avec des commentaires enthousiastes. On proclame qu'il n'y a qu'une vérité économique comme il n'y a qu'une vérité mathématique et juridique et on édicte les lois pratiques qui en découlent pour tous les temps et tous les lieux. La théorie du progrès indéfini, providentiel, est, comme au siècle précédent, invoquée pour garantir la pleine réalisation du programme optimiste. Mais bientôt cette ferveur tombe et, les principes généraux étant mis à part comme inattaquables aux controverses, on s'occupe des faits, on cherche aux problèmes pratiques une solution, on s'efforce de suffire aux difficultés de l'heure présente. De là une multitude de travaux qui ont illustré l'École française économique devenue *éclectique*, c'est-à-dire dire disposée à adopter ce que les écoles adverses peuvent lui prêter de meilleur, comme l'était l'École philosophique à laquelle elle emprunte plusieurs collaborateurs éminents, l'École de V. Cousin. La méthode de ces divers écrivains est *a priori*, s'il sagit des principes, comme celle des Physiocrates : mais elle emprunte largement à l'expérience quand elle cherche des solutions pratiques. Elle est donc éclectique elle aussi. Dans ses conclusions l'École est trop fidèle aux doctrines des fondateurs pour renoncer à l'individualisme et au laissez faire ; mais elle cherche à réserver une place à l'association et à l'initiative gouvernementale. Bref, elle apporte dans la défense des traditions libérales du dix-huitième siècle cet esprit de sagesse pratique et de juste milieu qui caractérisa la bourgeoisie française pendant sa longue hégémonie politique. Voici les noms et les ouvrages de ses principaux représentants :

Droz (1773-1850), *De l'Application de la morale à l'Économie politique et Principes de la science des richesses* (1829). — Dunoyer (1786-1862), *l'Industrie et la Morale considérées dans leurs rapports avec la société* (1825). *De la liberté du travail ou simple exposé des conditions sous lesquelles les forces humaines s'exercent avec le plus de puissance* (1845). — Rossi (1787-1848), *Cours d'Économie politique*. — Hippolyte Passy (1793-1880), *des Systèmes de culture et de leur influence sur l'Économie sociale* (1816). *Des formes de gouvernement et des lois qui les régissent*. — Thiers (1797-1877), *de la Propriété* (1848). — Blanqui (1778-1854), *Histoire de l'Économie politique en Europe* (1837). *Les classes ouvrières en France* (1848). —

BASTIAT (1801-1850), *Cobden ou la ligue. Pamphlets. Harmonies économiques.* — LÉON FAUCHER (1803-1854), *Études sur l'Angleterre* (1845). *Mélanges.* — COQUELIN (1803-1852), *Dictionnaire d'Économie politique.* — MICHEL CHEVALIER (1806-1879), *Lettres sur l'Amérique* (1833-1835). *Des intérêts naturels de la France en 1838. L'organisation du travail et la question des travailleurs* (1848). — LÉONCE LAVERGNE (1809-1880), *Les Économistes français du* XVIIIe *siècle* (1853), *l'Economie rurale de l'Angleterre, de l'Écosse et de l'Irlande* (1853). *L'agriculture et la population* (1855). *L'économie rurale de la France depuis 1789* (1860). WOLOWSKI (1810-1876), *de l'organisation du travail* (1849). *La question des banques* (1864). *L'or et l'argent* (1872). — JOSEPH GARNIER (1813-1881), *Édition de Malthus. Traité d'Économie politique et industrielle. Richard Cobden et les ligueurs. Du principe de la population. Traité des finances. Notes et petits traités. Premières notions d'Économie politique.* — COURCELLE-SENEUIL (1813). *Le crédit et la banque. Traité théorique et pratique des opérations de banque. Traité théorique et pratique des entreprises industrielles commerciales et agricoles. Traité théorique et pratique d'Économie politique. Étude sur la science sociale...Liberté et Socialisme.* — JULES SIMON, *l'ouvrière, le travail, le libre échange.* — BAUDRILLART, DE LAVELEYE, DE MOLINARI, FRÉDÉRIC PASSY, LÉON SAY, LEVASSEUR, LEROY-BEAULIEU, *etc.*[1]

2° *Les* orthodoxes allemands. Jusqu'au début de ce siècle, l'Allemagne n'avait pris qu'une faible part aux recherches économiques. A partir de ce moment elle entre en scène à son tour avec les qualités propres de son esprit essentiellement systématique, mais patient et observateur, et très désireux dans sa complexité de concilier les doctrines contraires. Jusqu'au milieu du siècle, elle est occupée à s'assimiler les résultats

---

1. Les ouvrages de Cournot : *Recherches sur les Principes mathématiques de la théorie des richesses* (1838) et *Principes de la théorie des richesses* (1863) ont une haute importance au point de vue de la méthode, mais ils rentrent difficilement dans l'une ou l'autre des catégories d'ouvrages que nous venons de signaler.

obtenus par l'École de Smith[1]. A partir de 1848, elle produit des systèmes originaux appelés à un immense retentissement.

Von Thünen (1826)[2] pousse à leurs dernières conséquences les idées de Ricardo sur l'inévitable écart que le progrès économique doit produire entre le salaire de l'ouvrier et le bénéfice du propriétaire. Il n'y voit qu'un remède : la réunion dans les mêmes mains du capital et du travail, c'est-à-dire la remise au producteur des instruments de la production. Mais Hermann et Rau, sans répudier le Smithianisme, s'efforcent de le concilier avec les nouvelles conditions de l'industrie et de la société en général. A côté de l'intérêt personnel, premier ressort de l'activité productive, Hermann signale un esprit social, un ensemble de tendances ayant pour objet la collectivité et dont l'effet est d'atténuer les rigueurs de la lutte économique. Dès lors commence le long effort de la science allemande pour mettre d'accord l'économie avec la morale et avec la politique. Rau, pendant de longues années d'enseignement à l'université d'Heidelberg et dans de nombreuses publications souvent rééditées (son *Manuel* est de 1826), traite selon le même esprit toutes les questions relevant de la science des richesses. Il intro-

---

1. Il faut excepter Fichte dont nous aurons à parler tout à l'heure comme précurseur du socialisme contemporain.

2. Nous donnons pour chaque auteur la date de l'ouvrage principal. Von Thünen est mort en 1863, Hermann en 1868, Rau en 1870.

duit la clarté des définitions et des classifications en une multitude de sujets qui n'avaient été, avant lui, qu'esquissés à grands traits, et nourrit de nombreuses illustrations historiques et statistiques les solutions d'Adam Smith et de J.-B. Say. Il revient à la division fondamentale que nous avons relevée chez Smith entre la science et l'art économique, dépassant ainsi sur un point essentiel les économistes historiques dont il est le précurseur immédiat.

C'est en Allemagne que la doctrine d'Adam Smith a porté ses fruits les plus abondants. Après une mémorable discussion, la théorie libre-échangiste triomphe au congrès économique de Stuttgard, en 1861, et pénètre la législation prussienne. Pleins d'une confiance sans bornes dans l'initiative individuelle, des hommes comme Schulze-Delitzsch, Pfeifer, Wolf, Max Wirth et Prince Smith cherchent dans la multiplication des sociétés coopératives la solution de la question sociale; ils provoquent congrès sur congrès et l'agitation qu'ils propagent remue si profondément le peuple allemand que Schulze-Delitzsch croit pouvoir se vanter en plein parlement d'avoir obtenu cette solution tant désirée. Mais l'ambition des travailleurs dépassait de beaucoup les modestes satisfactions que pouvait leur assurer l'application du laissez faire et du laissez passer. Le parti socialiste, dont nous verrons tout à l'heure la rapide évolution, loin d'être désarmé par ces institutions libérales, n'y trouvait qu'un moyen nou-

veau de propagande, et d'autre part, l'École de Manchester allait rencontrer devant elle des doctrines
philosophiques nouvelles auxquelles il lui serait de
plus en plus difficile de s'adapter.

CHAPITRE IV

L'ÉCONOMIE POLITIQUE COMME SCIENCE SOCIALE DANS LES DÉMOCRATIES MODERNES

I. — L'École historique.

On se souvient que le point de vue dominant de l'École libérale, sinon dans les ouvrages d'Adam Smith dont nous avons remarqué le sens historique, du moins dans les ouvrages des physiocrates et des orthodoxes anglais et français, était celui des droits absolus de l'individu ; une métaphysique *a priori* était pour eux le fondement de l'économie politique, puisque le droit de propriété et la liberté économique reposaient à leurs yeux sur la liberté morale antérieurement à tout arrangement politique déterminé. Ils tendaient à renfermer la science du gouvernement et celle de la richesse dans un petit nombre de théorèmes rattachés à l'idée de justice, et à faire de l'une et de l'autre une sorte de géométrie morale.

La première protestation contre cette méthode vint des philosophes antirévolutionnaires. Joseph de Maistre, ce défenseur de la monarchie et de la papauté, nie que les institutions humaines puissent revêtir ce caractère d'universalité et de nécessité que la révolution française prêtait à ses dogmes. Il n'y a pas, selon lui, de gouvernement le meilleur pour tous, parce qu'il n'y a rien d'absolu dans ce domaine. « Les objets généraux de toute bonne institution doivent être modifiés en chaque pays par les rapports qui naissent tant de la situation locale que du caractère des habitants ; et c'est sur ces rapports qu'il faut assigner à chaque peuple un système particulier d'institutions qui soit le meilleur, non peut-être en lui-même, mais pour l'État auquel il est destiné... et comme mille événements peuvent changer les rapports d'un peuple, non seulement différents gouvernements peuvent être bons à divers peuples, mais au même peuple en différents temps ! »... « Il faut toujours rappeler les hommes à l'histoire qui est le premier maître en politique, ou pour mieux dire, le seul... L'histoire est la politique expérimentale, c'est-à-dire la seule bonne, et comme, dans la physique, cent volumes de théories spéculatives disparaissent devant une seule expérience, de même dans la science politique, nul système ne peut être admis s'il n'est pas le corollaire plus ou moins probable de faits bien attestés. »

Avec des vues bien différentes, et pour fonder non seulement, comme nous le verrons tout à l'heure, une religion nouvelle, mais une société nouvelle, Saint-Simon, tout utopiste qu'il était, condamnait les « métaphysiciens, » préconisait la méthode « positive ». C'était le temps où Savigny, le savant jurisconsulte, venait de fonder en Allemagne l'École historique et s'efforçait d'expliquer les lois non par la raison abstraite, mais par les besoins, les croyances, les conditions économiques et sociales des peuples pour qui elles avaient été faites. Alors naquit en France la philosophie positiviste. Auguste Comte, disciple de Saint-Simon, au courant des travaux de Savigny, eut pour but principal d'appliquer aux phénomènes sociaux la méthode des sciences de la nature. Choisissant ce qu'il y avait de meilleur dans les idées de Condorcet et de Turgot, il relia l'état actuel de l'humanité à la série de ses états antérieurs, et montra que la civilisation actuelle était l'œuvre, non de la raison pure, mais d'un progrès à direction constante, quoique intermittent, aussi ancien que l'humanité.

Mais à leur tour, les lois sociales s'expliquent par les lois de la vie, qui trouvent leurs conditions prochaines dans les lois du monde inorganique. Ainsi les phénomènes économiques, partie des phénomènes sociaux, rentrent dans l'ordre général de la nature, non plus de cette nature arbitrairement conçue et séparée du reste des choses que les Physiocrates avaient imaginée, mais de la nature unique et la même dans toutes ses œuvres, dont l'observation et l'histoire positive nous apprennent seules à connaître les lois. La solidarité de la science économique avec

les autres sciences sociales était par là même mise en
pleine lumière pour la première fois. « Il faut remarquer d'ailleurs, disait A. Comte, que l'aveu général de
nos économistes sur l'isolement nécessaire de leur
prétendue science relativement à l'ensemble de la
philosophie sociale, constitue implicitement une involontaire reconnaissance de l'inanité scientifique de
cette théorie, qu'Adam Smith n'avait eu garde de
concevoir ainsi[1]. » « Toute étude isolée des divers
éléments sociaux est, par la nature de la science, profondément irrationnelle et doit demeurer essentiellement stérile à l'exemple de l'économie politique. »
. L'action en politique et en économie politique doit
donc s'inspirer des lois de l'histoire et des conditions
toutes spéciales et concrètes où elle s'exerce, lois et
conditions dont elle n'est que la suite. Le présent ne
peut fonder l'avenir qu'en s'appuyant sur la connaissance du passé même le plus lointain. Point de révolution ; il s'agit seulement de favoriser, de pousser plus
loin l'évolution sociale et économique. « L'ordre artificiel et volontaire n'est qu'un simple prolongement de
cet ordre naturel et involontaire vers lequel tendent
nécessairement sans cesse les diverses sociétés humaines, en sorte que toute institution politique vraiment rationnelle, pour comporter une réelle et durable efficacité sociale, doit constamment reposer sur

1. *Cours de philosophie positive*, vol. IV, p. 271.

une exacte analyse préalable des tendances sponta-
nées correspondantes, qui peuvent seules fournir à
son autorité des racines suffisamment solides ; en un
mot, il s'agit essentiellement de contempler l'ordre
afin de le perfectionner convenablement, et nullement de le créer, ce qui serait impossible » (p. 348).
Par suite, l'art politique et l'économie qui n'en est
qu'une branche ne comportent aucune prescription
absolue et universelle. « Nous n'aurons donc jamais à
concevoir le régime politique que d'après sa relation
continue avec l'état correspondant de la civilisation
humaine, isolément duquel il ne saurait en aucun cas
être sainement jugé et par l'impulsion graduelle
duquel il tend toujours à être spontanément produit
ou modifié. Cette conception présente toute idée de
bien ou de mal politique comme nécessairement *relative* et *variable*, sans être pour cela nullement arbitraire, puisque la relation est toujours rigoureusement déterminée » (p. 340).

Ces pages étaient écrites en 1839. D'accord avec
Auguste Comte, mais postérieurement à lui, un grand
nombre d'économistes philosophes commencent en
Allemagne une lutte retentissante contre l'École de
Manchester, prise comme l'expression type des doc-
trines de Smith.

Roscher, Knies, Hildebrand, Kautz, Schœn et Stein
sont les représentants les plus autorisés de l'École
historique. Ils blâment le caractère cosmopolite, théo-

rique et abstrait des constructions économiques élevées
par leurs devanciers. Ils soutiennent qu'aucune institution ne peut convenir à des états de civilisation
différents, dans tous les temps et dans tous les lieux.
Ils affirment que l'objet de l'économie n'est pas
l'homme en soi, mais l'homme réel ; que sa tâche est
de déterminer non par la déduction ce qui devrait
être, mais par l'observation ce qui est. Le relatif,
voilà son domaine exclusif. « Dans notre science, disait
l'un d'eux, tout est relatif et seul le relatif est l'absolu. »
Par cette méthode *réaliste* ou positive, *historico-phy-
siologique*, comme ils disaient encore, méthode qu'ils
n'ont pas toujours scrupuleusement observée d'ailleurs, il n'est pas surprenant qu'ils soient parvenus à
des résultats très différents de ceux de l'école ratio-
naliste anglaise et française.

L'exposé détaillé de ces résultats nous conduirait
vite au milieu de l'arène où luttent les partis politiques contemporains. Nous n'y jetterons qu'un rapide
coup d'œil, assez attentif cependant, pour reconnaître
les drapeaux des principaux partis et déterminer leurs
tendances dominantes.

II. — **List et l'Économie « nationale ».**

Quand on se mit en présence des faits et qu'on
étudia en elle-même l'évolution historique de l'humanité, on s'aperçut aussitôt que les théories de l'École
libérale offraient une lacune manifeste. Partant de
l'individu et toute préoccupée de défendre ses droits
contre les abus d'un pouvoir arbitraire, trop souvent
tyrannique, ou bien d'ouvrir au développement de la
richesse, par l'extension indéfinie de l'industrie et du
commerce, un champ libre de toute barrière, cette
école, sous ses formes diverses, avait méconnu le rôle
indispensable des gouvernements et oublié ou rêvé
d'abattre les frontières qui séparent les nations. Or,
les faits économiques ont inévitablement pour théâtre
des groupes sociaux dont l'unité historique et actuelle
est liée à l'existence du pouvoir central, et un tel pouvoir réagit nécessairement d'une manière ou de l'autre
sur la marche de ces phénomènes dans les relations
des citoyens les uns avec les autres et dans les relations du groupe avec les autres groupes. Auguste
Comte s'élève avec raison contre les tendances anar-
chiques de doctrines pour qui le pouvoir gouvernemental est non avenu ou même considéré comme un
obstacle : et il n'a pas de peine à montrer que, si les
gouvernements ont pu être, à un moment donné, une

cause de perturbation, lorsqu'ils étaient en opposition avec les idées et les besoins de leurs sujets, ils sont normalement l'organe naturel de la volonté collective et l'instrument le plus efficace du progrès national.

C'est ce que comprit de son côté le promoteur de l'Économie « nationale », l'allemand Frédéric List. Conformément aux principes de la méthode historique, il se plaça, non au point de vue du développement de la richesse en général et dans un temps quelconque, mais au point de vue du développement de la richesse en Allemagne, au moment précis où il écrivait (1841). Son *Système national d'Économie politique* et tous ses autres ouvrages attaquent délibérément Adam Smith et son école. L'auteur y soutient en outre les idées suivantes tirées de l'examen de l'histoire : que l'association est le moyen le plus efficace d'augmenter les forces et d'assurer le bonheur de l'homme, mais que l'association ne peut embrasser d'un coup le genre humain sans menacer la liberté de tous, que des nations ou États sont les intermédiaires indispensables entre l'isolement individuel et la confédération universelle ; que l'indépendance des nations exige : 1° la réunion dans un même peuple de l'agriculture, des manufactures et du commerce ; 2° l'existence de douanes qui protègent les industries naissantes et permettent à la nation, sans empêcher l'entrée des matières premières venues de la zone torride, de lutter contre les nations plus avancées pen-

dant qu'elle passe de l'état agricole à l'état manu-
facturier ; 3° la création par l'État d'un système de
voies de communication rapides, tracé en vue des
besoins commerciaux et militaires du pays. List n'est,
on le voit, ni libre-échangiste ni prohibitionniste
d'une manière absolue ; il fait des vœux platoniques
pour l'extension future de la liberté commerciale,
mais, pour le moment, il n'a, comme il le déclare lui-
même, d'autre mobile et d'autre règle que l'intérêt
des États allemands.

Ce point de vue n'est pas très éloigné de celui des
« socialistes de la chaire » (Katheder Socialisten),
presque tous professeurs dans les universités alle-
mandes. C'est la restauration, sous une forme plus
philosophique et savante, de l'antique système mercantile, et, par là, l'économie politique européenne
semble revenir à son point de départ ; mais nous ne
pouvons comprendre la portée de la doctrine et même
son nom qu'en esquissant l'histoire du socialisme lui-
même.

III. — Le socialisme contemporain.

A. Les origines : le socialisme humanitaire. — La doctrine économique orthodoxe n'était pas seulement étrangère à l'idée de patrie ; elle était, de plus, devenue assez indifférente au sort d'une bonne partie de l'humanité. Le problème qu'elle s'était posé avant tout autre : *comment multiplier la richesse*, l'avait conduite à prendre assez aisément son parti de souffrances très générales et très amères qu'elle considérait comme la condition nécessaire de l'accroissement du capital. Or, de même que le patriotisme de List avait protesté contre les conséquences funestes pour l'Allemagne de la doctrine du laissez faire et du laissez passer, un sentiment très fort d'amour pour l'humanité en général et surtout de commisération pour les victimes du progrès économique ainsi entendu, d'accord avec les principes d'égalité proclamés par la Révolution, devait pousser un grand nombre d'hommes, des savants d'abord, et à mesure que les lumières s'étendraient, les masses déshéritées elles-mêmes à s'insurger contre les prétendues fatalités du régime industriel et à rechercher les moyens de s'y soustraire. Pour cela, il fallait un instrument puissant, un levier sur lequel l'effort de tous pût s'exercer utilement ; le pouvoir central, armé de la force séculaire de l'État, répondait seul à ce besoin. Nouvelle raison pour que les novateurs répudiassent les tendances antigouvernementales de l'École et se tournassent vers l'État comme vers une providence libératrice.

Au fond, c'était le problème qu'avaient agité les anciens, Socrate, Platon, Aristote et les chrétiens eux-mêmes, qui se posait de nouveau en d'autres termes. L'égalité absolue des personnes humaines étant posée *a priori* comme résultant soit de la volonté juste de Dieu, soit de la valeur absolue de la liberté métaphysique en chacun de nous (Rousseau), la richesse, en tant qu'exclusive, est immorale ; l'acquisition des biens de la terre ne peut se faire sans injustice au delà de certaines limites. Comment réconcilier la morale et l'économie, comment rendre le riche innocent? Le christianisme, d'accord avec l'antiquité, avait répondu par une condamnation de la richesse. Malheur aux riches, avait dit le Christ après Platon. Et le pauvre involontaire ou volontaire avait reçu la promesse d'un bonheur sans bornes dans une autre vie. D'où les couvents. Le même problème allait recevoir une solution toute différente. Le socialisme sanctifie la richesse en lui ôtant son caractère individuel. Il en fait la propriété de tous. Quant au bonheur, il le promet dès ici-bas à ses adeptes. Ainsi, l'économie politique, non seulement rentre en grâce avec la morale de l'absolu, mais elle devient la promotrice du bonheur universel, l'ouvrière du salut terrestre pour les pauvres et les déshérités.

Assurer dès cette vie le bonheur des classes ouvrières non seulement en réalisant par la force publique une répartition plus équitable des richesses, mais aussi en imposant à l'ouvrier, comme au patron, une meilleure organisation du travail, telle est donc l'essence du socialisme. La liberté était le but des orthodoxes; elle semblait avoir une valeur propre à leurs yeux : les socialistes n'ont en vue que des avantages concrets, des biens positifs qu'ils désespèrent d'atteindre par son moyen et ils la sacrifient sans regret à l'égalité.

Le socialisme moderne est né en France; il a reçu son nom en Angleterre; il a atteint en Allemagne son plus grand développement.

Fait digne de remarque : il ne paraît pas dériver des doctrines similaires antérieures; il ne vient ni de Platon, ni de Morus ou de Campanella, ni de Rousseau ou de Mably. Il est une transformation des idées économiques de Smith et de J.-B. Say. A ce moment (1817), la guerre était détestée; on se passionnait pour le travail utile, pour la production industrielle. Dunoyer et Charles Comte, deux économistes, demandaient avec instances que la société s'y consacrât tout entière; ils eussent volontiers banni les oisifs. Saint-Simon part également de ces idées. Mais il en tire de nouvelles conséquences. Il divise la société en deux groupes, les producteurs et les non-producteurs :

ceux-ci, y compris les rentiers, sont de sa part l'objet de la plus vive réprobation. Plein des souvenirs de l'administration financière et militaire de l'Empire, il rêve pour l'industrie une organisation hiérarchique. Il en fait la matière et le but unique de l'action gouvernementale. Les chefs de l'État seront les grands industriels et les capitalistes. Le pouvoir temporel sera entre leurs mains. Le pouvoir spirituel appartiendra aux savants. Un système scientifique et industriel remplacera le système féodal et théologique, et la révolution sera close. Le gouvernement « travaillera directement à l'amélioration du bien-être moral et physique des travailleurs, et les deux premiers articles des dépenses budgétaires seront : 1º celui relatif à l'instruction du peuple ; 2º celui ayant pour objet d'assurer du travail à ceux qui n'ont pas de moyens d'existence ». Le sentiment moral et religieux relèvera lui-même de l'administration publique. L'école de Saint-Simon alla encore plus loin que son chef. Enfantin veut remplacer la guerre sociale par la paix, l'antagonisme par l'association. Il assigne pour but à la nouvelle société l'exploitation en commun du globe qui succédera à l'exploitation de l'homme par l'homme. Le prolétaire doit posséder à son tour. La propriété est un fait relatif ; elle a revêtu bien des formes, et peut être de nouveau modifiée. Celui-là seul qui travaille a le droit de posséder. La dévolution par héritage est un abus : « Celui qui n'a pas cultivé n'a pas droit de recueillir les fruits. » Les fonds de production sont *les instruments du travail;* les propriétaires n'en sont que les dépositaires, et leur fonction consiste à les distribuer aux travailleurs sous le contrôle de l'État. « A chacun selon sa capacité, à chaque capacité selon ses œuvres, » tel sera le principe qui présidera à cette distribution. Auguste Comte, dans sa *Politique positive*, insiste sur l'état anarchique du monde industriel. Il pense que cette anarchie cessera quand le pouvoir temporel sera remis aux principaux représentants de l'industrie, et que la science, avec son caractère d'universalité, aura constitué un pouvoir spirituel reconnu de tous. Il annonce l'accord des prolétaires et des savants sous l'empire de la religion de l'Humanité.

Notre spiritualisme classique lui-même n'était pas toujours alors hostile à la politique socialiste : partant des mêmes principes que Rousseau, il pouvait aboutir aux mêmes conséquences. Dans une brochure intitulée *Catholicisme et socialisme*, parue en 1850, un professeur distingué écrivait : « Tout homme dans la société a le droit de vivre. Cette proposition contient pour ainsi dire le socialisme tout entier. Droit de vivre de la vie physique, intellectuelle et morale, puisque tel est le développement un et triple de la vie humaine complète. — Réciproquement, si chacun a le droit de vivre, tous ont le devoir d'aider chacun à vivre physiquement, intellectuellement, moralement. Et la

société est comptable en grande partie de la misère,
de l'ignorance et des vices qu'elle ne détruit pas.
1º Le droit de vivre physiquement est ce que l'on
appelle en d'autres termes le *droit au travail*, c'est-
à-dire le droit qu'a tout homme de bonne volonté de
vivre en gagnant sa vie... Tous les efforts des démo-
crates doivent tendre à faire rétablir ce droit dans la
constitution à l'époque légale de la revision prochaine.
C'est sur ce fondement que tout repose; le droit au
travail est la première pièce de l'édifice démocratique
et social... 2º Le droit de vivre intellectuellement et
moralement est la seconde. Ce droit s'appelle en
d'autres mots *droit à l'instruction et à l'éducation*.
Instruction et éducation gratuites à tous les degrés,
obligatoires au premier ». — Ces droits primitifs
sauvegardés, comment se fera l'organisation du travail
privé? « Elle se fera surtout, répond l'auteur, par
l'association libre et volontaire entre les travailleurs
et par la gratuité du crédit entre eux ; mais préalablement et transitoirement l'État, dans la mesure du
possible, devra mettre à leur disposition une partie
des capitaux nécessaires pour commencer. C'est par
la transformation des salariés en associés libres et
volontaires que seront abolis l'asservissement des
travailleurs aux capitalistes et la misère qui en résulte,
ce qu'on appelle d'un mot le prolétariat. » Des avances
gratuites devront aussi être faites par l'État aux
associations agricoles. Quant à la propriété, comme,

d'après les enseignements de l'École orthodoxe, elle dérive exclusivement du travail, qu'elle n'est, conformément à la définition de Cousin, « qu'une extension de la personne dans ses œuvres », elle est « exclusivement personnelle » ; elle doit, « en principe absolu, être viagère et périr avec la personne ». Du principe « que la propriété, soit immobilière soit mobilière, n'a pas d'autre titre de légitimité que le travail, dont elle est le fruit », découle la suppression de l'hérédité des biens, comme de celle des titres. M. Deschanel se contente d'attribuer à l'État le dixième des successions. Si on lui demande quel est ici le fondement du droit de l'État, voici sa réponse : « L'État représente la société tout entière, c'est-à-dire les riches et les pauvres et il doit s'efforcer de rétablir la balance entre les uns et les autres autant que possible. Du moins il doit tenter de réparer les plus criantes iniquités du sort, et pour cela il faut de l'argent ; or la propriété n'étant légitime qu'autant qu'elle est le fruit du travail..., il est très juste que l'État prélève cet argent par faibles portions — au moment où l'enfant, sortant du sein de sa mère, n'a pu mériter encore ni aucun mal ni aucun bien — sur la fortune de ceux qui l'ont acquise par leur naissance, mais non gagnée par leur travail, et qu'il ôte à ceux qui ont tout pour donner à ceux qui n'ont rien ».

La brochure que nous venons de citer résume un certain nombre de publications contemporaines dont les plus célèbres sont celles de Louis Blanc (1813-1882) *Organisation du travail* (1840) et le *Socialisme, Droit au travail* (1848). Le but de cet auteur est de remplacer la concurrence, cette loi homicide de l'industrie livrée à elle-même, par l'action régulatrice et pacificatrice de l'État. Mais le moyen qu'il préconise est des plus grossiers. Il fait intervenir l'État comme entrepreneur direct universel, comme fournisseur de travail à tous ceux qui lui en demandent. Il ne comprend pas que, dans l'organisme social, il y a des fonctions qui s'accomplissent beaucoup mieux d'elles-mêmes que sous l'impulsion de la volonté consciente. Il ne voit pas qu'en se substituant aux organes spéciaux chargés de la production et de l'échange, le pouvoir central aggrave les maux qu'il veut guérir et que le seul rôle qui lui convienne ici, en dehors de circonstances exceptionnelles, est celui de surveillant, de conseiller, d'intermédiaire officieux.

On sait quelle place tinrent ces théories dans la politique intérieure de notre pays de 1830 à 1851, et comment, en 1848, Louis Blanc essaya de les faire passer dans les faits. On se rappelle les ateliers nationaux. En 1848, après les journées de juin, l'Assemblée constituante vota une subvention de trois millions pour encourager les sociétés ouvrières. Les prédications saint-simoniennes et radicales n'étaient donc pas restées sans écho. Des polémiques retentissantes avaient préludé à la guerre civile et

remuaient encore profondément les esprits au lendemain des barricades. D'un côté, Bastiat défendait les
doctrines orthodoxes avec une verve sympathique et
un incontestable bon sens; d'autre part, Proudhon
(1809-1865) entrechoquait dans des écrits virulents les
thèses économiques les plus opposées et combattait
pour le socialisme, tout en l'invectivant chez les autres.
Signe manifeste, à nos yeux, du caractère régressif de
ses conceptions, il condamnait l'usage de la monnaie
et du crédit rétribué : « Ma pierre philosophale,
disait-il, c'est la *gratuité du crédit*; si je me trompe
là-dessus, le socialisme est un vain rêve. » A vrai dire,
dans son système, le crédit n'est pas rendu gratuit, il
est supprimé, puisque l'État, par sa *banque d'échange*,
devient l'organe de trocs instantanés entre tous les
producteurs sur toutes les parties du territoire.
L'avènement du second Empire mit fin chez nous à
ces controverses, et le *Dictionnaire d'Économie politique* allait jusqu'à dire en 1854 : « parler du
socialisme, c'est faire une oraison funèbre » : elles
devaient se réveiller ailleurs avant de renaître en
France même.

En Angleterre, depuis la fin des guerres napo-
léoniennes, l'industrie se livrait, sous la pression de la
concurrence, à une effroyable exploitation de vies
humaines. Des enquêtes minutieuses ont conservé le
souvenir des tâches imposées et des traitements
infligés à des enfants de dix ans : on ne peut les lire

sans un serrement de cœur. La loi anglaise *laissait faire;* elle respectait la « liberté » des parents et des patrons. A partir de 1817, un millionnaire, Owen, ému par le spectacle de ces souffrances, essaya de les guérir par l'institution de colonies et d'associations où le capital et le travail étaient dans les mêmes mains. Il fonda de semblables institutions même en Amérique. Il en revint ruiné. Son influence fut petite sur l'opinion anglaise, qu'il avait choquée par ses déclarations antireligieuses. Mais Ludlow reprit son œuvre au nom de la charité chrétienne et contribua à multiplier les associations coopératives. Des lois protégèrent la femme et l'enfant dans les ateliers. Owen avait donné au socialisme son nom, mis en circulation quelques années plus tard par l'écrivain français Reybaud.

Nous arrivons au socialisme allemand[1].

B. **Le socialisme révolutionnaire.** — En 1800, Fichte avait publié l'*État conforme au Droit,* où il exposait une constitution idéale nettement socialiste. « Le travail et la répartition seront organisés collectivement ; chacun, pour une part déterminée de travail, reçoit une part déterminée de capital qui constitue sa propriété, conformément au droit. La propriété est ainsi universalisée. » Antérieurement il avait écrit : « La propriété ne peut avoir d'autre

1. Cf. *Le socialisme contemporain,* par Émile de Laveleye. 4ᵉ édit,, 1888.

origine que le travail. Quiconque ne travaille pas n'a pas le droit d'obtenir de la société des moyens d'existence. » Et ailleurs : « la société doit à tous les moyens de travail. » Mais Fichte s'inspirait de Platon et surtout de Rousseau : il ne faisait que tirer les conséquences des principes de la Révolution française. Le socialisme allemand contemporain vient d'une autre source.

Il est comme, celui de Saint-Simon, le développement des théories de Riccardo. Rodbertus-Jagetzow, ancien ministre de l'agriculture en Prusse en 1848, correspondant de Lassalle, et maître indirect de Karl Marx, appuie ses déductions sur le principe cher à l'École, que toutes les richesses sont des produits du travail et ne coûtent que du travail. A mesure que ces produits s'accumulent, le travail est plus productif ; la rente augmente non en raison de la plus grande fertilité de certaines terres, mais en raison de cette productivité croissante. Or, qu'il s'agisse du capital-terre ou du capital-machine, en vertu de la loi d'airain, à mesure que les produits sont plus considérables, le propriétaire reçoit davantage sans que la part de l'ouvrier puisse augmenter jamais. Il faut donc que les gouvernements interviennent pour introduire plus de raison ét de justice dans le jeu des lois économiques naturelles[1].

1. Nous ne pouvons que mentionner ici deux écrivains qui jouèrent un rôle important dans la formation du socialisme révo

Laissons de côté la personnalité, si brillante et intéressante qu'elle soit, de Lassalle, et caractérisons très brièvement les idées de Marx, le penseur original de l'École, le fondateur et l'organisateur de l'Internationale.

Son livre, *le Capital* (1859), est une formidable machine de guerre dont la force tient à la fois à la subtilité des déductions et à la profusion des exemples historiques et statistiques. Elle est dirigée contre le fait social que l'école de Smith avait signalé et glorifié comme la condition et l'apogée du grand mouvement industriel de ce siècle, l'existence du capital.

Le socialisme moderne, disions-nous tout à l'heure, veut assurer le bonheur humain dans les limites de cette vie par la diffusion et la plus égale répartition de la richesse. Karl Marx est matérialiste ; il promet aussi le bonheur sur terre à l'ouvrier ; mais au fond, il tend moins à obtenir une diffusion de la richesse, qu'il ne vise à la destruction même de la richesse comme fait économique. Son œuvre est vraiment anarchique et rétrograde. C'est une déviation du socialisme véritable, essentiellement organique et créateur. Oui, la renonciation à toute réserve de la richesse en vue de la création de la richesse à venir, et le retour à la

lutionnaire : Karlo Marlo (Winkelblech est son véritable nom), et Engels qui employa avec une habileté inconnue jusque-là les données de la statistique.

consommation immédiate des biens une fois produits, c'est-à-dire la suppression de cette admirable organisation économique, qui a engendré des abus, mais qui est le résultat naturel d'une accumulation séculaire d'inventions et de traditions, voilà ce que Marx nous présente en réalité comme le dernier mot de l'Économie politique. C'est le naïf scandale d'Aristote en présence du grand commerce de son temps et de ses rapides bénéfices, qui se renouvelle chez le moderne révolutionnaire en présence de la grande industrie et de ses prospérités triomphantes, mêlées, hélas! de maux nouveaux, comme il arrive de toute chose humaine.

Comment l'argent peut-il légitimement produire de l'argent? Comment la mise en valeur du travail par l'organisation industrielle ou « capitalistique » peut-elle donner naissance à un surcroît de bénéfices que le travail isolé ne saurait réaliser? Telles sont les questions que Marx ne peut résoudre qu'en imaginant tout un monde d'iniquités et d'horreurs, en supposant que l'ouvrier livré à lui-même n'aurait à travailler que la moitié de la journée pour se nourrir, et que l'autre moitié est une extorsion au profit du capital, seule origine de la plus-value et des bénéfices dans l'infâme commerce qui a pour objet le travail humain! Engagé dans ses raisonnements abstraits, il ne voit pas que la puissance multiplicatrice de la richesse employée comme capital résulte de son mode d'emploi même.

De même, en effet, que la même force produit un effet différent, suivant qu'elle est exercée en différents points du levier, ainsi la richesse, consommée aussitôt que produite, reste à demi stérile, tandis que la richesse accumulée, transformée en outils et en machines, servant de centre à l'organisation industrielle, fournissant au travail collectif une direction, lui imprimant et se donnant à elle-même une marche accélérée au milieu des rapides changements de l'industrie et du marché, fécondée par l'intelligence, multipliée par le crédit, doit porter des fruits infiniment plus abondants, qu'il ne reste plus, — le problème n'est pas insoluble, — qu'à répartir plus également entre le capitaliste et le travailleur. Dans son ensemble et malgré ses imperfections, l'organisation capitalistique de l'industrie est un immense progrès.

Par sa marche naturelle, historique, le développement de l'industrie moderne a déjà produit, à côté des scandales de la concurrence anglaise, une notable amélioration dans la condition des travailleurs en Europe et en Amérique. L'augmentation de la puissance productive, la plus-value des bénéfices ont amené d'une part une diminution dans le prix des choses nécessaires, d'autre part, une élévation de salaires dont tout le monde, le pauvre comme le riche, a profité. De plus, le capital a subi, naturellement encore, une transformation profonde. Les grandes entreprises, quand elles ne débutent pas par une

association de capitaux, y aboutissent presque nécessairement au bout d'un certain temps ; quand le
paysan et l'ouvrier, ayant réalisé des économies,
prennent une obligation de chemin de fer, ils deviennent copropriétaires d'un énorme capital infiniment
divisé. Ce mouvement, favorisé par l'association sous
toutes ses formes, sociétés de consommation, sociétés
de coopération, sociétés d'aide mutuel, etc., n'est qu'à
ses débuts et a déjà changé la face du monde économique.

Enfin, il n'est pas niable que si les mœurs, si le
progrès spontané des sentiments de solidarité, de
confiance et d'estime réciproques, si la modération
dans les désirs chez le riche et la résignation chez le
pauvre, si la libre pratique du devoir en un mot
peuvent beaucoup pour l'apaisement du conflit, les
gouvernements ont, eux aussi, un rôle considérable
à jouer dans la crise économique et sociale que traver-
sent les nations modernes. En pleine possession
d'elles-mêmes, celles-ci peuvent diriger leur législation et leur politique dans le sens d'une plus
équitable répartition des charges et d'une meilleure
organisation de la production. Eh bien ! cet organe
central par lequel les sociétés adultes se règlent
elles-mêmes et disposent de leur avenir, ce puissant
instrument de réformes, le socialisme révolutionnaire
veut le briser, comme il veut rompre le grand ressort
de la production, le capital, si laborieusement formé

au cours des siècles ; il demande le retour à la commune en politique, comme le retour au métier isolé en fait de production industrielle. Au lieu de nations multiples, luttant pour l'existence, il est vrai, mais échangeant aussi des produits et des idées, Marx rêve d'opposer l'une à l'autre dans les deux Mondes, au sein de chaque cité, comme luttent dans son esprit les abstractions qui s'appellent *Das Kapital* et *Die Arbeit*, deux armées de nombre inégal, celle des prolétaires et celle des capitalistes ; il donne le signal de la guerre par la grève universelle, avant qu'elle ne se fasse par la révolution universelle.

Nous n'avons pas la prétention d'exposer en aussi peu de mots, encore moins de réfuter le socialisme révoi .tionnaire ; nous n'avons voulu qu'en marquer l'importance et en indiquer. brièvement le caractère, à la fois violent et métaphysique, destructif avant tout. Encore une fois, il y a d'autres formes de socialisme, et nous pouvons dire, puisqu'il nous est permis de choisir, que. ces aberrations rétrogrades n'en fournissent pas le meilleur type[1].

C. **Socialisme d'État ou de la Chaire.** — Cette forme du socialisme est, nous l'avons vu, le prolongement de l'École .historique ; elle tient compte des

---

1. Voir sur l'état actuel du socialisme révolutionnaire en Allemagne deux remarquables articles de M. Bourdeau, dans la *Revue des Deux Mondes* d'avril 1891. Ils complètent utilement le livre de M. de Laveleye cité plus haut.

faits et sait le rôle du temps dans les affaires
humaines. Elle se garde donc de vouloir changer par
voie révolutionnaire l'ordre économique existant; elle
accepte seulement l'idée de réformes progressives et
tient une direction intermédiaire entre le socialisme
radical et le « manchesterianisme » absolu.

Pour les disciples de Smith et de Riccardo, l'État
est un ennemi, le gouvernement, un mal nécessaire :
les socialistes de la Chaire font remarquer que cela
n'est vrai que sous les gouvernements despotiques;
ils soutiennent que là où le gouvernement est d'accord
avec la nation, il devient l'organe de la volonté collective, et peut se charger dès lors de fonctions économiques de plus en plus importantes (postes, routes,
canaux, phares, ports, fixation et reboisement des
montagnes, digues fluviales, forêts, haras, poids
et mesures, surveillance des marchés y compris la
Bourse, banques, crédit foncier, instruction, assistance, cultes). Uniquement investi jadis de la défense
de la sécurité au dehors et au dedans, l'État consacre
dans les États modernes des sommes de plus en plus
importantes « à la promotion de la culture », c'est-
à-dire à l'éducation, à l'encouragement de l'art, à
l'outillage de la science et même au perfectionnement
de l'agriculture, de l'industrie et du commerce. (Expo-
sitions, comices, concours, primes de navigation,
consulats)... L'État donne enfin satisfaction à des
besoins plus élevés encore; il est l'organe de l'unité

et de la conscience nationales, il est la condition d'existence de la patrie. De ce point de vue, il est non seulement le régulateur des fonctions économiques comme de toutes les autres, mais il domine de très haut la sphère des intérêts. Une société d'assurance mutuelle se dissout quand ses affaires vont mal ; l'État a une raison d'être plus noble et autrement impérieuse : il ne peut abdiquer.

Lui est-il permis même de se désintéresser entièrement des fins morales des individus qu'il représente? Peut-il par exemple éviter de tendre par le choix des impôts à une meilleure répartition des richesses au point de vue de la justice et de l'humanité?-N'a-t-il absolument rien à faire pour alléger ceux qui portent le plus lourd fardeau dans l'ensemble de la production nationale? Dans les conflits qui éclatent entre les représentants du capital et les travailleurs, ne lui convient-il pas d'intervenir au moins comme arbitre et de s'entremettre pour ramener la paix? En allant ainsi au-devant de tous les besoins collectifs à mesure qu'ils se font sentir, l'État ne rencontre aucune limite absolue, aucun obstacle de droit. En effet, comment discerner *a priori* entre une fonction publique et une fonction réservée à des individus ? Y a-t-il une seule fonction d'État qui n'ait été à quelque moment de l'histoire exercée par des particuliers? Et comment l'État serait-il taxé d'abus, quand il ne fait que répondre à l'appel des intéressés? Telles sont les doctrines, telles sont les tendances des économistes allemands qu'on appelle socialistes d'État. Ce socialisme, comme on le voit, n'a rien de subversif; il a été jusqu'ici le meilleur rempart de la société allemande contre le socialisme révolutionnaire. Ses représentants les plus illustres sont : Held, Schmoller, Scheel, Schonberg, Wagner, Ahrens, Holtzendorf, Henri de Sybel, mais par-dessus tous Schæffle, dont l'énorme ouvrage : *Structure et vie du corps social*, renferme la plus haute expression de l'Économie allemande contemporaine [1].

Les individualistes tiennent bon, non en Allemagne, mais en Angleterre et en France. Ils montrent qu'en général les opérations industrielles sont beaucoup plus dispendieuses et moins bien conduites par l'État que par les particuliers; que certaines fonctions envahies par l'État dans les pays centralisés sont ailleurs accomplies à la satisfaction générale par des associations indépendantes; que l'extension de la sphère d'action gouvernementale est oppressive pour les consciences et menaçante pour les libertés; que la

---

1. En France, ce socialisme réformateur et progressiste a été défendu dans les *Principes d'économie politique* de Charles Gide, 1 vol., Paris, 1889. « L'auteur admet l'existence de lois naturelles et soutient la cause du libre échange. Mais il analyse, d'autre part, avec des dispositions peu sympathiques, la légitimité de la propriété individuelle en terres, critique très énergiquement le système de la concurrence illimitée et exprime des doutes sur la permanence du système des salaires. » (Analyse de M. Gide lui-même dans un article sur l'économie politique en France, dans le *Political science quaterly* de New-York, 1890.)

désuétude de l'initiative et de la responsabilité est
dangereuse, parce que, en fin de compte, même dans
les administrations publiques, même dans l'armée,
c'est sur la valeur de l'individu que tout repose, et
que, tant valent les citoyens dans le monde des
affaires comme ailleurs, tant vaut la nation. Telles
sont les objections des individualistes dont Spencer,
en Angleterre, peut être considéré comme le chef[1], et
qui sont très nombreux parmi les économistes français.

1. Voir le livre de Stuart Mill : *La Liberté*, et celui de Spencer :
l'*Individu contre l'État*, traduction française. Paris, Alcan. Compa-
rer : Dupont-White, l'*Individu et l'État*. Pour tous ces problèmes
on consultera avec fruit les ouvrages de M. Fouillée, entre autres :
La Science sociale contemporaine et *La propriété sociale et la
démocratie*, Paris, Hachette. Un des plaidoyers les plus vigoureux
en faveur de l'individualisme économique est le *Rapport* présenté
au conseil municipal de Paris en 1888 par M. Léon Donnat contre
l'établissement de boulangeries et de boucheries municipales.

CONCLUSION : DE LA MÉTHODE

Socialisme, individualisme? *Libre* échange, protection? Y a-t-il pour ces questions et pour les problèmes d'Économie politique en général des solutions absolues? Tout dépend de la méthode qui convient à l'Économie politique, et la méthode dépend de la définition qu'on en donne.

La plupart des économistes dont nous avons rapporté les doctrines la considèrent comme une science. Mais on sait qu'il y a deux sortes de sciences : les sciences de la nature, — comme la physique, la chimie, la botanique, la zoologie, parmi lesquelles est venue se ranger depuis le commencement de ce siècle la science des sociétés ou sociologie, dont l'histoire n'est qu'un aspect, — sont des sciences de faits; elles constatent ce qui a été ou ce qui est, et se servent de l'observation pour dégager les lois de la nature ou celles des corps sociaux qui sont des touts naturels. Les sciences de raisonnement, comme les mathématiques, ont pour objet des idées de l'esprit; elles les combinent diversement dans des constructions dont les théorèmes de géométrie offrent le type le plus pur, et aboutissent à des conclusions qui sont vraies si le raisonnement est exact, indépendamment de toute observation, du moins actuelle. Or, on s'est servi pour l'étude de l'Économie politique tantôt de la méthode des sciences naturelles, **tantôt** de la méthode **des sciences logiques ou de raisonnement.**

Ainsi les Physiocrates et l'École de Manchester sont partis de certaines conceptions abstraites acceptées comme principes évidents, et en ont déduit les conséquences aussi rigoureusement que possible pour tous les temps et pour tous les lieux.

Et d'autre part l'École historique allemande, suivie par les socialistes de la chaire, s'est efforcée de constater les faits offerts par la vie sociale en divers pays et en divers temps. Elle a professé que, les institutions économiques étant en relations naturelles avec l'état social et politique de chaque nation en chaque moment, il suffisait de connaître cet état en un point de l'espace et à une heure donnée pour savoir quelles institutions devaient être adoptées en ce lieu et à ce moment.

Mais les deux méthodes employées isolément ont des inconvénients graves.

La méthode de raisonnement (qu'on appelle aussi déductive), en dépit de son apparente rigueur, est des plus hypothétiques. Si la vie économique se résume tout entière dans l'idée de la richesse et que la richesse ne doive son origine qu'au travail, ces deux conceptions abstraites, combinées diversement, permettront à des dialecticiens habiles de construire le monde économique selon les vues de Riccardo et de Malthus ; de même, si la propriété n'est qu'un droit et si les notions économiques fondamentales ne sont qu'une dérivation de ce droit, on pourra élever sur la justice seule l'édifice économique, comme les Physiocrates et Rousseau l'ont fait. Seulement ces deux conceptions sont étroites et arbitraires ; à côté du désir de s'enrichir, il y a, dans le cœur de l'homme, beaucoup d'autres sentiments qui réagissent sur celui-là (le sentiment de l'honneur, la sympathie, etc.) ; à côté du fait de la richesse, il y a le fait des barrières internationales ; à côté du travail, il y a la matière première sans laquelle il ne saurait s'exercer ; à côté du droit individuel il y a les nécessités de la vie collective ; et quand les hommes politiques veulent imposer aux sociétés réelles les conséquences qui résultent de ces systèmes hypothétiques et partiels, ils ressemblent à l'artilleur qui voudrait atteindre le but d'après de simples constructions géométriques, sans tenir compte de la résistance de l'air ou du poids des projectiles. Ces erreurs de méthode sont d'autant plus graves que les faiseurs de systèmes ne reculent pas en général devant les mesures extrêmes qu'ils croient nécessaires à la réalisation de leurs plans : la nature résiste-t-elle ? ces médecins infaillibles lui font volontiers violence et traitent les sociétés rebelles par le fer et le feu. Ils décrètent les changements de tempérament ; ils refondent les constitutions, démontent et remontent comme des horloges les organismes vivants. L'économie rationnelle est facilement révolutionnaire.

La méthode d'observation ou historique présente cet autre inconvénient : qu'elle manque absolument de règle pour juger les faits qu'elle recueille. Les choses ont été de telle et telle sorte il y a vingt ou cent ans ; les circonstances ont changé et les voilà tout autres. Que tirer de là pour la pratique ? Elles étaient, il y a vingt ou cent ans, ce qu'elles devaient être ; ce qu'elles sont aujourd'hui, elles le sont en vertu de la même nécessité : il n'y a rien à tirer de là pour l'orientation de la pratique. Quand on a, pour d'autres raisons, le parti pris d'agir dans tel ou tel sens, par exemple pour l'accroissement de la richesse individuelle ou pour le plus grand bien de la nation à laquelle on appartient, ou pour le grand bien de l'humanité, la science historique fournit des moyens d'action ; mais ces raisons d'agir, ces règles directrices, ces impulsions premières, elle ne les donne pas et ne les donnera jamais. Les économistes de cette école devraient, pour être fidèles à leurs principes, se résigner à être les spectateurs impassibles des événements.

On a essayé de combiner les deux méthodes, et on a

obtenu ainsi, pour les problèmes proprement scientifiques, des résultats supérieurs. Mais l'économie politique ne recherche pas seulement ce qui a été et ce qui
est ou ce qui pourrait être : elle recherche ce qu'il faut
faire ; elle doit fournir à l'action des principes déter-
minants. Or, la science est essentiellement théorique
ou spéculative ; elle est capable de prévoir, elle ne
commande pas. Si l'économie politique aboutit à
nous donner des conseils pratiques, une direction
effective, c'est qu'elle est, non une science pure, mais
bien plutôt un art.

Adam Smith (1776), Condorcet (1793), Rau (1826).
Auguste Comte (1839), Courcelle-Seneuil (1859)
Schæffle (1875), et enfin Menger (1883) ont vu plus ou
moins nettement qu'elle se compose de deux parties
distinctes. Elle comprend d'abord — et, à ce titre, elle
n'est qu'une branche de la science sociale (ou sociologie) — l'étude des institutions économiques dans
leurs formes diverses, leur fonctionnement et leur
évolution ; elle cherche à en tirer des lois universelles :
mais elle comprend aussi la formation de décisions
pratiques particulières qui tendent, non à la vérité,
mais au succès, et ont pour but de contribuer par le
jeu normal des fonctions économiques au maintien et
au développement des sociétés. A ce titre, elle est un
art, c'est-à-dire un ensemble de moyens, une tech-
nique, comme la navigation, l'agriculture, la stratégie.
la médecine, l'éducation et la politique. Quelles sont

les méthodes qui conviennent aux arts utiles ou techniques? Nous ne connaissons pas d'ouvrage qui réponde à cette question d'une manière satisfaisante. La logique de l'action est de beaucoup en retard sur celle de la connaissance. Mais il est probable que des opérations de l'esprit aussi différentes sont soumises à des règles différentes. Autre chose est de chercher les lois des phénomènes existants, autre chose est de produire l'action la mieux appropriée à des circonstances spéciales présentes et prochaines, et de tracer la voie des nations à travers des conditions perpétuellement renouvelées vers un avenir inconnu. Notre conclusion première serait donc négative; la méthode de l'Économie politique, dirions-nous, *n'est pas* celle de la science. Mais les conclusions négatives ne sont pas toujours sans valeur; il n'est pas indifférent de savoir que les solutions économiques ne peuvent prétendre à l'universalité et à la nécessité des démonstrations scientifiques. De ce point de vue, en effet, les variations tant reprochées à l'Économie paraissent toutes naturelles. Étant un art, elle devait varier au cours des temps comme la forme des vaisseaux et les procédés de l'industrie, comme les maximes d'éducation et de gouvernement. Elle se trouve ainsi débarrassée d'une contradiction interne, d'une disproportion entre ce qu'elle promet et ce qu'elle peut, qui a toujours jeté sur ses enseignements un discrédit trop mérité.

Mais peut-être ne nous sera-t-il pas absolument interdit de dépasser cette conclusion négative. L'art économique suit dans ses variations une direction déterminée. D'abord, on l'a vu, il va, dans des oscillations de moins en moins étendues, du mysticisme au naturalisme ; primitivement incorporé à la morale et sacrifié à elle, il s'en détache ensuite peu à peu, pour s'y rattacher enfin quand il a conquis son indépendance, et il puise, dans chacune des crises qui semblent menacer son existence même, une nouvelle force. En second lieu, nous pouvons constater qu'il a toujours crû en extension, en complexité et en unité. De domestique qu'il était dans l'antiquité grecque, il est devenu politique à la fin du moyen âge ; puis il a eu pour objet l'intérêt d'une seule nation : bientôt après, il s'est élevé à la conception d'un intérêt universel et humain, mais sans voir comment cet idéal pouvait être utilement poursuivi ; enfin, revenu à l'intérêt national, il semble à la veille de comprendre dans ses combinaisons des groupes de nations ayant les unes avec les autres des relations définies, et préludant à l'établissement d'un droit politique par l'établissement laborieux d'un droit économique. Et les phénomènes qu'il embrasse sont de plus en plus complexes ; il y a loin des timides observations de Socrate à l'immense variété de faits entraînés dans la littérature économique du globe : les questions concernant le crédit public, par exemple,

introduites au dix-huitième siècle, impliquent l'analyse de faits délicats et subtils, relevant de la psycho-
logie sociale, encore mieux étudiés de nos jours. Mais
en même temps la dépendance réciproque de ces
phénomènes, leur unité organique est de mieux en
mieux comprise. Les relations des diverses fonctions
économiques avec l'ensemble de la vie sociale, avec
les beaux-arts, avec la religion, avec la politique, avec
la morale se manifestent. Bref, l'art économique obéit
dans sa marche aux lois de l'évolution, comme la
conscience sociale, dont il n'est qu'un aspect.

Dès lors, pour nous, le seul moyen de le pousser
plus avant sera de l'orienter vers une extension de
plus en plus ample de la vie sociale ; l'économiste doit
être pénétré du sentiment des harmonies qui unissent
les classes entre elles et les nations entre elles ; il
faut qu'il prenne pour guide dans les débats souvent
obscurs, où interviennent des éléments si divers,
intérêts, rivalités, croyances, crainte et passion de la
nouveauté, rêves généreux et destructeurs..., le seul
sentiment qui par sa largeur et sa permanence soit
capable de dominer tous les autres, l'amour de la
justice et de l'humanité.

Mais nous reconnaîtrons aussi que les systèmes
économiques étant formés, non de vérités universelles, mais de combinaisons pratiques, non pour
exprimer l'ordre objectif des choses, mais pour
répondre à des besoins organiques, ont normalement

pour centre l'intérêt vital d'un groupe social déterminé, que par conséquent nous, Français, nous avons
pleinement le droit de nous placer dans nos recherches
économiques au point de vue national, que même
c'est un devoir pour nous, si nous voulons servir les
intérêts des futurs États unis d'Europe, de maintenir
et de développer d'abord les intérêts dont nous avons
présentement la charge, car, dans toute société,
l'harmonie et la justice ne peuvent s'établir qu'entre
des membres jouissant de leur intégrité et vivant de
leur vie propre.

Telles sont les principales indications qui nous
paraissent dériver de la définition de l'Économie
comme art, et si notre essai d'une histoire des doctrines économiques avait pour résultat de recueillir
et de mettre en lumière cette seule définition, —
comme les questions de méthode sont fondamentales,
— il ne serait peut-être pas sans efficacité pour le
développement de l'art économique lui-même.

INDEX

V

W

X

TABLE DES MATIÈRES

CHAPITRE IV. — **L'Économie politique comme science sociale dans les démocraties modernes.**

Paris. — Imp. E. CAPIOMONT et Cⁱᵉ, rue des Poitevins, 6.